本书的出版得到国家自然科学基金项目"基于复杂系统视角的服务型制造信息系统鲁棒运作机理与度量研究"（项目号：71571072）的支持

制造企业
两化融合自组织演化的
理论与方法

吴丁娟　著

暨南大学出版社

JINAN UNIVERSITY PRESS

中国·广州

图书在版编目（CIP）数据

制造企业两化融合自组织演化的理论与方法/吴丁娟著. —广州：暨南大
学出版社，2020.6
ISBN 978 - 7 - 5668 - 2901 - 6

Ⅰ.①制…　Ⅱ.①吴…　Ⅲ.①制造工业—工业企业管理—研究—中国
Ⅳ.①F426.4

中国版本图书馆 CIP 数据核字（2020）第 069138 号

制造企业两化融合自组织演化的理论与方法
ZHIZAO QIYE LIANGHUA RONGHE ZIZUZHI YANHUA DE LILUN YU FANGFA
著　者：吴丁娟

出 版 人：张晋升
责任编辑：潘雅琴　梁念慈
责任校对：张学颖　武颖华
责任印制：汤慧君　周一丹

出版发行：暨南大学出版社（510630）
电　　话：总编室（8620）85221601
　　　　　营销部（8620）85225284　85228291　85228292　85226712
传　　真：（8620）85221583（办公室）　85223774（营销部）
网　　址：http://www.jnupress.com
排　　版：广州市天河星辰文化发展部照排中心
印　　刷：佛山市浩文彩色印刷有限公司
开　　本：787mm×960mm　1/16
印　　张：13.5
字　　数：240 千
版　　次：2020 年 6 月第 1 版
印　　次：2020 年 6 月第 1 次
定　　价：55.00 元

（暨大版图书如有印装质量问题，请与出版社总编室联系调换）

目录
CONTENTS

第一章 "两化融合"的缘起及研究现状

"两化融合"是中国基于国情提出来的一个概念，是工业信息化的延伸和深化。早在 18 世纪 60 年代，英国作为工业革命的发源地，率先跨入工业化时代，至今已两百余年。如今，纵观世界范围内发生的几次以制造业为主的产业革命，可以看到产品背后的生产技术业已发生天翻地覆的变化，信息时代的来临也颠覆性地改变了所有人的生活方式和工作方式。

第一节 两化融合的实践背景

"两化融合"这个词很多时候出现在政府文件、官方新闻中。学术界对于"两化融合"的解读，总是存在着两个不同的层面，即政府层面和企业层面。之所以会出现这样的理解，与"两化融合"的宏观政策背景、微观企业背景紧密相关。

一、宏观背景

信息技术对制造业发展的显著促进作用是有目共睹的。"二战"后的日本采用了"再发展制造业"的经济发展战略，引导制造行业大量引进先进信息技术，如数控技术、柔性制造技术等，同时大力发展国内信息产业。以信息技术带动制造业的经济复苏路线促使日本经济迅速恢复与发展，人均 GDP（国内生产总值）于 20 世纪 90 年代初期赶超美国。很多发达国家在工业化完成后注意到信息产业再次掀起经济发展峰值的浪潮，如美国早在 20 世纪 60 年代就开始关注信息产业，其与信息技术相关的产业和先进制造业在 90 年代后期呈现出快速发展的态势。金江军指出从 1995 年到 1997 年，信息技术对美国经济增长的贡献率达 1/3 以上[①]。Jogenson

---

① 金江军. 两化融合之国内外现状趋势及经验分析 [J]. 信息化建设, 2009 (9)：6.

和 Khuong 采集了美国的 7 个地区和 14 个主要经济体的经济增长数据，考察投入与生产率的关联作用。研究显示：1989 年到 2003 年，投入增长绝对地影响生产率的增长，并且信息技术投入增长对生产率增长的贡献值在所有地区都表现出上升趋势①。2017 年，焦勇和杨蕙馨根据 2003—2014 年中国 31 个省际面板数据研究发现：两化融合的耦合程度和增值能力对产业结构合理化的正向影响日趋增强，东中西部地区的两化融合对产业结构高级化的影响具有显著的异质性，但两化融合对产业结构合理化的正向影响均得到验证②。2018 年，中山大学谢康教授等人基于 1990—2014 年 55 个经济体的两化融合实证研究发现：中等收入阶段存在着由工业化促进信息化路径转变为信息化带动工业化路径的重塑技术效率模式的创新过程③。也就是说，有望通过信息化对工业化的带动作用实现技术效率创新，进而突破"双向挤压"，这个观点为中国经济发展突破"双向挤压"困局提供了一种新的理论视角和政策分析依据。这些结论都深刻表明了信息技术对企业发展的促进作用。

近些年信息技术发展迅猛，人工智能也在制造企业中发挥了巨大的作用。智能制造的内容也一度被更改和刷新，信息技术的应用贯穿于产品的设计、生产、管理、服务等制造活动环节，传统制造必然要转型到具有信息深度自感知、智慧优化自决策、精准控制自执行等功能的先进制造④。董伟龙、屈倩如⑤对 150 余家生产型和技术服务型的大中型企业进行了调研，发现中国制造企业在数字化能力素质方面有显著提升，大部分企业正致力于数据纵向集成。财务方面，智能制造对企业的利润贡献率大幅增加，利润贡献率超过 50% 的企业占比从 2013 年的 14% 增至 2017 年的 33%，而大部分受访企业（41%）的智能制造业务的利润贡献率在 11% ~ 30%。

---

① JOGENSON D W, KHUONG V U. Information technology and the world economy [J]. The scandinavian journal of economics, 2005, 107 (4): 631 – 650.

② 焦勇，杨蕙馨. 政府干预、两化融合与产业结构变迁——基于 2003—2014 年省际面板数据的分析 [J]. 经济管理，2017 (6): 6 – 19.

③ 谢康，廖雪华，肖静华. 突破"双向挤压"：信息化与工业化融合创新 [J]. 经济学动态，2018 (5): 42 – 54.

④ 万万. 智能化为中国制造"空中加油" [J]. 中国质量万里行，2019 (7): 86 – 87.

⑤ 董伟龙，屈倩如. 中国智造，行稳致远——2018 中国智能制造报告 [J]. 科技中国，2018 (10): 52 – 63.

　　如今，发达国家不断增强制造业回流力度，提升先进制造业在国民经济发展中的战略地位。同时，面对后金融危机的来临，发达国家又发布了一系列的经济发展战略。美国的"再工业化"战略和"先进制造"战略的先后推出成为美国经济复苏战略的亮点，法国相应提出"数字法国2012"计划，欧洲制定了"欧洲工业数字化"战略，日本公布了"i-Japan战略2015"，而今德国的"工业4.0"战略也得到了稳步实施。发达国家的这一系列举措更是给予了我国制造业前所未有的挑战，也引起了我国制造业发展前景极大的不确定性。

　　面对挑战和机遇，《中国制造2025》① 明确指出制造业是"国民经济的主体，是立国之本、兴国之器、强国之基"。然而随着低成本优势的逐渐消退，依赖于人口红利和自然资源的中国制造业已经进入了发展的寒冬。从2012年开始，中国经济增速呈现出明显的放缓态势，经济下行压力日益增大②。当年，Vivek Wadhwa 在《华盛顿邮报》就曾发文 Why it's China's turn to worry about manufacturing（《为什么中国开始担心自己的制造业》）③ 宣称中国的制造业将会受到重创，归根结底就是发达国家信息产业的迅猛突起。先进信息技术的应用主要包括人工智能（artificial intelligence）、机器人技术（robotics）、数字制造技术（digital manufacturing technology），对制造业的发展极具冲击力，也必将引发制造业的一次深度变革。而这些"高端信息技术"与"先进制造技术"恰恰是以低端制造为主的发展中国家的短缺之处，掌握技术前沿的发达国家也将因此重获制造业领导权。机遇与挑战并存，发达国家的制造业改革给我国经济带来巨大挑战的同时也提供了宝贵的借鉴经验，我国传统制造业亟须快速反应，迅速而又稳定地实现制造业深层次的变革与转型升级。

　　由此，制造业的工业化与信息化于更广阔层面上深度融合的重要性已不言自明。中国在工业化进程中就遭遇了信息化蓬勃发展的极大冲击，国情决定了中国无法沿承发达国家的先工业化再信息化的路径。从2007年党

---

　　① 中华人民共和国中央人民政府. 国务院关于印发《中国制造2025》的通知［EB/OL］. http：//www. gov. cn/gongbao/content/2015/content_2873744. htm.

　　② 蔡跃洲，张钧南. 信息通信技术对中国经济增长的替代效应与渗透效应［J］. 经济研究，2015（12）：100 – 114.

　　③ VIVEK W. Why it's China's turn to worry about manufacturing［N/OL］. https：//www. Washingtonpost. com/national/on-innovations/why-its-chinas-turn-to-worry-about-manufacturing/2012/01/10/gIQAoRVJpP-story. html.

的十七大报告正式提出"推进信息化与工业化的融合，走新型工业化的道路"开始，两化融合发展路线的确定至今已有十三年之久。2011 年 11 月，两化融合评估总体工作组制定并发布了《工业企业"信息化和工业化融合"评估规范》（试行）① （工信部公告〔2011〕39 号，简称《评估规范》），用于指导行业制定评估标准、企业自我评估以及与企业两化融合相关的各项工作，引导和促进工业企业两化融合及其持续的改进。为了深化两化融合初期成果，并进一步扩大两化融合的范围和深入其中，2012 年，党的十八大报告再次强调"坚持走中国特色新型工业化、信息化、城镇化、农业现代化道路，推动信息化和工业化深度融合"。随着经济形势的不断转变，2015 年 3 月，工业和信息化部（以下简称"工信部"）以促进制造业创新发展为主题，以加快新一代信息技术与制造业融合为主线，在《中国制造 2025》的蓝图中明确了信息化与工业化深度融合的重要性，并列出了在生产技术、产品、业务、产业四个方面进行全方位融合的具体任务，以期促使中国加快进入智能制造时代。

二、微观背景

2014 年 9 月，工信部党组书记、部长苗圩指出德国"工业 4.0"战略与我国"两化融合"战略具有很高的契合度。两个战略的发布动因、发展理念、推进方式以及战略导向，都极其相近。两个战略都符合制造业发展滞后于信息技术发展的国情，立足于提升本国制造业的国际竞争力，最终端的作用都归汇于制造企业，作用方式都以信息化与工业化的深度融合与协同发展为主线，重点关注技术与产品创新的智能制造。王德显在《德国工业 4.0 战略对中国工业发展的启示》② 一文中指出《中国制造 2025》与德国"工业 4.0"的高度契合使得中国的制造业转型升级有了借鉴凭据，但相较于中国，德国拥有更完善的市场机制与更成熟的制造业领军企业，市场自身调控作用和企业创新研发能力都强大很多，企业在"工业 4.0"战略的实施开展中更具自主性与自发性，表现出不容忽视的推动力。

有学者担忧我国制造业的实体经济力量相对薄弱，并且发展极不均

---

① 中华人民共和国工业和信息化部 . 工业企业"信息化和工业化融合"评估规范（试行）[EB/OL]. http：//www. cspiii. com/xzzx/? pi = 5.

② 王德显 . 德国工业 4.0 战略对中国工业发展的启示 [J]. 税务与经济，2016（1）：9 - 15.

衡。周剑和徐大丰表示我国产业间和产业内都存在生产方式有着显著差异的生产模式问题,这些问题尤其存在于手工作坊、机械化工厂直至高度自动化的大型制造企业中①。因此,中国实施两化融合战略的途径和德国的"工业4.0"战略途径必然大相径庭。当前,我们国家两化融合的主要动力源于政府带头牵引和给予财政扶持补贴,多数企业特别是中小企业仅仅充当着政策学习者和执行者的角色,人民网②和《工业化与信息化深度融合中的问题探讨》③一文也发表了这种观点。虽然焦勇和杨蕙馨通过实证研究表明政府干预显著促进了两化融合耦合程度、两化融合增值能力对产业结构高级化和产业结构合理化的正向作用④,但是,不可否认的是,外力需要通过内力起作用,企业自身的意识无比重要。2019年,张三峰和魏下海根据世界银行提供的中国制造业企业调查数据研究发现:企业生产运营中应用信息与通信技术会促进企业技术、机器设备的更新并提升生产制造的柔性化,促进技术进步和结构优化,进而降低企业能源强度。⑤ 这个结论证实了企业层面"两化融合"深度化的节能效应,为"互联网+"促进中国企业节能减排提供了微观的经验证据,也为中国制造企业向高质量发展转型提供了政策启示。由此,企业自身内在作用的发挥亟须受到切实关注!

近年来,工信部制定了"促进中小企业转型升级,增强自主创新能力"的目标,实行了一系列的举措,以引导中小企业走专业化、精细化、特色化、新颖化的发展之路。2018年,根据《工业和信息化部办公厅关于开展专精特新"小巨人"企业培育工作的通知》(工信厅企业函〔2018〕381号),拟培育一大批国家级专精特新"小巨人"企业,促进中小企业提高发展质量。2019年6月24日,工信部苗圩在广东省展开了主题为"制造业高质量发展"的调研。苗圩指出"尤其是市场主体的企业,要按

---

① 周剑,徐大丰.两化融合的概念内涵和方法路径研究[J].产业经济评论,2015(5):12-19.

② 人民网.两化融合:如何变政府驱动为企业主动[EB/OL].http://nb.people.com.cn/n/2015/0126/c365604-23690062.html.

③ 杜振华,荼洪旺.工业化与信息化深度融合中的问题探讨[J].宏观经济管理,2011(12):53-54.

④ 焦勇,杨蕙馨.政府干预、两化融合与产业结构变迁——基于2003—2014年省际面板数据的分析[J].经济管理,2017(6):6-19.

⑤ 张三峰,魏下海.信息与通信技术是否降低了企业能源消耗——来自中国制造业企业调查数据的证据[J].中国工业经济,2019,371(2):155-173.

照高质量发展要求，加快提升核心竞争力"，并特别强调"推动制造业高质量发展，要大力培育一批具有核心竞争力的优质企业，既包括构建产业生态体系的龙头企业，也包括一批专精特新的小巨人企业和单项冠军企业，在细分市场和领域不断提升专业化能力和水平"。①

总的来说，两化融合作为国家经济转型升级的重要举措不能仅仅停留于宏观层面，发展战略终归要落实于微观企业的贯彻实施。作为主要的终端执行者，制造企业的两化融合建设理应被充分重视，但目前国内制造企业整体的两化融合收效仍不容乐观，具体的融合现状和存在问题体现在以下两点：

其一，资金和人才短缺的客观问题。国内制造企业特别是中小型企业的资金紧缺问题和人才稀缺问题一直是束缚企业两化融合政策实施的两个重要因素。在当前政府极力推行两化融合的政策路线下，企业积极提出发展战略，寻求政府支持和财政补贴或可适当缓解资金压力。另外，重视人才引进和企业人才的培养也有助于解决两化融合可持续发展的人力需求问题。

其二，企业高层对两化融合建设的认识理解不足和对建设策略不清晰的主观问题。一方面，虽然两化融合贯标示范制造企业很多已经迈入两化融合良性循环阶段，但仍有不少企业特别是中小企业管理者对于两化融合的必要性和紧迫性认识不足，停留于传统制造观念②。另一方面，通过对本人所在的研究团队长期合作的制造企业进行调研可知，部分企业特别是中小企业对两化融合的认识依然局限于初级信息化配置，信息技术游离于企业管理之外，或者还未脱离信息技术与业务"两张皮"的状况，这样的两化融合在初期所埋下的技术隐患阻碍了后期信息技术对企业绩效的提升。另外，企业两化融合规划未能察觉企业间的差异性并依据自身特点正确实施信息技术应用，而是盲目推行和跟从实验式两化融合建设，这样的不当投入引起的"IT生产力悖论"会严重损害企业管理者对信息技术应用的信心和投资的热情，进而影响两化融合建设的后续投入。

当前制造企业的两化融合现状表明，智能制造依然任重道远，两化融

---

① 中华人民共和国工业和信息化部网站．苗圩带队赴广东开展制造业高质量发展专题调研 [EB/OL]．http：//www. miit. gov. cn/n1146290/n4337866/c7016143/content. html.

② 杜振华，茶洪旺．工业化与信息化深度融合中的问题探讨 [J]．宏观经济管理，2011 (12)：53－54.

合推行效果亟须加强。迫切要求制造企业在政府引领和财政扶持下深入理解两化融合的主旨和意义，认识自身发展状况和企业特征，从内至外地实现突破。并且，两化融合是我国面对信息化水平落后于工业化水平的国情，以及区域、产业、企业经济发展的参差不齐现状提出的战略构想，必然要在不同层面上进行思考①。制造企业作为最小的两化融合单元，必将是融合的根本所在。

本书视角的落脚点锁定于制造企业，主要关注制造企业个体如何在经济发展新态势下认识企业两化融合的本质和意义。对如何理解企业自发地从内突破的重要性，如何从微观企业角度推进两化融合宏观政策的顺利实行，如何依据自身发展状况把握关键因素并科学地预测企业两化融合的发展趋势，踏入健康良性的发展路径，实现企业的可持续发展进行了论述。

第二节 两化融合的内涵和本质

依据前述两化融合的实践背景和制造企业两化融合的现状，可以得出本书的论述主题，进而结合相关的理论背景阐述具体的分析切入点和阐述内容。首先，需要给出一个契合本书的"两化融合"的定义。

随着"人工智能""互联网＋"等热词使用频率的增高，"两化融合"的概念似乎也在逐步被淡化，更多见闻于大众的是"智能制造""互联网＋制造"等概念。但是从起源和功能上来讲，"智能制造""互联网＋制造"可被认为是"两化融合"的深度发展形式，信息化与工业化的融合还是根本的存在。国务院《关于深化制造业与互联网融合发展的指导意见》（国发〔2016〕28号）中特别强调支持制造企业与互联网企业跨界融合，部署深化制造业与互联网融合发展，协同推进"中国制造2025"和"互联网＋"行动，加快工业强国的建设。有学者提出，两化融合是以上这一系列国家战略的具体体现②。

两化融合是由中国政府首次提出的经济发展路线，于宏观层面上可以认为其是由工业社会向信息社会的过渡，而在企业层面，它将主要表现为信息技术应用与企业发展目标的匹配。由此可以看出，两个层面的内涵具

---

① 易明，李奎．信息化与工业化融合的模式选择及政策建议［J］．宏观经济研究，2011（9）：80－86．

② 石喜爱，李廉水，刘军．两化融合的演化博弈分析［J］．情报科学，2017（9）：36－43．

有不同的意义和不同的表现形式，接下来我们将两个层面分别阐述。

一、两化融合的宏观层面内涵

由于两化融合的"政府出身"，一般被提及的两化融合多被理解为宏观层面的经济发展政策和发展路线。这个概念的提出是基于工业的信息化，因此最早的表达形式就是"信息化"。林毅夫在 2003 年就指出"信息化"是伴随着信息技术产业的发展，渗透到其他产业，在社会部门、经济部门的信息技术应用基础上，传统的经济结构和社会结构被信息技术改造的过程。[①] 2006 年，陈佳贵等人指出经典工业化理论中所谓的"工业化"是一个国家或一个地区的综合指标，体现在制造业或者第三产业在国民收入中的比重不断提高，而就业于制造业和第三产业的劳动力数量也在增加，城市的数目也在增大，同时，整个国家或地区的人均收入也在相应提高[②]。"两化融合"作为"信息化"概念与"工业化"概念的结合与发展，它的内涵也因此被学者们诠释成多种形式。依据不同的视角和有代表性的言论，可以汇总为表 1 - 1：

表 1 - 1　宏观层面的两化融合内涵界定

视角	文献来源	内涵界定
两化融合和工业化的关系	汪传雷，李从春[③]	两化融合是运用信息技术提高生产效率、优化产业结构和提升产业竞争力的动态过程，是工业化高级阶段
	周子学[④]	两化融合就是要使信息化从外生变量转化成内生变量，从传统工业化的单轮驱动（工业化）向新型工业化的双轮驱动（工业化和信息化）转变

① 林毅夫. 信息化——经济增长新源泉 [J]. 科技与企业, 2003 (8)：53 - 54.

② 陈佳贵, 黄群慧, 钟宏武. 中国地区工业化进程的综合评价和特征分析 [J]. 经济研究, 2006 (6)：4 - 15.

③ 汪传雷, 李从春. 信息化与工业化融合研究 [J]. 情报理论与实践, 2009 (11)：33 - 37.

④ 周子学. 对工业化、信息化发展历史过程的几点认识 [J]. 理论前沿, 2009 (4)：10 - 12.

（续上表）

视角	文献来源	内涵界定
工业化和信息化的互动关系	周剑，徐大丰①	两化融合就是要推进信息化和工业化两个历史进程的交汇与融合，信息化不仅要带动工业化，还要带动和促进与工业化历史进程相伴随的所有内容，既包括生产力和经济基础，也包括生产关系和上层建筑，覆盖全员、全要素、全过程、全方位，并使之融合发展
	张辽，王俊杰②	两化融合不仅是工业化与信息化相互作用、相互渗透的过程，而且在一定程度上是工业化与信息化发展到一定阶段的必然产物。换言之，两化融合既是整体工业结构转型升级的手段，也是传统工业化道路转变的结果
信息技术范式	王金杰③	在一个信息技术周期内，两化融合实际上是一个技术跨越的过程，即传统工业引进、消化、吸收信息技术，并与信息技术相互作用形成再次创新的过程，具体表现为将信息技术、信息设备、信息产品、信息化人才引进到企业内部，与企业内部原有的工业技术相结合，提升原有人力资源素质并提升企业内部资金运转方式和周转速度，最终吸收信息技术这种先进的技术，形成具备信息技术特征的生产力要素，从根本上推动工业化进程
融合	金江军④	两化融合可以分为技术融合、产品融合、业务融合、产业衍生四个层次
	周鹏⑤	两化融合就是以信息技术、工业技术融合为起点，以产品融合、业务融合为过程，进而促进产业融合、新产业衍生，社会价值模式、经济运行和增长方式转变的过程，实质是产业融合

---

① 周剑，徐大丰. 两化融合的概念内涵和方法路径研究 [J]. 产业经济评论，2015 (5)：12 – 19.

② 张辽，王俊杰. "两化融合"理论述评及对中国制造业转型升级的启示 [J]. 经济体制改革，2017 (3)：125 – 131.

③ 王金杰. 工业化与信息化融合的机制与绩效 [D]. 天津：南开大学，2012.

④ 金江军. 两化融合的理论体系 [J]. 信息化建设，2009 (4)：9 – 12.

⑤ 周鹏. 信息化与工业化融合模式探析 [J]. 信息化建设，2011 (5)：123 – 124，135.

（续上表）

视角	文献来源	内涵界定
融合	周剑，徐大丰①	两化融合就是信息技术与企业的要素、产品（技术）、管理或组织、产业或发展阶段在不同层面发生的融合，具备不同的融合内容

其中，值得注意的是，周剑基于中观视角，阐述了两化融合各个层面的融合分别为"要素层面是信息要素与劳动力、资本、技术、制度等传统要素的融合，技术层面是信息技术（产品）与传统技术（产品）的融合，管理层面是信息化时代管理（组织）与工业化时代管理（组织）的融合，产业层面表现为不同产业（发展阶段）之间的融合"②。

金江军也认为技术融合和产品融合是不同层面不同内容的融合。他指出"本质上，产品也可以认为是技术的产出"③，所以，周剑对技术融合与产品融合不作区分也有其合理性。由此可以看出，融合视角的层面划分事实上是基于对层面范畴的理解。但无论是何种解释，两化融合内涵都包含了传统的信息化内涵，并高于信息化，不再是单独发展或侧重发展信息技术应用，而是要兼顾信息化与工业化的相互融合，在动态融合中共求协同发展。无论是哪种表达方式，两化融合内涵都一再强调工业化和信息化相互促进的动态性，其促进作用可以认为是表现在相互的需求与供应上。

借鉴金江军的分析，可知工业化发展产生了对信息技术、信息产品及信息服务的需要，而信息化为工业提供了技术支撑和新的管理手段。于是，我们可以这样认为，技术、产品与服务的需求和供给过程使得工业化的需求被满足并获得发展，信息化在应用需求下获得发展并提供供给，如此循环的相互作用使得工业化与信息化呈现螺旋上升的发展态势（见图1－1）。

---

① 周剑，徐大丰. 两化融合的概念内涵和方法路径研究 [J]. 产业经济评论，2015（5）：12－19.

② 周剑，徐大丰. 两化融合的概念内涵和方法路径研究 [J]. 产业经济评论，2015（5）：12－19.

③ 金江军. 两化融合的理论体系 [J]. 信息化建设，2009（4）：9－12.

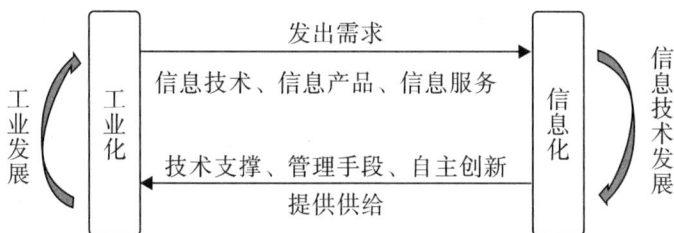

图 1 - 1 宏观层面的信息化与工业化相互促进的动态模式

二、两化融合的微观层面内涵

(一)制造企业两化融合内涵的衍生

如前所述,宏观层面的两化融合表现为工业化与信息化的动态融合与协同发展。那么,微观企业层面的两化融合既然处于宏观环境之下,也就具备了所有的宏观理解,并且因企业的个体性而衍生出新的含义。

易明和李奎指出技术层面的信息化与工业化融合是信息技术在制造业中广泛而深入的应用①,周子学②也给出了类似的宏观两化融合观点。周剑认为"企业两化融合是在信息技术不断发展的环境下,围绕其战略目标,将信息化作为企业的内生发展要素,夯实工业化基础,推进数据、技术、业务流程、组织结构的互动创新和持续优化,充分挖掘资源配置潜力,不断打造信息化环境下的新型能力,形成可持续竞争优势,实现创新发展、智能发展和绿色发展的过程"③,也就是说,企业的两化融合就是信息技术内生化,推进企业的各种要素和结构的创新优化,是形成具有信息技术特征的新型能力的过程。

沿承对两化融合宏观层面的融合视角的分析,并结合学者给出的微观层面的企业两化融合内涵,可将制造企业两化融合的本质理解为制造企业和信息技术的融合。我们可以通过对以下两个问题的思考得出制造企业两化融合的内涵:一是信息技术以什么方式与制造企业的哪些内部因素相融合?二是信息技术促进制造企业的哪些因素发展并相互作用?

① 易明,李奎. 信息化与工业化融合的模式选择及政策建议 [J]. 宏观经济研究,2011 (9): 80 - 86.

② 周子学. 对工业化、信息化发展历史过程的几点认识 [J]. 理论前沿,2009 (4): 10 - 12.

③ 周剑. 两化融合管理体系构建 [J]. 计算机集成制造系统,2015,21 (7): 1915 - 1929.

我们先要厘清技术的定义。有关"技术"的记载最早可以追溯至中国西汉的《史记》，"技术"被解释为"技艺方术"。国外也有相关记载，现今我们常见的"技术"一词的英文"technology"，是由希腊文"techne"和"logos"组合构成的，其中"techne"被解释为工艺、技能，"logos"被解释为词语、讲话。因此，安涛和李艺指出国内外有关"技术"的最初定义都可以理解为关于工艺和技能的论述①。随着人类社会的飞速发展，技术的含义也随之丰富起来，马丁·海德格尔（1889—1976）在《存在与时间》② 一书中基于"存在论"的视角，认为"技术不仅是手段，而是解蔽的方式，如果意识到这一点，就会有一个完全不同的适合于技术之本质的领域向我们开启过来"。从这个意义上，我们可以认为，信息领域即是由信息技术的迅猛发展所开启的。法国的德尼·狄德罗（1713—1784）在《百科全书》③ 中给出了更为广义的定义："技术是为某一目的共同协作组成的各种工具和规则体系。"被如此定义的"技术"，更具有现代技术的整体性特点，包含了实现特定目的的相互作用的实体手段、虚拟手段及对应的规则，也表明技术已经从简单的生产技能发展为具有目的性、社会性和多元性的综合体。

纵观"技术"定义的发展，其内涵不断地被扩充。近些年，技术革新层出不穷，现代技术不仅包含技能，也包括了技能知识、组织管理、计划控制等实现技能的手段在内的功能体系。根据这种构思，为了突出制造企业区别于其他类型企业的特点，可以认为制造企业的业务、要素、结构、管理等因素都是围绕"制造"技能展开的资源配置和实施手段，因而都是以"制造"为核心内容的实现制造技能的技术构成，本书将其统称为制造技术。

正是沿着这个思路，可以认为信息技术融合于制造企业的本质是：为了满足企业制造技术的需求并促进制造技术的发展，信息技术融合于制造技术，发展的制造技术又产生新的需求，如此循环的需求产生和供给提供的动态过程便是信息技术和制造企业的融合。

基于这样的分析，本书给出制造企业两化融合的内涵：制造企业两化融合就是基于现有宏观工业化环境的信息技术应用，一方面表现为信息技术

---

① 安涛，李艺. 技术哲学视野下的教育技术理论图景［J］. 教育研究，2014（4）：37-42.

② 海德格尔. 存在与时间［M］. 陈嘉映，王庆节，译. 北京：生活·读书·新知三联书店，2014：143-188.

③ 狄德罗. 百科全书［M］. 梁从诫，译. 广州：花城出版社，2007：177-256.

与以企业制造技术为核心的要素、业务、管理、结构等相匹配，另一方面表现为信息技术与制造技术的动态协同发展，信息技术的渗透使制造技术得到提升，制造技术的发展促进内部信息技术的改进与更新（见图1-2）。

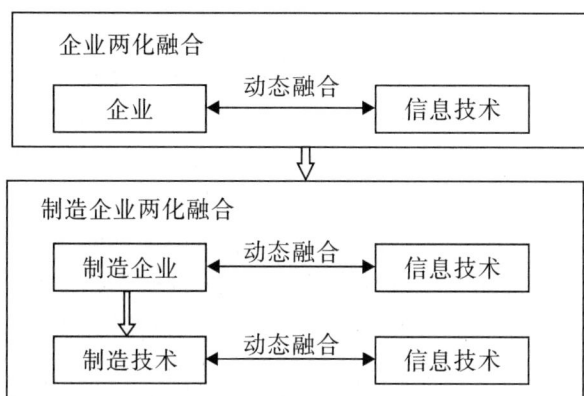

图1-2 制造企业两化融合内涵的衍生过程

（二）制造技术与信息技术的互动关系

用同样的思路，就可以获得理解制造企业两化融合内涵的两个角度：一是技术的匹配（融合），一是技术的动态协同发展。在这个意义上，制造企业两化融合可以被视为制造技术和信息技术的动态匹配（融合）。

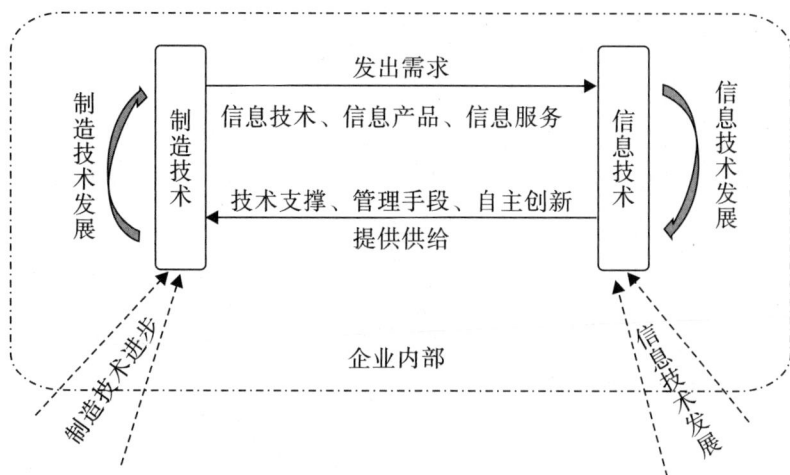

图1-3 制造企业的制造技术与信息技术动态融合模式

如图 1-3 所示，一方面，信息技术的应用大大促进了企业制造技能与管理的智能化，以及管理效率提升、运营成本降低、生产结构优化、顾客满意度提高、生产率提高和竞争力提升。制造技术的发展引发的技术需求也促进了信息技术的跟进或先行发展或超越，依制造企业需求推动信息技术前进。另一方面，企业内部技术的进步和发展除了源于内部制造技术与信息技术的相互促进作用，更是无可避免地受到环境技术的影响——外界新技术的引进必然带动内部技术进步。在内外部技术环境的循环作用下，企业的制造技术和信息技术不断得到改进与更新，技术水平持续提升。

需要说明的是，基于本研究需要，我们将制造技术和信息技术抽象出来进行讨论，然而制造技术和信息技术在实践中是不可分割的。很多制造技术中融入了信息技术，但也正是因为有这样的融合，就成了我们讨论技术融合的主要原因，也就是说，融合了信息技术的制造技术依然是制造技术，而我们所说的信息技术主要指的是尚未和制造技术融合为一的信息技术，譬如企业内部还没有和制造技术融合的软件技术、数控技术；或者是只能独立存在的信息技术，譬如通信技术、信息系统，它们与制造技术的融合主要侧重于相互的匹配合作。

（三）制造技术与信息技术的融合内容与融合方式

信息技术是一个宽泛的名词，含义丰富。依据前述对于技术的广义定义，信息技术可以认为是基于开发和利用信息资源目的的各种工具和规则体系。按照技术的表现形态，信息技术可以分为硬技术和软技术两种。硬技术指的是各种信息设备及其具备的功能，包含通信设备、计算机、通信卫星等；软技术指的是内嵌于硬件的用于信息的获取与处理的各类方法、技能，如数据分析技术、计算机软件技术、传感技术、控制技术等，还有物联网和云计算等新智能技术。

简而言之，信息技术与制造技术的融合体现在企业的整个运作过程中。主要表现在各类信息系统对企业运营的支撑，如嵌入式信息技术对机械生产的支撑；数控技术对制造流程和制造自动化的支撑；互联网技术对电子商务的支撑；网络技术和计算机辅助设计技术对加强企业技术创新能力的支撑；物联网技术对企业装备生产、产品管理等的支撑；制造云技术对企业运营的支撑等方面，具体内容如图 1-4 所示。

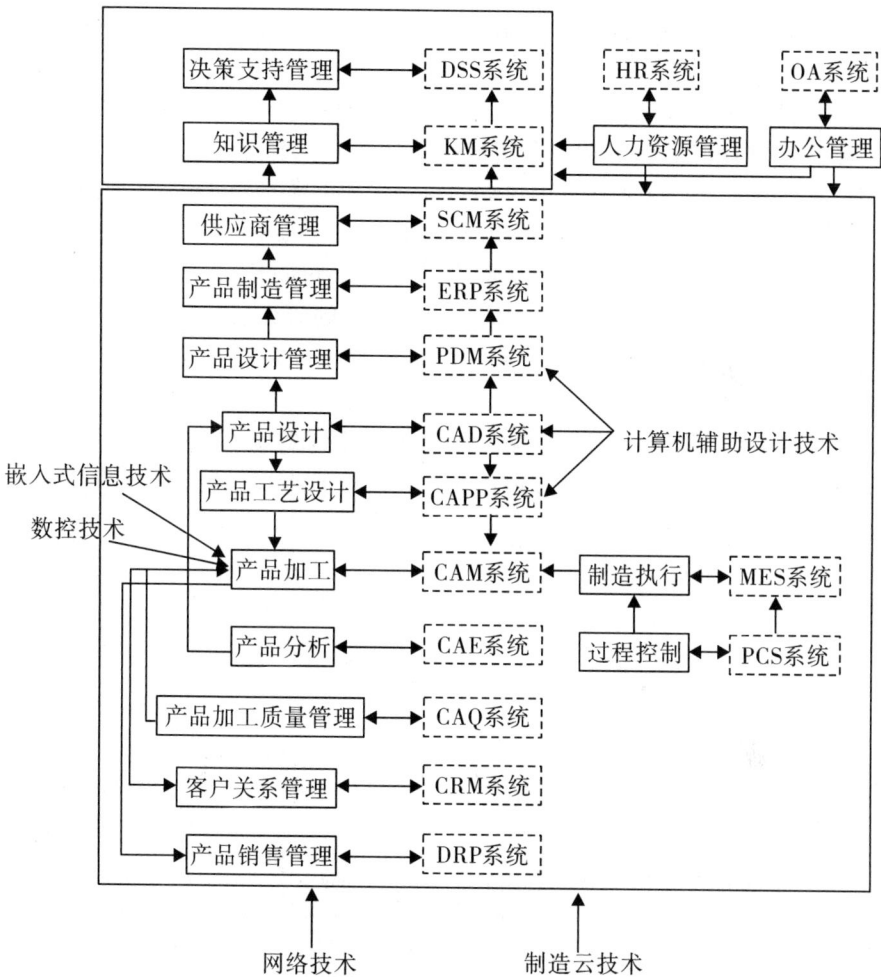

图1-4　制造技术与信息技术的主要融合内容和融合方式

第三节　两化融合的理论研究与发展脉络

两化融合的概念源于中国，但是，由于其是"信息技术"出身，在国外也有大量的实践基础和理论基础，在国内也有衍生成果。鉴于前面的分析，制造企业两化融合的本质是制造企业与信息技术的动态融合，所以，我们首先从"企业与信息技术融合"的角度对相关研究进行阐述。

一、企业与信息技术融合的理论研究及发展脉络

国外学术界对企业信息化的讨论始于 20 世纪 70 年代末，但有关企业信息技术融合概念的提法至今也没有达成统一，相关研究中常见的关于"融合"概念的英文表达有"alignment"①　"fit"②　"linkage"③　"integration"④。总体来看，被广泛接受的常规用法是"alignment"，但从变化趋势来看，学者们已经开始将目光从偏静态的"alignment"慢慢转向基于过程研究的"integration"。国内对于信息技术融合的研究起步较晚，惯用词语也是由国外引入的词汇翻译过来的，较常见的有匹配⑤、调配⑥、接轨⑦、融合⑧等。

同样，对于企业信息技术融合的概念，不同的学者也有不同的看法。通过对文献的梳理，根据研究视角的差异，本书选取了九个有代表性的定义，如表 1 - 2 所示。

---

① MOHAMED E, LAZAR R, ERIK P. An evaluation framework for comparing business-IT alignment models：a tool for supporting collaborative learning in organizations ［J］. Computers in human behavior, 2015（51）：1229 - 1247.

② MCLAREN T S, HEAD M M, YUAN Y, et al. A multilevel model for measuring fit between a firm's competitive strategies and information systems capabilities ［J］. MIS quarterly, 2011, 35（4）：909 - 929.

③ TAVAKOLIAN H. Linking the information technology structure with organizational competitive strategy：a survey ［J］. MIS quarterly, 1989, 13（3）：309 - 317. REICH B H, BENBASAT I. Measuring the linkage between business and information technology objectives ［J］. MIS quarterly, 1996, 20（1）：55 - 81.

④ RAHIMI F, MØLLER C, HVAM L. Business process management and IT management：the missing integration ［J］. International journal of information management, 2016, 36（1）：142 - 154.

⑤ 陈蔚珠. 业务—IT 战略匹配：ZARA 案例分析 ［J］. 经济经纬, 2009（5）：31 - 34.

⑥ 霍国庆，马瑞民. 信息技术与企业业务的调配模型及其实现 ［J］. 中国软科学, 2000（7）：43 - 46.

⑦ 毛基业，王伟. 管理信息系统与企业的不接轨以及调适过程研究 ［J］. 管理世界, 2012（8）：147 - 160.

⑧ 张辽，王俊杰. 中国制造业两化融合水平测度及其收敛趋向分析——基于工业信息化与信息工业化视角 ［J］. 中国科技论坛, 2018, 265（5）：38 - 46, 76.

表1-2 企业信息技术融合的概念界定

文献来源	信息技术融合的概念界定
Chan①	实现企业战略和信息技术战略的和谐一致的程度
Henderson，Venkatraman②	企业战略和信息技术战略、企业组织架构和信息技术组织架构的一致性状态
Reich，Benbasat③	信息技术支撑并共享企业战略的任务、目标和计划的状态
Sauer，Burn④	信息技术能够依附于企业业务需求的程度
Luftman，Brier⑤	以一种合适的、适时的方式将信息技术应用于组织中，并与组织战略、目标和需求保持一致
McKeen，Smith⑥	信息系统支持组织的目标和活动的和谐发展
Campbell，et al.⑦	信息技术和企业为了共同的目标工作
石代伦，潘九朱⑧	企业业务与信息技术全面结合，实现在战略层、组织结构层、运营层等层面的对接，为提升企业盈利能力提供支持
Mohamed，et al.⑨	信息技术被优化到使企业商业价值达到最大化的状态

① CHAN Y E. Business strategy, information systems strategy, and strategic fit: measurement and performance impacts [D]. Ontario: University of Western Ontario, 1992.

② HENDERSON J C, VENKATRAMAN N. Strategic alignment: leveraging information technology for transforming organizations [J]. IBM systems journal, 1993 (32): 4-16.

③ REICH B H, BENBASAT I. Measuring the linkage between business and information technology objectives [J]. MIS quarterly, 1996, 20 (1): 55-81.

④ SAUER C, BURN J M. The pathology of strategic management [M]. San Francisco: Jossey-Bass, 1997: 89-112.

⑤ LUFTMAN J, BRIER T. Achieving and sustaining business-IT alignment [J]. California management review, 1999, 42 (1): 109-122.

⑥ MCKEEN J D, SMITH H. Making it happen: critical issues in IT management [M]. New Jersey: Wiley, 2003: 29-84.

⑦ CAMPBELL B, KA Y R, AVISON D. Strategic alignment: a practitioner's perspective [J]. Journal of enterprise information management, 2005, 18 (6): 653-664.

⑧ 石代伦，潘九朱. 发挥 IT 的商业价值——一个业务与技术融合的观点 [J]. 软科学, 2006, 20 (5): 9-15.

⑨ MOHAMED E, LAZAR R, ERIK P. An evaluation framework for comparing business-IT alignment models: a tool for supporting collaborative learning in organizations [J]. Computers in human behavior, 2015 (51): 1229-1247.

虽然学者们基于企业愿景、战略、结构和计划的不同侧重点，对"信息技术融合"的理解存有差异，但在"同一目标下信息技术支撑企业"这一点上可以达成共识。

进一步汇总信息技术融合问题的学术成果，可以有多种归类方法。依据研究内容，可以分为融合模型研究、融合测度研究、融合影响因素研究、融合影响效应研究；依据融合层次，可以分为战略融合和战术融合；依据融合状态，可以分为静态融合和动态融合；依据融合的研究视角，主要分为战略维（知识维）融合、社会维融合；也有从反面视角区分的，分为非融合原因研究和非融合举措研究。

为了充分理解前人的成果，本书主要依据内容的不同，从融合模型研究、融合影响因素与影响效应研究、动态融合研究入手进行阐述。自然地，类别的划分并不会有非常严格的界限，以下研究或兼有对两种以上内容的讨论。

（一）企业信息技术融合模型的理论发展

1. 信息技术战略融合模型的相关研究

战略融合模型是学界对信息技术融合研究的最初研究视角。早期的企业信息技术匹配的相关研究就是源于企业战略规划和长期规划，其理论主要来自 IBM（International Business Machines Corporation）的信息系统开发实践，即他们所提出的信息技术规划的企业系统规划法（Business Systems Planning，以下简称 BSP）。当时的主要观点认为信息技术融合是信息技术与企业的从上而下和自下而上的互动过程，信息技术计划需要顺应企业业务的战略需求[1]。采用案例分析的方法，Pyburn 指出高管决策方式、企业业务动态性、信息系统组织和管理任务复杂性、信息技术管理者的状态和区位等因素都是决定信息技术战略融合成败的关键[2]。结合对融合因素、融合原因和融合路径的分析，Broadbent 和 Weill 通过实证数据提出了基于信息技术和企业流程的融合模型[3]。

进一步地，Henderson 和 Venkatraman 在 1993 年构建了更加完整的信

---

① GE20 - 0527-3，Business systems planning-information systems planning guide［S］. IBM corporation，1981.

② PYBURN P J. Linking the MIS plan with corporate strategy：an exploratory study［J］. MIS quarterly，1983，7（2）：1 - 14.

③ BROADBENT M，WEILL P. Improving business and information strategy alignment：learning from the banking industry［J］. IBM systems journal，1993，32（1）：162 - 179.

息技术战略融合模型（Strategic Alignment Model，以下简称 SAM）①，也叫战略一致性模型或战略对应模型、战略策应模型。这是一套用 IT 战略（IT Strategy，简称 ITS）规划的思考框架或思考模式，提供了一个动态的操作流程来保障企业运营战略与 IT 战略之间保持持久的对应，可以帮助企业检验经营战略与信息架构之间的一致性。这个模型搭建了信息技术与企业战略规划的理论分析框架，通过企业业务与信息技术的互动流程体现相互支持的作用。这个理论分析框架意义深远，李东等人根据引文分析法论证了 SAM 在信息技术融合领域中遥遥领先的影响力②。

Henderson 和 Venkatraman 构建的战略融合模型划分为战略层面和架构流程层面，如图 1－5 所示：

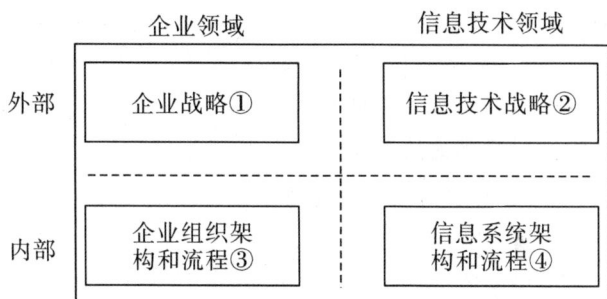

图 1－5 Henderson & Venkatraman 的 SAM

SAM 框架分成四个部分：企业战略、信息技术战略、企业组织架构和流程、信息系统架构和流程。企业战略指企业的定位选择，信息技术战略指企业在信息技术市场的定位选择，企业组织架构和流程指企业内部结构、业务流程、管理技能等方面的内部资源，信息系统架构和流程指信息系统架构、信息系统开发维护及信息技术人力资源等方面。两个层面在企业领域和信息技术领域的四种融合模式的具体内容和观点如表 1－3 所示。

---

① HENDERSON J C, VENKATRAMAN N. Strategic alignment：leveraging information technology for transforming organizations [J]. IBM systems journal, 1993 (32)：4－16.

② 李东，李继学，邱凌云. 信息技术—业务匹配研究述评——基于引文分析法 [J]. 外国经济与管理, 2013, 35 (2)：12－21, 33.

表1-3　SAM的四种模式

模式	路线	主要观点	对高管层的要求	信息技术的企业地位
战略执行模式	①—③—④	认为企业运营战略是企业发展的主要动力	高管层制定企业战略，决定企业组织架构和流程	信息技术部门从属于企业战略
技术潜力模式	①—②—④	认为信息技术支持企业战略的执行	企业高管层需要具备灵活的信息技术思维，并充分认识信息技术的作用，能够制定信息技术战略	信息技术人员负责设计和构建与外部环境相匹配的信息技术组织架构
竞争潜力模式	②—①—③	强调信息技术对企业战略的改造和提升作用	企业高管层能够胜任基于商业目标审视信息技术市场，帮助企业提升现有的治理模式和运营战略	信息技术管理人员从信息技术视角协助高管层，充当技术分析师和咨询顾问角色
服务水准模式	②—④—③	以信息技术领先为企业战略目标，提高企业服务水准	企业高层管理人员能够整合企业业务和优化信息技术资源配置，保证企业对信息技术市场的快速反应	信息技术管理人员进入企业高管层，监控企业运营符合信息技术高层指示

资料来源：根据李东等（2013）、钟琴（2009）① 整理。

SAM关注内外部环境的整合与沟通，奠定了信息技术、信息系统与企业战略层面的研究基础，催生出了许多实证研究。其后几年时间内，很多基于SAM的相关研究，如融合模型研究、融合度研究、影响因素和影响效应展现出来，取得了很多有价值的成果。

1997年，在SAM的基础上，Chan等人在Business Strategic Orientation, Information Systems Strategic Orientation, and Strategic Alignment（《业务战略

---

① 钟琴. 供应链管理系统的IT战略匹配研究 [J]. 物流科技，2009，32（12）：71-73.

定位、信息系统战略定位和战略调整》）① 一文中提出的信息系统战略融合八维模型是最有代表性的成果，八个维度分别是：进取支持维、分析支持维、内部防御支持维、外部防御支持维、未来支持维、前瞻支持维、风险规避支持维、创新支持维。八维模型全面细致地反映出了信息技术的战略意义，然而，信息系统的企业实践表明各维度具有较高相关性。于是，2001 年，Chan 改进八维模型为四维模型，具体为活动支持维（包括了进取维、内部防御维、前瞻维、创新维）、分析支持维（包括了风险规避维、分析维）、防御支持维（对应于外部防御维）和未来支持维②。根据 Chan 给出的各个维度又衍生出不同角度的研究成果，如 Robert③、李淑娟④在创新维讨论了信息技术创新，任迎伟和张曼⑤讨论了信息技术对企业运作效率的提升。也有学者考虑具体情境下的四维模型改进，譬如胡保亮⑥考虑我国企业所具有的"需求不足、规避风险、短期考虑、实现障碍"等问题，通过对八家企业的访谈，发现未来支持维表现并不明显，由此提出了一个三维模型：业务活动支持维、业务决策支持维、网络嵌入支持维。2011 年，Mclaren 等人提出了企业战略和信息系统能力的多维度战略融合模型，使得信息技术融合可以得到更全面具体的测量⑦。2013 年，学者 Seman 和 Salim 考虑信息技术融合的因素对于组织绩效的影响关系和影响方式的研究漏洞，基于四维模型提出了一个因素影响绩效的理论模型，为相关实证研究提供了重要的研究工具⑧。

---

①　CHAN Y E, HUFF S L, BARCLAY D W. Business strategic orientation, information systems strategic orientation, and strategic alignment [J]. Information systems research, 1997, 8 (2): 125 – 150.

②　CHAN Y E. Information systems strategy, structure and alignment//Papp R. (ed.) Strategic information technology: opportunities for competitive advantage [M]. Hershey, PA: idea group publishing, 2001: 56 – 81.

③　ROBERT R G. The assimilation of software process innovation: an organizational learning perspective [D]. Cambridege: Sloan school of management, MIT, 1997.

④　李淑娟. 信息技术服务业创新发展的影响因素与对策研究 [J]. 中国软科学, 2015 (2): 138 – 145.

⑤　任迎伟, 张曼. 新兴市场中组织结构和信息技术能力对组织效率的影响 [J]. 财经科学, 2004 (5): 67 – 71.

⑥　胡保亮. 信息系统资源与信息系统战略匹配关系研究 [J]. 情报科学, 2009 (7): 974 – 979.

⑦　MCLAREN T S, HEAD M M, YUAN Y. A multilevel model for measuring fit between a firm's competitive strategies and information systems capabilities [J]. MIS quarterly, 2011, 35 (4): 909 – 929.

⑧　SEMAN E A A, SALIM J. A model for business-IT alignment in malaysian public universities [J]. Procedia technology, 2013, 11 (1): 1135 – 1141.

近些年有学者开始思考 SAM 应用表现出的实践问题。具体体现在：

（1） SAM 的前提为企业具备正式的业务和信息技术战略规划。Reich 和 Benbasat 认为"战略融合"需要存在一套高质量的信息技术和企业业务有着内在联系的战略和计划①。然而 Campbell 等人指出，企业业务战略特别是信息技术战略往往是不明确的，从 SAM 出发的信息系统战略及业务流程的对应将很难建立，这个意义上的融合也较难实现②。同样，不少学者如 Vitale 等人③、Lederer 和 Mendelow④、Wang 和 Tai⑤ 也在研究中表现出了类似的困惑。

（2） 由于 SAM 衍生出的相关模型在企业中的实践应用都基于一个前提，即实践者已知企业适用的模型，但现实往往事与愿违。针对这个问题，2015 年，Mohamed 提出了一个模型选择的研究框架，以帮助实践者确定模型，并利用该分析框架评估了 7 个瑞典的大型企业，证实了选择方法和理论框架的实践可行性⑥。

（3） SAM 作为最经典和应用最广泛的信息技术融合模型，已有二十多年的应用实践经历，但 SAM 的实践成绩总是和理论预期的效果存在显著差距。对于此困惑，2016 年，Alexandre 等人根据扎根理论研究发现，由于研究者始终没有挑战 SAM 的基本假设和前提，就人为限制了模型的应用与实践⑦。由此，实践问题对与时俱进的模型和研究方法提出了新的要求。

① REICH B H, BENBASAT I. Factors that influence the social dimension of alignment between business and information technology objectives [J]. MIS quarterly, 2000, 24 (1)：81 – 113.

② CAMPBELL B, KAY R, AVISON D. Strategic alignment：a practitioner's perspective [J]. Journal of enterprise information management, 2005, 18 (6)：653 – 664.

③ VITALE M R, IVES B, BEATH C M. Linking information technology and corporate strategy：an organizational view [C]. In proceedings of the 7th international on information systems, San Diego, USA, 2010：265 – 276.

④ LEDERER A L, MENDELOW A L. Coordination of information systems plans with business plans [J]. Journal of management information systems, 1989, 6 (2)：5 – 19.

⑤ WANG E T G, TAI J C F. Factors affecting information systems planning effectiveness：organizational contexts and planning systems dimensions [J]. Information management, 2003, 40 (4)：287 – 303.

⑥ MOHAMED E, LAZAR R, ERIK P. An evaluation framework for comparing business-IT alignment models：a tool for supporting collaborative learning in organizations [J]. Computers in human behavior, 2015 (51)：1229 – 1247.

⑦ ALEXANDRE R, ISABELLE W, MICHEL K. Is SAM still alive? a bibliometric and interpretive mapping of the strategic alignment research field [J]. Journal of strategic information systems, 2016 (25)：75 – 103.

2. 信息技术融合成熟度模型的相关研究

最早对信息技术融合成熟度进行研究的是 Jerry Luftman。他在 IBM 工作了 22 年，主要从事信息系统管理、咨询和营销等工作，曾任 IBM 信息主管。任职期间，他发现多数企业不认可本企业的信息技术战略融合，自认为企业没有做到业务与 IT 战略匹配。如何评估企业的融合程度成为亟须面对的问题，将对这一问题的思考与对 500 家公司的信息主管和非信息主管的调研相结合，Luftman 总结出了排列在前六位的匹配促进因素、抑制因素以及十二个构成元素。2000 年，Luftman 提出了五级战略融合成熟度模型①，如图 1 - 6 所示。

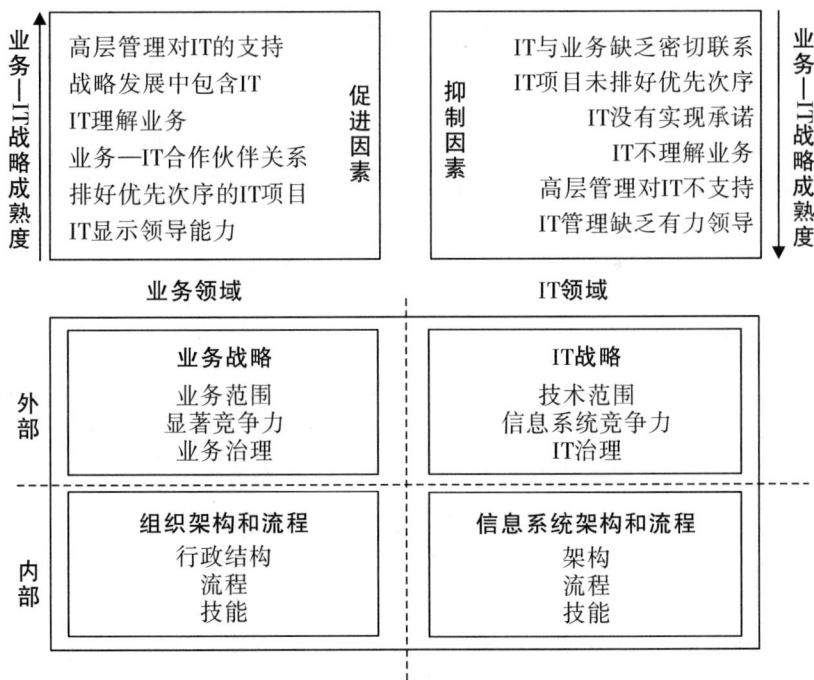

图 1 - 6　战略融合成熟度模型

由图 1 - 6 可以看出，战略融合成熟度模型就是基于 SAM 的四个方面，

---

　①　LUFTMAN J. Assessing business-IT allignment maturity［J］. Strategies for information technology governance，2000，14（4）：1 - 51.

结合考虑六个促进因素、六个抑制因素以及十二个构成元素而构建的。依据模型，可把融合成熟度划分成初始过程、已承诺过程、已建立核心过程、已改善过程和已优化过程。战略成熟度模型提出划分等级的六项标准：业务部门和 IT 部门的沟通成熟度、用业务术语表达 IT 竞争力和价值测量的成熟度、IT 项目选择和优先级管理的成熟度、业务部门和 IT 部门之间的合作伙伴关系成熟度、IT 范围和架构的成熟度、组织中人力资源的技能成熟度。随后，2003 年，Luftman 利用五级成熟度模型中的三十八个因素开发了融合成熟度评价量表，为企业进行自我诊断和评估提供了有效工具①。Luftman 等人后来还致力于融合成熟度影响因素的讨论，2010 年，他通过调查多个案例发现，CIO（首席信息官）直接向 CEO（首席执行官）报告的企业拥有更高的信息技术融合成熟度，而向业务经理、COO（首席运营官）和 CFO（首席财务官）汇报的企业融合成熟度呈依次降低的趋势②。

五级成熟度模型被认为是标准模型，是企业信息技术融合的评价工具。但学者邹佳骏在《基于证据理论的企业业务—IT 战略匹配成熟度评估》③ 一文中指出，由于五级成熟度模型要求专家组对评价标准达成共识，因而可能导致专家评价结果的相关性，还有专家倾向于多数人选择的主观性，由此提出了基于证据理论的群决策方法，改进了五级成熟度模型。

基于五级成熟度模型，2002 年，Paul 等人考察了英国 250 家小型企业的企业信息技术战略融合状况，研究发现大部分公司的信息技术融合程度较高，并且融合程度高的企业更可能有更好的团队表现④。这一结论与对中大型企业进行调研的结论基本一致，为中小型企业的信息技术战略规划和战略融合提供了参考。与此形成对比的研究是，2010 年，Chen 利用成熟度模型考察了我国 11 家国内公司和 11 家跨国公司，调研了 130 名信息主管和非信息主管，并对比了国内企业和跨国企业的融合成熟度，评估企业成熟度得出结论：跨国公司的信息技术融合成熟度高于国内企业，国内

---

① LUFTMAN J. Measure your business-IT alignment [J]. Optimize, 2003 (12)：76 – 80.

② LUFTMAN J, BEN-ZVI T. Key issues for IT executives 2009：difficult economy's impact on IT [J]. MIS quarterly executive, 2010, 9 (1)：203 – 213.

③ 邹佳骏. 基于证据理论的企业业务—IT 战略匹配成熟度评估 [J]. 情报杂志, 2009, 28 (6)：73 – 76.

④ PAUL C, MALCOLM K, HUSNAYATI H. IT alignment and firm performance in small manufacturing firms [J]. Journal of strategic information systems, 2002 (11)：109 – 132.

企业高管对信息技术的认知度不足①。这个结论充分说明，我国的国内企业和跨国企业在信息技术融合成熟度上是有差距的，国内企业的信息技术融合状况亟须改善。

综合分析信息技术融合模型的研究脉络，可以发现，虽然信息技术的作用形式被多方面讨论，但信息技术始终被视为外生动力引入企业。学者主要探讨既定信息技术下的企业内部机制，企业促进信息技术发展的作用却被忽视。而制造企业两化融合的内涵包括制造技术和信息技术的协同发展，这也是本书的研究视角之一。

（二）企业与信息技术融合的影响因素以及影响效应的理论发展

1. 信息技术融合影响因素的相关研究

关于影响因素方面，比较早的讨论是对于信息主管地位较低下的现状展开的辩论。早在1983年，学者Pyburn研究发现当信息主管和高层管理者层级接近时，信息技术更容易被感知为企业战略的关键需求②。同样，1999年，Luftman等人基于IBM对八千多家企业业务经理进行调查，利用实证研究也发现对信息技术融合具有重要影响力的因素有：高管层的管理支持、信息技术在企业战略中的应用、信息技术部门的业务知识水平、企业业务主管和信息主管的沟通、信息系统项目的优先度、信息主管的领导力③。2002年，Chan更具体地指出企业的信息技术融合受到了信息技术的决策权、信息主管层级地位、信息主管的报告关系、信息技术集权等因素的影响④。2003年，学者Kearns和Lederer又进一步研究发现，企业战略和计划如果有信息主管参与将更有利于实现信息技术和企业的战略融合⑤。这些结论逐步提升了信息技术的战略重要性，无疑对信息主管领导地位的提升有积极的促进作用。

也有学者讨论不同维度信息技术融合的结合。2007年，学者Chan和

---

① CHEN L D. Business-IT alignment maturity of companies in China［J］. Information and management，2010（47）：9 – 16.

② PYBURN P J. Linking the MIS plan with corporate strategy：an exploratory study［J］. MIS quarterly，1983，7（2）：1 – 14.

③ LUFTMAN J，BRIER T. Achieving and sustaining business-IT alignment［J］. California management review，1999，42（1）：109 – 122.

④ CHAN Y E. Why haven't we mastered alignment? the importance of the informal organization structure［J］. MIS quarterly executive，2002，1（2）：97 – 112.

⑤ KEARNS G S，LEDERER A. L. A resource-based view of strategic IT alignment：how knowledge sharing creates competitive advantage［J］. Decision sciences，2003，34（1）：1 – 29.

Reich 表示战略维的信息技术融合指的是企业战略和计划与信息技术战略和计划的相互补充，重点关注信息技术和企业计划内容的内部一致性和外部有效性①。依据学者 Reich 和 Benbasat 给出的定义，社会维是指企业中的业务人员和信息技术人员都致力于理解企业业务和信息技术的使命、目标和计划的状态②。Feeny 等人指出要想同时获得战略维和社会维的融合，企业主管和信息主管关系必须十分密切，并且从上至下的信息技术人员和业务人员都需要有紧密的联系和地位的对等，减少沟通障碍③。很少有企业同时获得战略维和社会维的融合，而这两个维度的融合是相互促进的，Reich 和 Benbasat 表明研究者应将社会维和战略维结合起来，才能顾及信息技术融合的复杂性，避免片面性④。

考虑到社会维的企业内部环境、知识和沟通的差异性影响信息技术融合的实践经验，很多学者对此进行了探讨。2001 年，Hirschheim 和 Sabherwal 通过实证研究，认为信息技术知识与业务流程的集成、企业规划的多角度参与，以及强大的外部力量都可以帮助企业获得信息技术融合⑤。这一说法被 Chan 等人⑥和 Preston 等人⑦分别在 2006 年和 2008 年再次证实，并得出进一步的结论，即信息主管的业务知识、企业高管团队的信息技术知识及其知识共享对促进信息技术融合都有正向作用。除此之外，Chan 等人还同时指出企业信息系统先例是否成功、组织规模及环境不确定性都将影响企业的信息技术融合。技术应用的成功经历对信息技术融合的正向影响也被社

---

① CHAN Y E, REICH B H. IT Alignment: what have we learned? [J]. Journal of information technology, 2007, 22 (4): 297 – 315.

② REICH B H, BENBASAT I. Factors that influence the social dimension of alignment between business and information technology objectives [J]. MIS quarterly, 2000, 24 (1): 81 – 113.

③ FEENY D F, EDWARDS B R, SIMPSON K M. Understanding the CEO/CIO relationship [J]. MIS quarterly, 1992, 16 (4): 435 – 448.

④ REICH B H, BENBASAT I. Factors that influence the social dimension of alignment between business and information technology objectives [J]. MIS quarterly, 2000, 24 (1): 81 – 113.

⑤ HIRSCHHEIM R, SABHERWAL R. Detours in the path towards strategic IS alignment [J]. California management review, 2001, 44 (1): 1 – 12.

⑥ CHAN Y E, SABHERWAL R, THATCHER J B. Antecedents and outcomes of strategic IS alignment: an empirical investigation [J]. IEEE transactions on engineering management, 2006, 53 (1): 27 – 47.

⑦ PRESTON D S, CHEN D, LEIDNER D E. Examining the antecedents and consequences of CIO strategic decision-making authority: an empirical study [J]. Decision sciences, 2008, 39 (4): 605 – 642.

会维的代表人物 Reich 和 Benbasat 认同，他们同时也表明信息主管和企业高管对彼此知识的掌握和沟通，以及企业业务和信息技术计划的相互联系都影响信息技术融合的短期有效性，并且信息主管和企业高管对彼此知识的掌握可以影响企业信息技术融合的长期效果[①]。此外，利用社会认知学理论视角，Subramani 等人发现企业对信息技术部门的一致认可会有利于信息技术部门的业绩表现突出，从而促进企业绩效的提升[②]。针对信息主管地位较低、信息技术成功经验和知识共享不够的我国企业情境，张延林等人讨论了实现信息技术融合的"前因—先验融合—后验融合"的理论分析框架，为我国企业实践提供了理论参考[③]。

近年来，不同国家、不同行业、不同实践背景的企业也都总结出了与上面相似的结论。譬如，2012 年，Wong 等人通过对印度尼西亚制造企业的调研，确定了影响信息技术融合的四个维度的企业员工因素，即信任、沟通、承诺和知识，研究发现，沟通最直接地影响着信息技术融合[④]。2014 年，Charoensuk 等人通过对泰国酒店的实证研究发现：知识共享最大程度地影响着信息技术融合，而且信息技术管理越成熟，这种影响就越小[⑤]。并且，Charoensuk 的这个实证研究和 Rahimi 等人在 Business Process Management and IT Management：The Missing Integration（《业务流程管理和IT 管理：缺乏融合》）[⑥] 一文中都指出企业的流程管理和信息技术管理在战略和规划两个层面的横向整合状况将影响信息技术融合的效果。

由此，信息主管的地位和角色、企业业务与信息技术的联系程度、知识共享、企业规划与计划的多视角参与等因素都相当程度地影响信息技术融合。同时可以看出，影响因素对信息技术的具体影响路径和影响方式还

---

① REICH B H, BENBASAT I. Factors that influence the social dimension of alignment between business and information technology objectives ［J］. MIS quarterly, 2000, 24 (1): 81 – 113.

② SUBRAMANI M R, HENDERSON J C, COOPRIDER J. Linking IS user partnerships to IS performance: a sociol cognitive perspective ［R］. MISRC working paper, University of Minnesota, 1999.

③ 张延林, 肖静华, 李礼, 等. 业务成功历史、CEO 信念与先验匹配——社会维度视角下 IT 与业务匹配的中国情境案例研究 ［J］. 管理科学学报, 2014, 17 (2): 1 – 18.

④ WONG T C, NGAN S C, CHAN F T S, et al. A two-stage analysis of the influences of employee alignment on effecting business-IT alignment ［J］. Decision support systems, 2012, 53 (3): 490 – 498.

⑤ CHAROENSUK S, WONGSURAWAT W, KHANG D B. Business-IT alignment: a practical research approach ［J］. Journal of high technology management research, 2014, 25 (2): 132 – 147.

⑥ RAHIMI F, MØLLER C, HVAM L. Business process management and IT management: the missing integration ［J］. International journal of information management, 2016, 36 (1): 142 – 154.

少有学者涉足。

2. 信息技术融合影响效应的相关研究

影响效应方面的研究大都专注于信息技术融合对企业绩效的影响，然而信息技术生产力的正向作用似乎并没有受到学者们的普遍支持。依据四维模型，2001 年，学者 Sabherwal 等人对不同企业战略的信息技术融合进行考察，研究发现信息技术融合对防御型企业的绩效没有显著的影响，但能够明显提高探索型和分析型企业的绩效，表明了信息技术融合对企业的绩效影响因企业战略取向的不同会有所不同[①]。1997 年，Chan 等人得出大规模企业的信息技术融合能够提高企业绩效的结论[②]。与此形成对比的研究结论是，Paul 等人在 2002 年发表的 IT Alignment and Firm Performance In Small Manufacturing Firms（《小型制造业公司 IT 调整和公司绩效》）[③] 一文中实证研究发现小企业的信息技术融合也能够提高企业绩效。两个结论被 Gutierrez 在 2009 年发表的一篇文章中证实，并指出制造业企业信息技术融合对绩效的影响在企业规模上的无差异性[④]。但是关于这一点，Chan 等人[⑤]有相悖的说法，他认为企业规模显著影响企业和信息技术的战略融合，结合 Chan 等人[⑥]在 1997 年发表的论点，他显然认为企业规模将是信息技术融合影响绩效的重要因素。无独有偶，2011 年，任娟基于随机前沿模型和数据包络分析方法，对我国机械设备和仪表制造企业作了实证研究，也

① SABHERWAL R，HIRSCHHEIM R，GOLES T. The dynamics of alignment：insights from a punctuated equilibrium model［J］. Organization science，2001，2（12）：179－197.

② CHAN Y E，HUFF S L，BARCLAY D W，et al. Business strategic orientation，information systems strategic orientation，and strategic alignment［J］. Information systems research，1997，8（2）：125－150.

③ PAUL C，MALCOLM K，HUSNAYATI H. IT alignment and firm performance in small manufacturing firms［J］. Journal of strategic information systems，2002（11）：109－132.

④ GUTIERREZ A. Factors affecting IT and business alignment：a comparative study in SMEs and large organisations［J］. Journal of enterprise information management，2009，22（1）：197－211.

⑤ CHAN Y E，SABHERWAL R，THATCHER J B. Antecedents and outcomes of strategic IS alignment：an empirical Investigation［J］. IEEE transactions on engineering management，2006，53（1）：27－47.

⑥ CHAN Y E，HUFF S L，BARCLAY D W，et al. Business strategic orientation，information systems strategic orientation，and strategic alignment［J］. Information systems research，1997，8（2）：125－150.

得出企业规模正向影响 IT 投资对企业绩效作用的结论①。

除了上述关于企业规模是否影响企业 IT 绩效的争议，Palmer 等人发现信息技术融合并不显著提高零售业企业的绩效②。Tallon 甚至表明信息技术融合并不一定是企业竞争力的核心，认为流程层面的信息技术应用可能才是重要的驱动力③。2009 年，赵付春也响应了这一说法，并基于双元性理论进行实证研究，指出企业要关注融合程度高带来的企业创新动力欠缺的问题④。2012 年，彭建平通过对 127 家企业的调研，发现企业流程管理能力和供应商质量管理水平对企业绩效有显著影响，企业信息技术融合的作用却被隔离开，因而信息技术只有与企业内外部管理要素结合，才能获得企业绩效的提升⑤。

当然，"生产率悖论"问题争论已久，比如学者 Carr⑥ 和 David⑦ 也提出了同样的疑问。早在 1987 年，摩根士丹利的经济学家 Roach 利用美国商务部的企业数据，研究了三十年间美国服务业的信息技术应用和生产率增长的关系，发现 IT 投资对服务部门生产率的影响非常微小。所谓的"生产率悖论"，李治堂给出的比较学术的定义是：IT 投资和生产率提高或公司绩效改善之间缺乏显著联系的现象⑧。周先波给出了通俗的解释：人们对信息技术的巨额投资并没有带来人们预期的生产率的高速增长，而是使生产率的增长停滞不前或使得生产率下降，这种有违直觉判断的现象被称为信息技术的"生产率悖论"⑨。究其根本，周先波和李治堂认为主要有五个

---

① 任娟. IT 投资对我国机械制造业上市公司技术效率的影响分析 [J]. 技术经济，2011，30 (5)：69 - 76.

② PALMER J W, MARKUS M L. The performance impacts of quick response and strategic alignment in specialty retailing [J]. Information systems research, 2000, 11 (3)：241 - 259.

③ TALLON P P. A process-oriented perspective on the alignment of information technology and business strategy [J]. Journal of management information systems, 2007, 24 (3)：227 - 268.

④ 赵付春，徐小琴. 基于双元性理论视角的 IT 与业务流程匹配度研究 [J]. 当代财经，2009 (11)：75 - 80.

⑤ 彭建平. IT 应用对企业绩效的影响：直接作用还是间接作用？[J]. 管理评论，2012，24 (9)：111 - 118.

⑥ CARR N G. IT doesn't matter [J]. Harvard business review, 2003 (81)：41 - 49.

⑦ DAVID K. Does it matter, CEO's and CIO's sound off [J]. Fortune, 2003 (6)：38 - 42.

⑧ 李治堂. 信息技术投资"生产率悖论"研究及其最新进展 [J]. 外国经济与管理，2004 (9)：2 - 7，20.

⑨ 周先波. 论信息技术"生产率悖论"的主要原因 [J]. 情报学报，2003，22 (2)：233 - 237.

方面的原因导致了这种悖论：

（1）投入与产出的测度不当问题。相对于物质成分的增加量，人们常常会低估产品和服务中隐含的这种不可观测的信息成分。信息技术投资和经济绩效背后的数据测量误差和测度不当问题是悖论的核心问题。

（2）因学习和调整引起的时滞问题。IT 投资不会立竿见影地产生效果，可能会有 5 年左右的时滞。

、（3）利润的重新分配和扩散问题。持有这种观点的学者认为信息技术是非生产性的，对于整体行业来说并不创造价值，也就无所谓提升整体的生产率了。那么，利用 IT 抢占先机的企业就分割了另一部分企业的市场和利润份额，而其他企业则会因此丧失一些市场和利润份额。

（4）信息和技术的管理不善问题。

（5）其他可能的原因。比如信息技术对其他生产要素的替代问题、股票市场问题、分析工具选择不当的问题等都有可能导致生产率和信息技术的外在无关性。

尽管如此，正确的信息技术配置对企业绩效的正向影响是毋庸置疑的。学者 Cohen 等人[1]和汪惠等人[2]都发文证实信息技术融合促进了信息系统的成功启动或者信息系统运行效率的提升，Kearns 和 Sabherwal[3]、吕本富[4]、王念新等人[5]也指出信息技术和企业融合对企业竞争力有正向影响。

（三）企业信息技术动态融合的理论发展

前述的信息技术融合的理论多是基于静态分析，随着对融合过程的关注，动态融合的理论研究也相应开始活跃起来，国内学者也对此作了一些探讨。

---

① COHEN J F, TOLEMAN M. The IS-business relationship and its implications for performance：an empirical study of south african and australian organizations ［J］. International journal of information management，2006（26）：457 –468.

② 汪惠，陈建斌，李玉霞. 企业 IT 绩效与组织结构维度关系的实证研究 ［J］. 管理评论，2011，23（5）：47 –53.

③ KEARNS S, SABHERWAL R. Strategic alignment between business and information technology：a knowledge-based view of behaviors，outcome，and consequences ［J］. Journal of management information systems，2006，23（3）：129 –162.

④ 吕本富，汪淼，彭赓. 基于企业属性的 IT 价值多维度研究 ［J］. 南开管理评论，2006，9（6）：89 –95.

⑤ 王念新，仲伟俊，张玉林，等. 信息技术和企业竞争力的关系研究 ［J］. 计算机集成制造系统，2007，13（10）：1970 –1977.

动态研究侧重于融合过程的演变性，虽然专门成果并不多见，但很多学者是持有这一观点的，认为融合目标并非固定的，融合也并非最终状态。Henderson 和 Venkatraman 提出的 SAM 本质上就是将企业信息技术融合视为一个互动过程，Luftman 也曾描述企业和信息技术融合就是"实现战略优势的信息技术与企业业务融合的连续过程"①，并提出了企业信息技术融合的六步骤法，以期在动态环境下保持融合。Rondinelli 等人同样指出企业必须不断动态调整 SAM 中的四个领域的状态，才能获得持续的企业信息技术融合②。

基于生物学的仿生视角，Sabherwal 等人利用间断平衡模型分析企业业务流程和组织架构变化下的企业业务和信息系统的不融合，研究发现信息技术融合存在间断平衡现象，并且环境、绩效、领导人的认知转变都会影响融合的间断平衡③。同样，2011 年，Wang 等人采用间断平衡模型研究了两个我国企业的信息技术融合动态过程，得出了与 Sabherwal 等人一致的结论，并且表明中国企业的信息技术融合还受到政府扶持、企业习惯和社会文化偏好的影响④。

基于复杂系统视角，2003 年，Peppard 等人考察了信息系统与企业业务融合的协同演化，提出企业与信息技术通过循环交互导致企业整体的演化行为⑤。在此系统论观点的指导下，学者们从复杂适应系统、自组织协同演化以及复杂网络等角度展开了讨论。

（1）Allen 和 Varga 构造了主体的价值观框架⑥。进一步地，张延林等人依据这个主体价值观框架建立了多主体交互的信息技术融合博弈模型，

① LUFTMAN J. Assessing business-IT alignment maturity [J]. Strategies for information technology governance, 2000, 14 (4): 1 - 51.

② RONDINELLI D, ROSEN B, DRORI I. The struggle for strategic alignment in multinational corporations: managing readjustment during global expansion [J]. European management journal, 2001, 19 (4): 404 - 416.

③ SABHERWAL R, CHAN Y E. Alignment between business and IS strategies: a study of prospectors, analyzers, and defenders [J]. Information systems research, 2001, 12 (1): 11 - 33.

④ WANG N, XUE Y, LIANG H. The road to business-IT alignment: a case study of two chinese companies [J]. Communications of AIS, 2011, 28 (1): 415 - 436.

⑤ PEPPARD J, BREU K. Beyond alignment: a co-evolutionary view of the information systems strategy process [C]. Seattle, WA: 24th international conference on information systems, 2003.

⑥ ALLEN P M, VARGA L. A co-evolutionary complex systems perspective on information systems [J]. Journal of information technology, 2006, 21 (4): 229 - 238.

利用多 Agent 仿真方法探讨了信息技术融合的演化规律①。

（2）Benbya 认为信息技术融合的自然本质是背后的自组织协作模式，基于个体、运营、战略三个层次的讨论，构建了信息技术融合的三层次协同演化过程的逻辑模型②。这个模型为后续研究提供了演化视角的新思路。结合企业近二十年的发展过程的案例，2014 年，张延林等人利用 Benbya 提出的三层次过程逻辑模型讨论了信息技术融合如何持续保持竞争优势的问题，揭示了信息技术能力和业务融合的关键作用③。

（3）2014 年，Sousa 和 Machado 构建了复杂网络模型帮助企业确定信息技术融合动力因素和融合调控措施④。

（4）持有信息技术动态融合观的学者从信息技术融合的其他角度进行了探讨。比如，2000 年，Zajac 等人构建了战略融合的动态模型⑤；2008 年，Chen 等人跟踪调研一家台湾制造企业，考察动态能力对融合过程和融合效果的影响，得出了缺乏信息技术融合将导致信息技术能力降低的结论⑥；2011 年，Mclaren 等人考察行业和市场的动态性，提出了多层次信息技术融合评价模型，并通过多案例研究验证了模型的有效性⑦；2012 年，毛基业和王伟通过一个 ERP 系统从近乎失败到成功实施的案例研究，剖析了企业信息技术不融合的动态演变机制，得出非融合的信息技术可以通过

① ZHANG Y, XIAO J, XIE K. An agent-based computational study of business-IT alignment using net logo [J]. Advances in systems science and applications, 2010, 10（3）：438 – 444.

② BENBYA M. Using co-evolutionary and complexity theories to improve is alignment-A multi-level approach [J]. Journal of information technology, 2006, 21（4）：284 – 298.

③ 张延林, 肖静华, 谢康. 信息系统创造持续竞争优势——IS 能力和 IS 与业务匹配的动态演化 [J]. 管理案例研究与评论, 2014, 7（1）：70 – 85.

④ SOUSA J L R, MACHADO R J. Sociomaterial enactment drive of business-IT alignment：from small data to big impact [J]. Procedia technology, 2014（16）：569 – 582.

⑤ ZAJAC E J, KRAATZ M S, BRESSER R K F. Modeling the dynamics of strategic fit：a normative approach to strategic change [J]. Strategic management journal, 2000, 21（4）：429 – 453.

⑥ CHEN R S, SUN C M, HELMS M M, et al. Aligning information technology and business strategy with a dynamic capabilities perspective：a longitudinal study of a taiwanese semiconductor company [J]. International journal of information management the journal for information professionals, 2008, 28（5）：366 – 378.

⑦ MCLAREN T S, HEAD M M, YUAN Y, et al. A multilevel model for measuring fit between a firm's competitive strategies and information systems capabilities [J]. MIS quarterly, 2011, 35（4）：909 – 929.

信息系统实施氛围、认知、技术和组织进行动态调适的结论[①];2013 年,肖静华等人基于企业家缺乏信息技术认知和企业缺乏信息技术成功经验的情境,利用嵌入式行动研究方法得出实现融合的过程模型[②]。2017 年,石喜爱等人将两化融合视为博弈演化过程,从知识吸收能力、意识水平、市场风险和企业资产四个方面分析了这些因素对两化融合的影响,构建了信息企业和工业企业选择融合的演化博弈模型,并得出结论:知识吸收能力和意识水平对促进两化融合有着积极的影响,而市场风险对其存在着消极影响[③]。

融合具有动态的本质特性,面对动态性以及动态带来的复杂性方能揭示信息技术融合的内在规律。既有研究证实了两化融合的系统性和复杂性,分别从企业战略的动态演化视角、仿生视角、复杂系统视角取得了有意义的研究成果,但大多是对系统演化过程的描述或给出概念模型、逻辑模型,或是基于复杂网络的多 Agent 仿真模型。进一步确定系统演化的数学模型和数据检验将更加接近企业两化融合演化的本质,并更具有企业个体针对性,这方面还未见相关领域学者的相关研究成果。

二、企业两化融合的理论研究与发展脉络

企业两化融合是具有中国特色的"企业信息技术融合"的延伸。二者本质相同,只是"两化融合"概念的提出更多地结合了国内实情并具有了宏观背景,因此,我们对企业两化融合相关研究进行单独阐述。由于宏观空间层面的国家两化融合和区域两化融合与本书讨论主题关系不紧密,我们仍然主要关注企业层面的相关研究。

由于我们国家对于这方面的研究总体起步较晚,关于微观层面的企业信息技术融合到后来延伸的企业两化融合的成果都不算丰富。依据研究内容,我们可将企业两化融合的研究成果作一个大致的划分,即两化融合影响因素与评价模型研究、两化融合机制与路径选择研究、两化融合影响效应研究三条主线。

---

① 毛基业,王伟. 管理信息系统与企业的不接轨以及调适过程研究 [J]. 管理世界,2012 (8):147 –160.

② 肖静华,谢康,冉佳森. 缺乏 IT 认知情境下企业如何进行 IT 规划:通过嵌入式行动研究实现战略匹配的过程和方法 [J]. 管理世界,2013 (6):138 –152.

③ 石喜爱,李廉水,刘军. 两化融合的演化博弈分析 [J]. 情报科学,2017 (9):38 –45.

（一）企业两化融合影响因素与评价模型的理论发展

前面介绍了 Luftman 的五级成熟度模型，企业信息技术融合被划分为初始过程、已承诺过程、已建立核心过程、已改善过程和已优化过程，划分的六项简要标准为沟通、竞争力、治理、合作伙伴、范围和架构、技能。对应于五级成熟度模型，我国学者结合中国国情也发展出了两化融合的五级成熟度模型。2010 年，王晰巍等人在《信息化与工业化融合的关键要素及实证研究》① 一文中将两化融合划分为：初始级、基本级、适应级、成熟级和优化级。认为初始级就是信息技术开始导入的起步阶段，尚未体现出明显的信息技术企业绩效；基本级阶段即信息技术正式导入，依据企业业务基本需求，信息技术开始在企业内部融合；适应级阶段的信息技术开始全面应用，业务支持能力明显提升，企业的信息技术绩效逐渐显现；成熟级阶段的信息技术已经应用于企业各个方面，体系建成，信息技术绩效显著体现；优化级阶段的信息技术建设再造企业业务流程，相互促进技术创新，信息技术绩效非常显著。两个成熟度模型都是从信息技术融合程度进行划分，是对于模型划分标准的进一步思考，随后，王晰巍等人又撰文构建了两化融合评价模型，从两化融合的战略地位、信息化设施建设、信息化集成与应用、两化融合带来的能力及效益的提升四个方面进行了综合评价，采用层次分析法和主成分分析法确定指标权重，辅助企业自我评估两化融合现状②。

王晰巍等人的五级成熟度模型及其划分标准也可以用于企业层面的评价。对其进行深入分析可以看出，企业层级的阶段发展同样是资源（技术、设施等）、应用（信息技术应用与融合）、绩效三个方面的发展脉络。由于五级成熟度模型的提出背景主要基于产业融合，2011 年，周剑沿承其思路，并结合工业企业发展特色，认为应把工业企业具体业务作为模型出发点和落脚点，构建了基于资源、应用和绩效三个视角的就绪度、成熟度和贡献度评价模型。就绪度是指企业的两化融合资源配置状况，主要是指人、财、物等资源的逐步配备所构建的软硬件基础；成熟度是指信息技术应用的广度和深度，企业业务执行和战略实现的信息技术依赖程度，对应

---

① 王晰巍，靖继鹏，刘铎，等.信息化与工业化融合的关键要素及实证研究 [J].图书情报工作，2010，54（8）：68－72.

② 王晰巍，安超，初毅.信息化与工业化融合的评价指标及评价方法研究 [J].图书情报工作，2011，55（6）：96－99.

于成熟度,又可以划分为单项应用、协同集成和融合创新等阶段;贡献度是指企业的信息技术综合产出,也是企业实施两化融合的最终目的,对应于企业竞争力、经济效益与社会效益的综合表现①。周剑的这一思路也在工信部发布的《评估规范》中得到了充分体现,并且为其他学者的相关研究提供了参照。

一些学者基于周剑的评价模型进行了更详尽的探讨。譬如,考虑到企业两化融合能力的可持续发展,2012 年,王娜和李钢构建了企业两化融合能力评估模型,其是一个综合利用专家评议法、进阶筛选法、层次分析法和聚类分析法等方法,围绕就绪度、成熟度以及贡献度为核心而建立的三级评价指标体系②。另外,2012 年,李钢和胡冰在类似的思路下,构建了企业两化融合水平的评估指标体系,并重点讨论了成熟度的评价方法③。2014 年,谢昕未根据周剑提出的参考指标体系,结合两化融合的内涵、理论依据、理论体系和现实需求,考虑了两化融合的信息技术应用,也相应建立了关于就绪度、成熟度、贡献度三个方面的两化融合水平测评体系,并依此将两化融合发展水平划分为起步阶段、局部应用阶段、综合应用阶段、深度应用阶段四个阶段④。在学者们的综合研究基础上,周剑和陈杰基于 35 个制造业行业、6 个省市的约 3 000 家企业的实践情况,且考虑水平与能力评估、效能与效益评估两方面,建立了产品、企业管理、价值链三个维度,构建形成了通用评估指标体系⑤。所构建的评估体系在政府、行业、工业企业以及信息技术服务商的工作中都得到了广泛应用。

基于各种不同视角,学者纷纷提出了自己的论点。2011 年,张戈等人考虑规范的指标体系构建方法,采用德尔菲法取定企业两化融合的影响因素,利用规范方法构建了两化融合指标体系,以信息化管理水平、信息化意识、信息化基础设施、信息化人才、信息资源开发利用水平、信息安全

---

① 周剑,陈杰. 工业行业两化融合发展水平评估研究 [J]. 新型工业化,2011 (1):85 - 95.

② 王娜,李钢. 企业两化融合能力评价指标体系及实证研究 [J]. 工业工程,2012,15 (1):99 - 104.

③ 李钢,胡冰. 企业信息化与工业化融合成熟度指标体系及评价方法研究 [J]. 中国机械工程,2012,23 (6):676 - 680.

④ 谢昕未. 企业两化融合测评体系模型完善研究 [J]. 仪器仪表与分析监测,2014 (4):37 - 41.

⑤ 周剑,陈杰. 制造业企业两化融合评估指标体系构建 [J]. 计算机集成制造系统,2013 (9):2251 - 2263.

技术水平、设计研发与生产制造信息化、管理信息化、融合绩效为一级指标，并通过调研山东省 200 家企业数据以检验和修正模型①。以系统论观点作为切入点，2014 年，吕永卫和巴利伟深入分析了两化融合系统的特性，分析了系统的动力要素、支撑要素和环境要素，构建了两化融合的系统模型②。有学者对特色行业的评价进行了研究，2016 年，阎枫等人从系统论视角解析两化融合的内在演化机理，构建了基于层次分析法和模糊综合评价的测量方法，对煤炭行业的两化融合评价提供了思路③。

从上述概述与分析可以看出，企业两化融合评价研究基本是以工信部学者的成果为中心展开的，方法越来越具体详尽，考虑的内容越来越全面，整个体系越来越成熟，但评估体系也相应更复杂了。

（二）企业两化融合机制与路径选择的理论发展

两化融合有其深刻的理论内涵和演化机制，除了从企业信息技术融合的角度去研究外，国内学者还以不同的视角对两化融合的机制和政策进行了探讨。

中山大学的谢康、肖静华、周先波、张延林等几位学者在两化融合机制研究方面作出了很有价值的贡献，发表了大量的文章。从讨论信息化的三篇文章《系统不确定性、趋同与优化——论非系统中的管理科学问题》《信息化带动工业化的发展模式》《IT 与业务匹配中的信息化冲突探索》④开始，直至以两化融合为主题的《信息化与工业化融合、技术效率与趋同》《从夫妻融合理解工业化与信息化融合》《中国工业化与信息化融合质

---

① 张戈，王洪海，朱婧. 企业信息化与工业化融合影响因素实证研究——基于山东省调查数据的结构方程模型分析 [J]. 工业技术经济，2011，30（9）：83－89.

② 吕永卫，巴利伟. 系统论视角下工业化与信息化融合的影响要素研究 [J]. 系统科学学报，2014（3）：84－86.

③ 阎枫，吕永卫，秦源濂. 系统论视角下煤炭行业两化融合发展测度研究 [J]. 科技管理研究，2016（5）：155－160，165.

④ 谢康. 系统不确定性、趋同与优化——论非系统中的管理科学问题 [J]. 中山大学学报（社会科学版），2005，45（2）：90－96；肖静华，谢康，周先波，等. 信息化带动工业化的发展模式 [J]. 中山大学学报（社会科学版），2006，46（1）：98－104，128；张延林，肖静华，谢康. IT 与业务匹配中的信息化冲突探索 [J]. 财会通讯，2010（12）：111－113.

量：理论与实证》等①。这些研究包含了对趋同模型、技术效率以及后来的信息技术融合的研究，都得到了很有意义的结论。2005 年，谢康在《系统不确定性、趋同与优化——论非系统中的管理科学问题》一文中引入了趋同概念，并通过"人车模型"与"企业信息化模型"构建了趋同的理论模型，为企业信息技术融合研究提供了新视角。进一步地，2006 年，几位学者在《信息化带动工业化的发展模式》一文中采用趋同概念探讨了信息化带动工业化的模式，认为信息化与工业化的相互作用可以划分为三个阶段：工业化促进信息化阶段、信息化与工业化相持阶段、信息化带动工业化阶段。考虑两化融合和技术效率的内在联系，结合趋同理论，2009 年，谢康等人定义了两化融合的范围和内涵，认为两化融合本质是技术效率的表现，并分析了三个阶段的演化博弈机理，尝试基于区域、产业和微观企业三个层面提出技术效率模型。2012 年，谢康讨论了宏观层面的我国区域两化融合的状况。2018 年，谢康、廖雪华、肖静华又在《突破"双向挤压"：信息化与工业化融合创新》② 一文中将两化融合与"双向挤压"困境联系在一起，试图从信息化带动工业化的视角，借助于两化融合的技术创新，为中国经济发展提供新思路。

也有学者从知识管理的角度出发进行思考。2009 年，万建香分析了微观企业的信息传导机制，构建偏差概念模型，并利用实证研究指出知识管理信息系统是调和两化融合偏差的有效手段③。2011 年，许光鹏和郑建明针对两化融合过程中存在的问题提出对策，建议企业主体应充分发挥作

① 谢康，李礼，谭艾婷. 信息化与工业化融合、技术效率与趋同［J］. 管理评论，2009 (10)：3 - 12；谢康. 从夫妻融合理解工业化与信息化融合［J］. 中国信息界，2011 (12)：6 - 8；谢康，肖静华，周先波，等. 中国工业化与信息化融合质量：理论与实证［J］. 经济研究，2012 (1)：4 - 16，30；张延林，肖静华，李礼，等. 基于社会网络的 IT 与业务匹配多主体仿真［J］. 系统工程，2011 (6)：78 - 85；张延林，肖静华，谢康. 信息系统创造持续竞争优势——IS 能力和 IS 与业务匹配的动态演化［J］. 管理案例研究与评论，2014，7 (1)：70 - 85；肖静华，谢康，冉佳森. 缺乏 IT 认知情境下企业如何进行 IT 规划：通过嵌入式行动研究实现战略匹配的过程和方法［J］. 管理世界，2013 (6)：138 - 152.

② 谢康，廖雪华，肖静华. 突破"双向挤压"：信息化与工业化融合创新［J］. 经济学动态，2018，687 (5)：44 - 56.

③ 万建香. 信息化与工业化融合路径 KMS——企业微观层面的传导机制分析［J］. 江西社会科学，2009 (12)：74 - 77.

用，并完善人才培养机制①。之后，荣宏庆②与刘雷③也都为类似的两化融合问题提出了对策建议。

对于制造业的两化融合，学者们从不同的角度，如产业角度和企业角度都有研究。2012 年，支燕等人依据 2000—2007 年的投入产出表，研究了 15 类制造产业两化融合的融合度及其演化机理，结果表明，制造业行业间融合度差异显著，资本与技术密集型制造业高于劳动密集型制造业，资本与技术密集型制造业的先导性也先行于传统制造业④。这样的结论显然和我们的直观实践认识是相符的，也为制造企业认识自身状态提供了参考。徐丽梅和李宪立认为两化融合的重点就是制造业，也要注重与现代服务业的融合，而企业的技术、环境、体制和政策都存在减缓两化融合进程速度的因素，需要认清问题，对症下药⑤。2013 年，基于协同制造和组织运营的视角，马汉武等人提出了自适应制造模式，将实体制造系统分为独立的主体单元，两化融合被视为主体单元的信息化，剖析了基于能力单元的资源调用与订单分配的自适应制造的内在机理，进而构建了资源分配模型，并对我国不同规模的制造企业提出了具有建设性的建议⑥。2018 年，高小丹结合两化融合的发展模式，对制造企业不同发展阶段的融资时机进行了探讨⑦。

可以看出，有关企业两化融合机理的研究成果并不丰富，基于各研究视角的研究也有待深入。谢康的趋同理论和技术效率的结合虽然取得了重要的成果，但对于微观企业的两化融合还未有研究，两化融合应用中的趋同理论及其模型也需要进一步完善。

---

① 许光鹏，郑建明．推进信息化与工业化融合的策略和对策研究［J］．新世纪图书馆，2011（10）：3 - 6.

② 荣宏庆．新型工业化与信息化深度融合路径探讨［J］．社会科学家，2013（7）：73 - 76.

③ 刘雷．制约两化深度融合发展的突出问题及对策分析［J］．中国管理信息化，2015，18（23）：56 - 58.

④ 支燕，白雪洁，王蕾蕾．我国"两化融合"的产业差异及动态演进特征：基于 2000—2007 年投入产出表的实证［J］．科研管理，2012，33（1）：90 - 95.

⑤ 徐丽梅，李宪立．信息化与工业化融合的障碍与策略研究［J］．科技管理研究，2012，32（1）：19 - 22.

⑥ 马汉武，王跃，王建华，等．面向两化融合的自适应制造模式［J］．计算机集成制造系统，2013，19（3）：588 - 595.

⑦ 高小丹．基于两化融合的制造业企业融资时机选择［J］．财会通讯，2019（14）：16 - 19.

（三）企业两化融合影响效应的理论发展

工信部的周剑和陈杰在构建工业行业两化融合评估框架时，从企业竞争力提升、经济效益和社会效益三个方面考虑了两化融合的组织绩效，并相应给出了绩效的评估框架。他们认为不同阶段对绩效的影响程度也会有差异，一般来说随着融合阶层的提升，绩效会逐步凸显[①]。2013 年，综合考虑企业的经济效益和社会效益，陈石和陈晓红通过实证研究，采用门限回归方法构建模型，得到两化融合对企业社会效益和经济效益的影响因企业所有制而不同的结论，研究发现：两化融合促进企业社会效益和经济效益，在非国有企业中，经济效益提升更加显著，而社会效益的促进作用则相反[②]。

综上所述，企业两化融合影响效应方面的成果还较少，处于研究起步阶段。

第四节　两化融合理论的发展困境
与系统论思考

一、两化融合理论的发展困境

通过对两化融合的理论进行梳理，可以看出，虽然关于企业两化融合的研究已积累了不少成果，但仍有深入探讨的必要。主要表现在：

（1）理论转化为生产力要求研究成果本土化。两化融合在国外的研究背景是企业信息技术融合，对比之下，相关研究成果显然比国内两化融合的研究成果要丰富许多，将这些研究成果和我国企业特点与企业环境有机结合起来，成为我国更深入地研究两化融合的需求。我国学者对此付出了很多努力，近几年对于信息技术融合的讨论逐渐增多，还有学者将五级成熟度模型引入两化融合的研究中。但对比国外的文献数量和成果质量，继续深入研究的空间还很大。

本研究借鉴企业信息技术融合的已有理论，开启创新视角，参考五级成熟度模型划分阶段的思路来划分两化融合的动态演化；同时借鉴企业与信息技术融合的视角，通过重新定义制造技术及融合，将制造企业两化融

[①]　周剑，陈杰. 工业行业两化融合发展水平评估研究［J］. 新型工业化，2011（1）：85 - 95.

[②]　陈石，陈晓红. "两化融合"与企业效益关系研究：基于所有制视角的门限回归分析［J］. 财经研究，2013，39（1）：103 - 111.

合视为制造技术与信息技术的融合。

（2）制造企业作为两化融合的主要单元，相关理论指导还不够丰富和切实。在当前国际经济背景下，制造业转型升级成为重中之重，相关研究成果溢入且发展于制造企业势在必行，而国外信息技术融合研究多是基于工业化完成后的企业信息技术应用，并没有过多地关注制造企业的特殊性，并且国内外对于两化融合的考虑大多基于战略、计划、流程、项目等方面的信息技术匹配，本质上侧重于企业信息化视角的信息技术与管理的融合。由于制造企业两化融合的核心是制造技术和信息技术的动态融合，因此，针对制造企业特点的两化融合研究还有待深入。

（3）两化融合的动态演化研究尚需深入探讨。

首先，一方面，两化融合本就是一个动态过程，静态研究成果在应用中难以避免地使企业思维固化，对于由企业不断变化引发的系列行为的解释也难免牵强。因此，应当建立针对内在动态特性的分析观点。另一方面，信息化与工业化的动态融合还具有一层含义，即在技术动态变化下，融合不断被打破和不断被重建，既有分析大多数都是基于既定信息技术下的动态背景，没有考虑信息技术的进步及其带来的动态融合过程。

其次，动态演化的讨论重点是对本质规律的把握，已有理论大多是基于概念模型和仿真模型进行的讨论，虽然有学者提出协同演化的观点，但也限于对演化机制的描述分析。因此，构建更贴合企业背景并能利用数据检验的数学模型将进一步提高理论的应用性和科学性，也将完善企业两化融合动态演化的研究体系。

最后，企业两化融合影响要素被国内外学者反复探讨，要素对企业两化融合的影响路径和影响方式却少有学者涉足，并且众多要素在不同发展阶段必然发挥着不同的作用，因而把握阶段性关键要素并掌握要素演化趋势将对企业两化融合实践有重要的应用价值。

二、两化融合理论的系统论思考

依据现实背景和理论背景，可以发现，制造企业两化融合的动态演化研究顺应企业实践需求，符合研究需要。因此，制造企业两化融合的动态演化问题成为本书的主要研究问题，其动态过程伴随着方方面面的变化。

首先，从总体上看，融合水平随着融合的深入或突变都无法固定在特定值上。融合水平的评价模型与评价方法已受到学者的普遍关注，但融合的过程性决定了融合水平的动态性，深入探讨水平演化可以更全面地把握融合规律。

其次，制造技术与信息技术融合的过程性和持续性又对演化规律研究提出了新的挑战，需要重新审视技术融合的本质及融合方式、融合内容，并且对于应该如何探讨动态中的融合的维持也需要作出新的尝试。

最后，已有的评价模型已讨论了两化融合影响要素的集合，两化融合系统整体的动态演化必然包含影响因素变化，对于影响因素之间内在联系的讨论是动态研究的基础问题。

（一）问题与内容解析

基于上述的多个角度，关于制造企业两化融合自组织动态演化规律的探讨可以分为三个子问题：

（1）制造企业两化融合水平的动态演化符合怎样的规律？企业该如何把握规律，谋求自身发展？

（2）企业内部制造技术与信息技术融合的动态演化本质是什么？如何考虑融合状态不断被更新的动态性？

（3）制造企业两化融合的影响要素是如何影响融合的？是否存在关键要素？企业该如何把握关键要素以推进两化融合建设？

面对这三个问题的思考，沿着理论分析和企业实践两条主线，本书主要内容包括：

（1）制造企业两化融合与两化融合系统的内涵解析。聚焦于本研究对象的新颖性，对其进行概念界定是必不可少的。通过深入分析两化融合的内涵，从宏观和微观角度、政策和技术路线进行对比探讨，进而厘清两化融合的宏观发展路线和企业技术融合的区别与联系，获得制造企业两化融合的内涵和本质。进一步地，基于制造企业两化融合的系统特性，界定系统范围，为演化机理研究奠定基础。

（2）制造企业两化融合系统自组织特性及自组织基础动力机制分析。制造企业两化融合系统的自组织特性即是其复杂的系统特性和耗散结构特性，是自组织形成的基础。而系统的熵流动力机制是系统走向有序的内部演化过程描述，耗散结构动力机制是系统形成耗散结构的演化过程描述，动力机制的存在为系统形成自组织演化提供了条件，是自组织演化机理研究的前提。

（3）制造企业两化融合系统自组织演化机理研究。这部分分为三方面内容：融合水平的自组织演化机理、技术效率的自组织演化机理以及核心要素的自组织演化机理。其中，融合水平的自组织演化机理主要包括融合水平的动态特性分析、动态演化模型构建和动态演化阶段划分，从总体层面刻画两化融合的演化规律；技术效率的自组织演化机理主要包括信息技术与制造技术的技术效率互动关系分析、自组织演化模型构建及序参量作用机理分析等，并由此扩展至技术效率的趋同演化及其趋同机制分析，进而讨论融合质量的测量，从绩效动态演化的角度刻画两化融合演化规律；核心要素的自组织演化机理包括要素的协同竞争关系分析、核心要素演化模型构建、序参量役使系统方式分析以及序参量演化规律描述等，从影响因素层面刻画两化融合的演化规律。

（4）制造企业两化融合实践的策略选择研究。本书在对理论探讨的同时也对企业实践提出了相应的对策建议，以期对制造企业两化融合建设提供决策参考。对制造企业自组织形成条件的分析有助于企业从本质上理解两化融合的必要性和内在动力的重要性，制造企业的融合水平评价及案例分析为企业的融合状况作出诊断和提供决策依据，融合水平动态演化规律可以帮助企业定位两化融合总体发展状况并预期发展势态，技术效率演化模型有利于企业界定当前的重点技术发展方向，技术趋同模型可得出企业提升融合绩效的关键所在，核心要素演化机理研究可指出企业两化融合具体的建设重点及其资源配置方式。

将制造企业两化融合的现实性和规律探讨的理论性相结合，本研究试图在理论补充和现实应用上作出如下贡献：

（1）目前业界有关微观企业两化融合机制的研究还比较欠缺，关于企业两化融合动态演化的讨论更是少之又少。本研究立足于企业层面，在充分分析两化融合自组织特性的基础上，从自组织协同演化视角出发，深入解析两化融合的内在机理和演化规律，并将自组织理论与方法和评价方法、动力学理论、趋同理论、技术效率理论以及主成分分析方法等有机结合起来，以不同角度、不同层面探讨两化融合。研究成果基于自组织理论已有研究方法并依据研究需求作出相应改进，同时构建两化融合动态演化的研究体系，拓宽两化融合的研究视角。

（2）通过深入挖掘制造企业两化融合内在机理以及因素协同模式，从根源揭示两化融合动态演化的本质，对制造企业的两化融合实践有直接和间接的指导作用，为政府的两化融合政策制定也提供了科学的参考标准和依据。首先，为企业自我评估和自我诊断同时提供了静态方法和动态方法；为企业提供了通过管理策略调整提高两化融合绩效的有效方法；通过对关键要素的把握为企业预测发展势态，为及时地、有针对性地调整企业两化融合策略提供了具体详尽的方法支持。其次，本研究贯穿的系统观是从整体上分析企业两化融合，有效避免了"头痛治头，脚痛治脚"的治标不治本方法所带来的困惑，更加符合两化融合复杂的现实状况，对政府的两化融合政策制定和企业的策略选择都有切实的指导意义。

（二）解决问题的思路

对于制造企业两化融合的本质特征，需要进行全面系统的分析，不同角度的融合具有不同特点，用单一方法进行描述则会有失客观。本研究基于自组织理论，采取企业调研、系统分析和数理建模等多种研究形式，综合运用协同学、耗散结构理论、动力学理论、趋同理论以及稳定性理论等理论方法展开研究。整个研究过程贯穿着文献研究和创新相结合、定性分析和定量研究相结合、理论与实践相结合的研究原则，主要采用的研究方法包括：

（1）制造企业两化融合数学模型构建方法。模型既是机理分析的形式概括，也是理论分析的基础，提出合理假设并构建合适的模型自然就成为研究的核心问题。针对三个角度的两化融合动态演化，通过分析具体的问题环境，本书考虑三种建模方式，即采用逻辑斯蒂方程描述融合水平演变过程，采用趋同理论构建模型描述技术效率的动态演化，采用基于主成分的动态模型描述核心要素的关联关系和演变态势。

（2）制造企业两化融合演化模型分析方法。模型分析是得出结论的途径，而三个角度的两化融合动态演化模型有着显著不同的特点。本研究考虑采取不同的分析范式，利用动力学理论分析融合水平演化模型，并依此划分演化阶段；采用宏观定性分析范式确定技术效率模型序参量，进而构建序参量引领下的趋同模型，基于趋同模型讨论技术效率的演化机理；基于主成分模型的特点，提出新的序参量确定方法，通过规范协同学研究范式确定核心要素序参量，进而总结系统演化规律。

（3）理论模型与案例分析相结合的研究方法。结合作者所在实验室做过的丰富的横向课题，对多家合作制造企业进行了大量调研和访谈，通过对资料和数据的整理，为本书的研究思路形成、研究方法设计提供了实践参考，为构建模型和模型分析奠定了基础，并为所构建的理论体系和数学模型辅以支持和验证，为制造企业两化融合项目的推进实施及策略选择、规划治理提供了决策依据。

利用上述的理论分析方法探讨制造企业两化融合，研究思路和技术设计如图1-7所示。

研究内容　　　　　　　　　　主要研究方地

制造企业两化融合
系统内涵界定 ------- 文献研究
系统分析

第一章　提出问题

两化融合内涵 → 制造企业两化融合内涵

系统内涵 → 制造企业两化融合系统内涵

第二章　理论准备

制造企业两化融合
系统自组织特性分析 ------- 耗散结构理论系统分析

制造企业两化融合
复杂系统特性 → 制造企业两化融合自组织特性

第三章　问题分析

制造企业两化融合
系统自组织演化的基础 ------- 耗散结构理论

内熵动力路径分析

外熵动力路径分析 → 制造企业两化融合系统熵流动力机制

耗散结构演化动力机制 → 制造企业两化融合系统自组织化的基础动力

第四章　机制分析

制造企业两化融合
系统自组织演化 ------- 协同学理论
动力学理论
稳定性理论
趋同理论
技术效率理论

融合水平演化　技术效率演化　核心要素演化

两化融合水平评价体系 → 两化融合水平自组织演化模型 → 模型分析

技术效率自组织演化模型 → 序参量分析 → 序参量驱使下的技术趋同模型 → 模型分析

核心要素数据分析 → 主成分选取 → 主成分自组织演化模型 → 序参量分析

第五、六、七章　解决问题

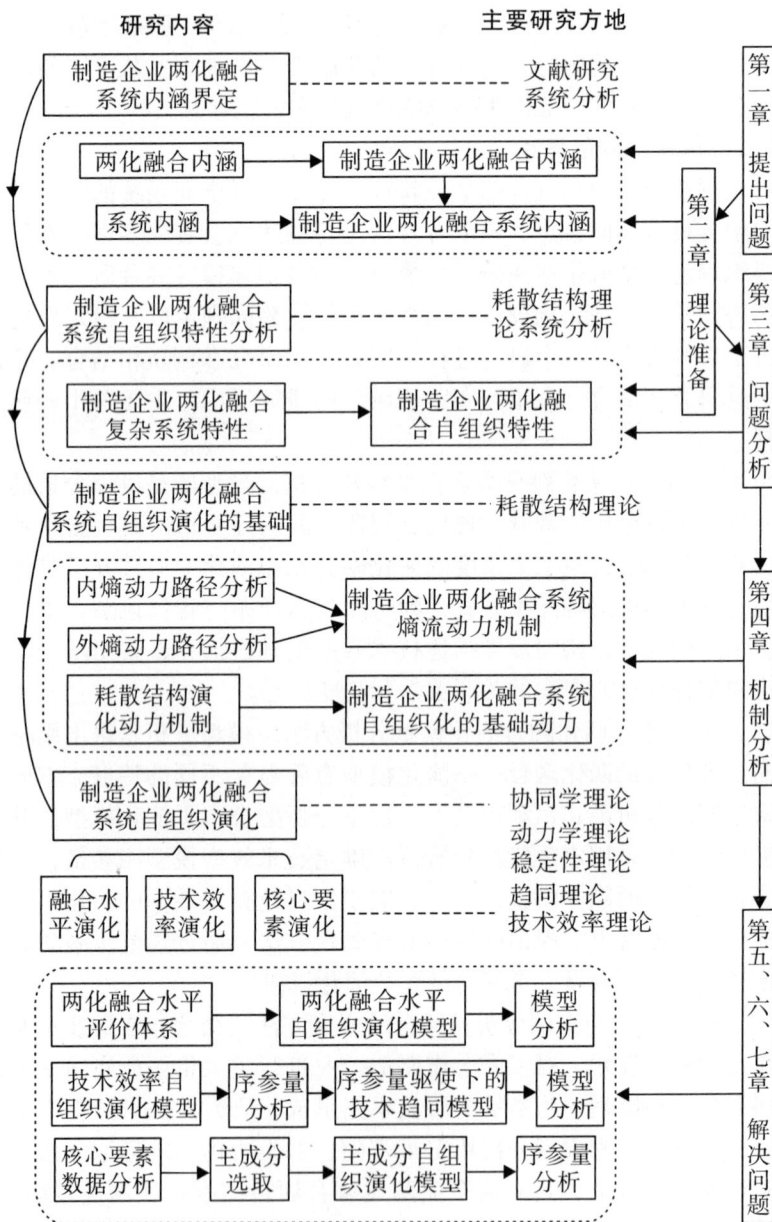

图1-7　本书的研究思路和技术设计

第二章 两化融合研究的理论综述

第一节 系统理论及其思想

一、系统思想的起源和发展

系统思想可以追溯至人类智慧产生的初期。深入了解系统思想的产生和发展过程，有助于加深对系统概念及本书的研究对象即两化融合系统的理解，并为理解后续章节打下基础。

（一）朴素的系统思想

人类有了生产活动之后，就要频繁地同外界进行各种交互活动。于是，客观世界的系统性便反映在人的意识里，从而形成一套最自然朴素的系统论思想。当这样的思想汇集到哲学家的思想体系中后，最原始的关于对宇宙或者世界的初级认识——"宇宙或世界是一个整体"形成。古希腊唯物主义哲学家德谟克利特曾提出"宇宙大系统"的概念，并最早使用"系统"这个词。亚里士多德给出"整体大于部分总和"的观点，至今仍是系统论的基本原则之一。

早在两千五百年之前，中国春秋末期的思想家老子就指出："天之道，其犹张弓欤？高者抑之，下者举之；有余者损之，不足者补之。天之道，损有余而补不足。"（见《老子·第七十七章》）解释为：天道，就像是把弦绷在弓上射箭一样，弦位高了就要压低一些，弦位低了就抬高一些。多出来的时候要加以减损，不足的时候要加以补足。天道，是减损有余补给不足的。老子在这里就阐明了一个系统论问题，他指出天和地的发展规律，通过我们现在所谓的"负反馈"机制，能使其保持自身稳定的发展。这些言论和观点立意深刻，在现今系统论的"涨落""反馈""平衡态"等概念中也有与其相对应的地方。

西周时代的"五行说"解释了自然和人体的构成。中国最著名的医学典籍《黄帝内经》也以五行来描述人体的内脏，蕴含了丰富的系统思想。中医认为：五行之间有相生就不会导致某行的不足，有相克就不会导致某行的太过，从而保证一年之中气机变化的稳态。中国古代著名的军事文化遗产《孙子兵法》内容丰富、逻辑缜密，阐明了很多运筹帷幄的方法和系统论思想。《易经》阐述了天地和人世间万象演变的规律，作为中国辩证法哲学的经典存作，被誉为"诸经之首，大道之源"，其中以整体论观点所阐释的自然法则与和谐思想，也同样被认为是朴素系统思想的智慧。

（二）系统科学思想的形成

系统科学思想的实践性和综合性必然决定了系统科学思想和自然科学、哲学有着密切的联系。但是，朴素的系统思想还停留在"大整体观"的层面上，理论是想象出来的。16世纪，生产力快速发展，近代科学门类也逐渐丰富起来，出现了力学、天文、物理、化学、生物等学科，并形成了早期的初级理论，确立了机械自然观和科学方法论。特别是19世纪的能量守恒和转化定律、细胞学说、生物进化论这三大发现极大促进了自然科学的发展，使得人们对世界和自然过程的认识产生了质的飞跃，为形成唯物主义哲学思想的科学系统观奠定了坚实的基础。我国著名科学家钱学森先生这样评价19世纪的自然科学："本质上是整理材料的科学，是关于过程、关于这些事物的发生和发展以及有关联系——把这些自然过程结合为一个大的整体——的科学。"[1] 李士勇也在《非线性科学及其应用》[2] 一书中指出，辩证唯物主义关于物质世界普遍联系及其整体论的思想，就是系统思想。

系统科学的概念是由中国学者最早提出来的。对于中国学者对系统科学所作出的努力和贡献，协同学创始人哈肯给予了高度认同："系统科学和系统工程在当代中国科学中的地位至关重要，我在访问期间已觉察到这一点。在访问中，中国人思考和解决问题的方式一再给我留下深刻印象。我确信，这种思考方式将在全世界传播开来。"中国的系统论倡导者钱学森指出："不管哪一门学科，都离不开对系统的研究。系统工程和系统科学在整个21世纪应用的价值及其意义可能会越来越大，而其本身，也将不断发展，如现在的系统科学已经上升到研究复杂系统，甚至是复杂巨系统了。像人的大脑、因特网等，就是复杂巨系统。这在国外也是一个热门，

---

① 引自陈立新. 中国经验与现代性的拓展 [J]. 社会科学辑刊, 2019 (2): 38 - 45.
② 李士勇. 非线性科学及其应用 [M]. 哈尔滨: 哈尔滨工业大学出版社, 2011: 3.

叫复杂性科学研究。"① 当前，随着科技的发展，为了人类未来生产、生活及社会经济的可持续性发展，必须从系统科学视角处理好发展与生态环境、能源消耗等各种复杂系统的关系，这种科学和人文等多学科交叉融合、优势互补的思想，也是系统科学思想的体现，系统科学的发展和广泛应用是必然趋势。

二、系统的定义

现代系统论的创始人是奥地利的理论生物学家贝塔朗菲（Bertalanffy，1901—1971），他认为系统就是相互作用的多元素复合体。钱学森把系统定义为由相互作用和相互依赖的若干组成部分结合而成的具有特定功能的有机体。

系统的概念及含义运用广泛，不同的研究角度和研究对象对应不同类型的系统，如经济系统、社会系统、工程系统、环境系统、生物系统等大系统。基于不同学科和不同层面，系统能够具备迥异的外在表征和内在特征，那么如何去研究这些异质、异形、异构的系统呢？系统科学的基础贡献就是将具体的物理系统、人文系统或是生物系统等各类性质迥异的系统归汇为统一范畴之下，抽象出普适意义上的"系统"进行统一研究。按照汪应洛的说法，被统一抽象出来的系统特性便可以作为系统的定义：系统是由两个以上有着有机联系、相互作用的要素所组成，具有特定功能、结构和环境的整体②。

依据上述汪应洛对于系统的定义，我们可以从四个角度来理解系统的内涵。

（1）系统的要素。要素是构成系统的单元或基本单位。由于系统是相对概念，系统的组成部分也可以是小一级系统，因此，要素也具有相对性。要素的范畴与研究对象及其研究界限有关，要素可能是单个的事物，也可能是由一组事物构成的子系统。比如，全国的医院系统所包含的每一个医院都被认为是构成系统的要素，而某个医院本身又可以被看作一个系统，每一个科室和部门被认为是构成这个医院系统的要素。

（2）系统与环境。无论多么庞大的系统都难以包容万象，都是内含于更大的系统之内，都是环境的一部分。系统从属于环境并与环境难以分

① 李士勇. 非线性科学及其应用［M］. 哈尔滨：哈尔滨工业大学出版社，2011：序篇.
② 汪应洛. 系统工程［M］. 北京：机械工业出版社，2003：5.

割，因此系统的研究无法孤立进行，当然，系统与环境的划定也是相对的。

（3）系统的结构。系统由要素组成，要素之间的相互联系构成了系统的结构，形成了系统内部的运行秩序。同样的要素但结构不同将呈现出不同的系统，如金刚石与石墨就是碳的同素异形体。

（4）系统的功能。任何系统的形成与发展都有其原因，都有其存在的目的与价值，因此都具备特定功能。功能与结构是系统的外在表现与内因，是观测系统的两个视角。功能和结构关系密切，一方面结构决定功能，于是引发了追求特定功能的结构优化问题；另一方面功能可以由不同结构来实现，因此带来了保性能的结构成本最小化问题的研究。

三、系统的特征

一般认为，系统具有如下特征[①]：

（1）整体性。整体性是系统最基本也是最核心的特征，是"系统"这一名词的另一体现。贝塔朗菲指出"一般系统论是对整体和完整性的科学探索"。任何系统都是由不同要素构成的一个有机的整体，"整体性"不仅仅是简单的要素组合和堆放，而是协调、综合的活动总和。要素之间相互作用、相互关联，要素的功能都服从于系统的整体功能。因此，抛开系统单独去研究要素是片面的，并容易得出错误的和经不起验证的结论。

（2）关联性。构成系统的要素不能是相互孤立无关的，要素隶属于系统并共同协调于系统的整体之中，为了实现系统的特定功能而相互作用，是系统形成结构的基础。关联性将表现在要素与要素之间、要素与系统之间、系统与环境之间的相互作用和相互联系。可以这样认为，系统的关联性是整体性的依据。

（3）环境适应性。任何系统都离不开所处环境，与环境的物质、能量和信息的交换是系统演化的外在动力。同一系统在不同环境下所表现出来的特征必然不同，系统的功能与结构都会受到系统环境的影响，尤其是社会系统、经济系统、管理系统对外界环境包括政治、经济、技术等环境的依赖。因此，系统演化必然要先适应环境，再去谋求发展。

---

① 汪应洛. 系统工程［M］. 北京：机械工业出版社，2003：6.

四、系统的分类

不同系统之间的区别非常大，分类方式也多种多样。了解系统的类别，有助于用更加契合的方法分析研究对象。

段广仁指出，用方程模型表述的系统能够以模型为准进行分类①。

根据系统和时间的关系，可分为静态系统和动态系统。静态系统模型表现为系统因素的关联关系与时间无关；动态系统也称为动力学系统，模型描述中含有系统因素的变动指数，表现为微分或差分形式。根据动态系统的描述方程，又可以将系统分为连续系统和离散系统，微分方程描述的是连续系统，而差分方程描述的就是离散系统。实践中的系统多数是动态系统，但是，动态系统的参数关系非常复杂，对其进行分析和模拟都是极为困难的，而且相关理论也并不十分完善，所以很多研究都是通过简化或假设，用静态系统的理论和方法来逼近动态系统的运行。也可以认为，静态系统是动态系统在某一个时间段和一定条件限制下的动态系统。

依据方程描述的因素关系，如果是线性的就是线性系统，表现为模型中每个组成部分都具有线性特征，否则为非线性系统；模型中只有单个变量的称为单变量系统，否则为多变量系统；按照模型中是否含有时变参数，把系统分为定常系统和时变系统，如果参数是随时间变化的就是时变系统；系统中参数和变量关系都确定的系统称为确定系统，含有不确定性因素的称为不确定性系统。

依据系统的起源，系统又可以分为自然系统和人造系统。顾名思义，自然系统就是主要由自然物质——包括人、动物、植物、自然资源等所形成的系统，如大气生态系统、矿产系统、海洋系统等；而人造系统是人类为了某个特定的目的制造或创造的，如社会系统、经济系统、教育系统、军事系统、生产系统、医院系统、管理系统等。当前，纯粹的自然系统基本没有了，我们研究的很多系统是自然系统和人造系统的复合体，如能源系统、水利系统、交通运输系统等，这些系统同时具备自然系统和人造系统的特点。

按照系统的表现形式，可以分为实体系统和概念系统。由具体实物要素构成的系统为实体系统，如以机械、动物、植物、人群等组成的系统；由非物质要素（概念、原则、程序、方法、制度等）构成的系统为概念系

---

① 段广仁. 线性系统理论 [M]. 哈尔滨：哈尔滨工业大学出版社，1996：4-7.

统，如信息系统、互联网系统等。概念系统一般来说不是单独存在的，其依存于实体系统的物质基础上，并为实体系统的运行提供虚拟服务和指导。就如制造企业的信息系统是依托于整个实体的制造系统的，是制造系统的信息流和信息技术的整合，为制造系统提供技术支持和管理决策指导。当这样的实体系统和概念系统相互依存时，我们就很难将二者完全割裂开来进行分析和研究。

依据系统和外界环境的关系，又可以将系统分为开放系统与封闭系统。系统与外界环境之间存在物质、能量和信息交换时，是开放系统，否则就是封闭系统。开放系统是系统科学重点研究的系统，这类系统为了更好地实现和环境的交互活动，会不断地调整、变化，进而具有一定的适应性和持续性，也因此具备了自适应和自调节的功能，这引发了众多学者对此进行意义深远的研究，从而形成了系统科学理论。

五、制造企业的生产系统

在本书第一章的第二节提到了制造企业的制造技术与信息技术融合的含义，并指出制造技术和信息技术都是在制造企业的生产系统内实施并融合的。制造企业及其生产经营活动具备系统的特征，是典型的人造系统、动态系统、开放系统、实体系统。

第一，企业生产及其日常运营管理是一个由各种要素——包括人、财、物、信息等基本要素构成的整体的系统。各种要素之间相互协同调整，形成了一个有机的运作整体，是人类为了满足生活生产需要和特定的利润需求所创造出来的人造系统。

第二，制造企业是一个投入—产出不断运转的动态系统，制造企业生产的内容就是一个将生产要素转化为社会财富，从而完成价值的转移、产生各种效益的过程，所谓的企业运营管理就是对企业的投入和产出的全过程进行规划、设计、调整和监督。

第三，制造企业生产系统是开放系统。制造企业要生存就必须密切关注市场需求，并与供应链上下游紧密联系。供应商、销售商、消费者、竞争对手等要素构成外部实体环境，此外，政治形势、经济形势、技术发展等要素都会影响企业的发展。所以，制造企业生产系统要不断和外界进行物质、能量、信息的交流与交换，是典型的开放系统。

第四，制造企业生产系统是由机器、厂房、劳动力、资金等构成的实体系统。从广义上来看，还包括技术、市场、生产服务链等要素，特别是包括信息系统，所以制造企业生产系统是实体系统和概念系统的复合体。制造企业生产系统的生产运营流程如图2-1所示。

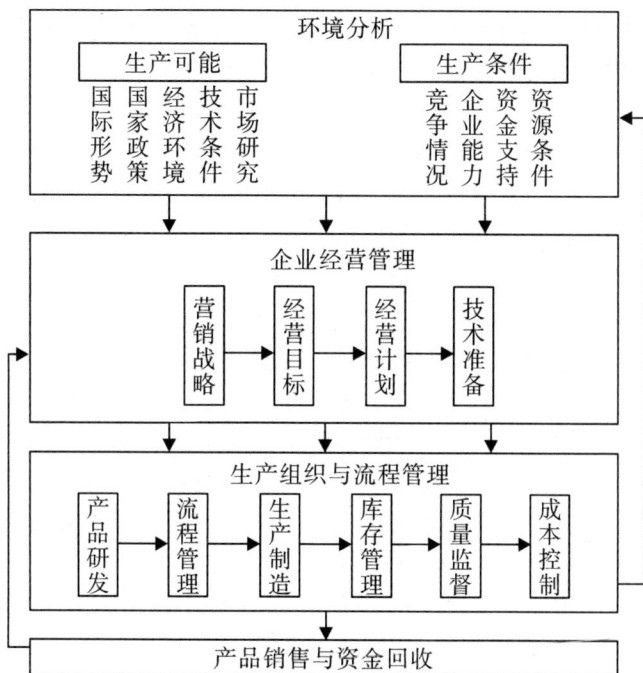

图2-1 制造企业生产经营系统运转流程

六、系统科学论

（一）系统科学的研究对象

经过多年的理论研究和实践摸索，系统思想和方法已经融入自然科学、社会科学、工程技术、管理科学等多类学科结构中，也被广大的科研工作者所认识。在钱学森的带领下，中国更是对系统科学进行了全方面的思考，包括对其学科命名、研究内容、体系结构、理论意义及其社会价值等都作了深入的探讨。学者们经过资料的整理和严格论证，厘清了系统科学的体系结构和各个学科之间的关系，对系统科学的发展作出了不可磨灭的贡献。正如哈肯非常认同的观点——"系统科学的概念是由中国学者较早提出的，我认为这是很有意义的概括，并在理解和解释现代科学，推动其发展方面是十分重要的"①。

接下来，需要搞清楚系统科学的概念。按照有些中国学者的观点，从系统的角度观察客观世界所建立起来的科学知识体系就是系统科学。仅仅以研究角度来论学科，这样的理解未免有些泛泛而谈。1972年，系统论的创始人贝塔朗菲在其临终前发表的《一般系统论的历史和现状》一文中提出希望重新界定系统论，他指出普通系统论应该成为或包括三个方面：一是关于"系统"的科学和数学系统论；二是系统技术；三是系统哲学。在构架上，他所说的"普通系统论"显然和我们现在所讨论的系统科学是比较接近的②。在这里，贝塔朗菲认为系统论是关于"系统"的科学。简言之，系统科学就是研究"系统的问题"的综合学科。那么，什么是系统的问题呢？

对于系统问题的探讨离不开对"系统性"的解释。贝塔朗菲在提出"一般系统论"时指出，整体性、有序性、自组织性、目的性等特性都属于系统特性。将这个理论推广到实践中，凡是解决部分和整体的关系、短期和长期的关系、有序和无序的关系、协同和竞争的关系、差异与统一的关系、结构和功能的关系、个体和环境的关系、行为和目的的关系等交互与矛盾的问题都可以归属于系统问题。当然，这些问题的表现形式和解决方法看起来各不相同，系统科学研究就是在其中抽出普适性规律和共性方法。

自然地，不同的系统有不同的问题，也有各自相对应的学科。那么，系统科学的研究对象和这些学科的研究对象有何不同呢？

比如，美国应用数学家诺伯特·维纳（Norbert Wiener, 1894—1964）作为控制论的创始人，他把控制论看作是一门研究机器、生命与社会中控制和通信的一般规律的科学，是研究动态系统在变化的环境条件下如何保持平衡状态或稳定状态的科学③。信息论是运用概率论与数理统计的方法研究信息、信息熵、通信系统、数据传输、密码学、数据压缩等问题的应用数学学科。信息系统就是广义的通信系统，泛指某种信息从一处传送到另一处所需的全部设备所构成的系统。在这些学科中，系统多数被描述成

① 许国志. 系统科学大辞典 [M]. 昆明：云南科技出版社，1994：序二.

② 笔者认为，从架构上来看，贝塔朗菲当时所指的"普通系统论"在实质上比较接近于现在所说的"系统科学"。当然，随着理论和方法的发展和更多学科的交叉介入，系统科学的含义更加丰富。

③ 李智. 从系统科学角度看帕森斯控制等级理论 [J]. 系统科学学报，2017（4）：27-30.

模型，模型包含了系统的概念、原则、规律、动向等，也就是用数学模型来刻画实际的现实系统问题的机理和机制，然后通过数学方法分析模型，对系统作出解释或对系统问题给出解答。因此，可以认为，探索解释系统问题的方法论事实上是系统科学不可或缺的部分。系统科学并不能简单地看作是这些学科的综合或者交叉，它普遍存在于一切学科领域，凡是运用系统思想和方法研究环境问题、物理问题、管理问题、经济问题、军事问题、教育问题、社会问题等，都有系统科学渗入的可能。这些问题都有很多切入视角，立足于系统视角的都是系统科学的研究对象。

（二）系统科学的学科体系

系统科学学科结构问题最早是由贝塔朗菲发问的。钱学森认为"系统科学就是从局部与整体、局部与系统这样一个观点去研究客观世界的"①，并进一步指出"系统科学的特征是系统的观点，或说系统科学是从系统的着眼点或角度去看整个客观世界"②。在钱学森构造的系统科学学科体系中，社会实践是各个学科的理论源泉和应用归宿，工程技术层面的学科是直接应用于实践的知识，技术科学层面的学科为工程技术提供理论基础，基础科学为技术科学层次学科提供理论指导。最后通过进一步的综合和提炼，到达最高的哲学层面。所有学科都要接受哲学的指导。

除此之外，还有很多学者也在思考同样的问题。学者李曙华将非线性科学作为整个体系的基础与核心，并选择超循环理论作为非线性科学的理论基础。她认为"超循环理论所揭示的实际上是世界（包括有生命界与无生命界）生成的最普遍的基本规律，因此，是系统科学从贝塔朗菲的有机整体论走向生成整体论的关键。而分形、混沌、复杂网络则进一步揭示了这种普遍的生成规律的数学模型与动力学机制，给出了相应的空间描述与时间描述。由此出发，可明确系统科学所代表的不同于经典科学的发展方向"③。基于这一思路，她设计了系统生成论体系，见图 2 - 2。

---

① 钱学森. 智慧的钥匙：钱学森论系统科学 ［M］. 上海：上海交通大学出版社，2005：48.

② 钱学森. 论系统工程 ［M］. 上海：上海交通大学出版社，2007：162.

③ 李曙华. 系统生成论体系与方法论初探 ［J］. 系统科学学报，2007，15（3）：6 - 11.

Systemism （系统理论）

System Theory
系统论

Cybernetics —————— Information
控制论 信息论

系统的整体结构
S：系统整体特征与原则
C：系统整体的反馈控制
I：系统的信息基础与信息联系

Self-organization（自组织理论）

Dissipative Structure Theory
耗散结构理论

Synergetics —————— Catastrophism
协同学 突变论

系统创生
有限生成过程的涌现现象
DST：新结构产生的条件
Syn：自组织生成新结构的动力学
Cat：关于突变——形态发生的数学描述

Nonlinear Science（非线性科学）

Hypercycle
超循环理论

Fractal Chaos
分形理论 混沌理论

Complex Net
复杂网络

系统生长
Hyp：系统生长的机制
（信息选择：组织物质、能量的过程）
Fra：生长的几何学或形态学（信息储藏）
Chaos："生成动力学"（信息创生、信息
加密）

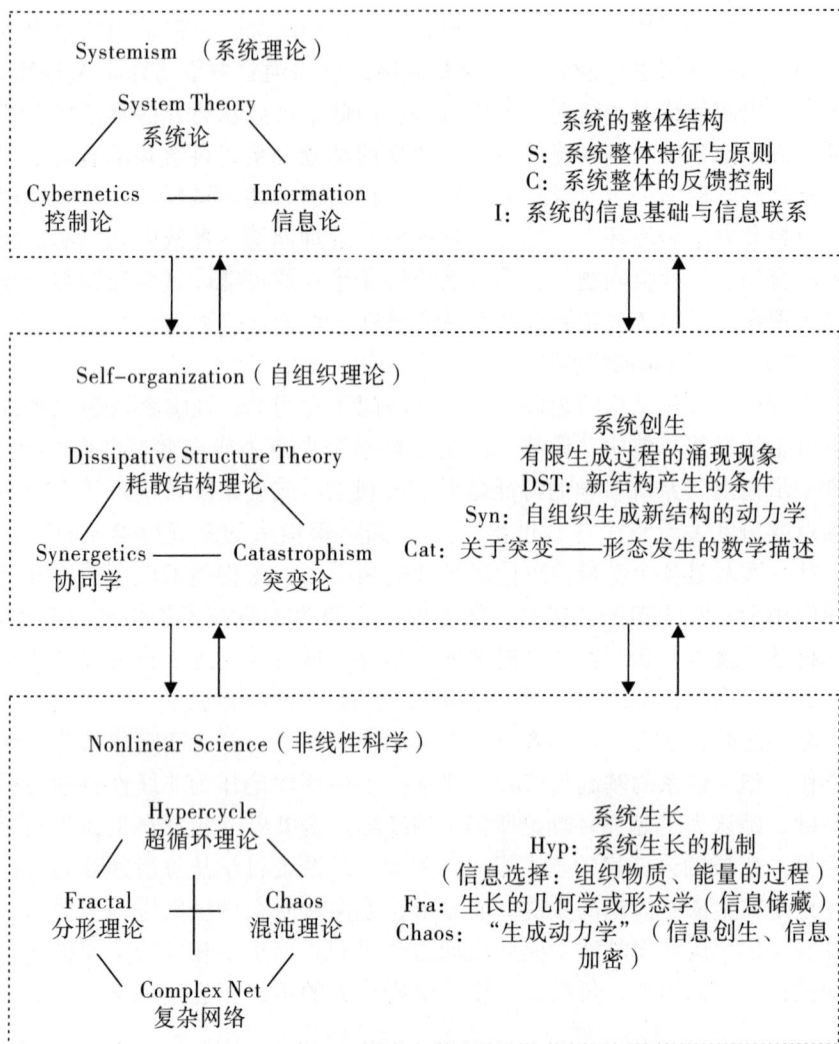

图 2-2 李曙华的 "生成论的系统科学体系"

（三）系统科学的理论

按照李曙华的系统科学体系，系统科学至少包括了一般系统论、控制论、信息论、耗散结构理论、协同学、突变论、超循环理论、分形理论、混沌理论、复杂网络理论。由于和本研究密切相关的是前五个学科，接下来本书将对此进行重点描述。

1. 一般系统论

1937 年，贝塔朗菲提出了"一般系统论"的概念，并指出这个理论的任务是"确立适用于系统的一般原则"。"一般系统论"的提出对于系统科学意义深远，它的理论起源可谓贯穿整个科学发展史，一直伴随着这个发展过程的比较典型的观点就是关于还原论和整体论的争辩。

在自然科学发展初期，当古典自然科学取得巨大成就时，也影响了人们对科学的看法。力学的分解隔离法、分子生物学、化学元素周期律、物理原子论等研究极大地增强了人们对于还原论的信心。汪应洛认为："还原论的基本观点是把研究对象进行一层层的不断分解，直到基本单元，分解隔离为不同因果链，研究其基本单元因素，当因果链和因素搞清楚了，对象也就清楚了。"[1] 学者刘劲杨在《论整体论与还原论之争》[2] 一文中提出较为绝对的还原论（强还原论）的纲领包括：①整体（对象）没有超越其构成部分特性的任何自己的特性，高层次事物由低层次事物组合而成，整体只是部分的集合；②部分先于整体对象，部分是整体的原因，离开部分无法认识整体，部分与整体间遵循从部分到整体的上行因果关系分析；③只有基于部分或个体之上所建立的理论才是根本的和彻底的。整体论的纲领存在不少争论，不过，极端的强整体论和还原论是存在较大的出入的，有学者将以生物学为代表的还原论和整体论的纲领之争整理如表 2 - 1。

表 2 - 1　生物学的还原论纲领与整体论态度的对比[3]

还原论纲领	整体论态度
部分构成整体，部分是整体的原因	前半句弱接受，后半句不接受
整体没有超越其构成部分特性的任何自己的特性，整体是部分的集合	反对，整体大于部分之和
部分是整体的充要条件，部分知识只是对生物整体精确认识的先决条件	反对，部分知识只是整体的必要非充分条件
我们能根据事物的基本组成部分的全面知识，来实现对所有现象的理解	反对，整体必须通过整体属性来认识；不认识整体就无法认识部分

---

[1]　汪应洛. 系统工程 ［M］. 北京：机械工业出版社，2003：7.

[2]　刘劲杨. 论整体论与还原论之争 ［J］. 中国人民大学学报，2014，28（3）：63 - 71.

[3]　罗思曼. 还原论的局限——来自活细胞的训诫 ［M］. 李创同，王策，译. 上海：上海译文出版社，2006.

　　自然地，这样的论调显然无法说服持有还原论和整体论的学者们，很多学者在较为缓和的立场提出弱还原论和弱整体论，并将两种论点趋于统一。刘劲扬给出了一个比较全面的还原论和整体论的争论框架，并把弱还原论和弱整体论进行了对比。

　　但是，也有学者理性地指出，把还原论和整体论作为对立的理论是片面的，并且是没有意义的。中国科学院自然科学史研究所的郝刘祥研究员提到"无论是系统论，还是庸俗还原论，都是相当笼统的看法，对于科学的发展不可能起到什么指导作用，而且也确实没有起过什么重要作用"[①]，"极端整体论否认存在相对独立的物理系统，这显然是一种神秘主义的观点"，"将还原论理解为整体论的对立面，不仅是对还原论的庸俗理解，而且也是对整体论的片面理解"。李曙华也给出了这样的评价：当贝塔朗菲说"仅仅知道有机体的个别要素和过程，或者用机器式结构解释生命现象的有序性，都不足以理解生命现象"时，他是一名整体论者；而当他说"进行分析，不仅对于尽可能多地了解个别组分是必要的，而且对于了解把这些部分过程联合起来的组织规律，同样是必要的，而这种组织规律正是生命现象的特征"时，他更像一名还原论者。[②]

　　现今，对于还原论和整体论的争辩结果越来越模糊，学者们也逐渐倾向于大一统和优势互补的论调。由此可见，不管还原论还是整体论或者系统论，没有了对立的立场，也就没有了争辩的充分理由，反倒是多了互相补充的意义。充分认识系统论的基本观点，有助于更深层次地理解近代自然科学。

　　值得注意的是，虽然系统具备整体性，但并不能简单认为系统论就是整体论。学术界的讨论慢慢不再关注这些论点的边界，但是，系统论有了更加丰富的内涵。贝塔朗菲的《一般系统论》一书的出版为系统思想开启了大门，意义深远。一般系统论的基本观点有：系统的整体性、系统的层次性、系统的开放性、系统的目的性、系统的突变性、系统的稳定性、系统的自组织、系统的相似性[③]。

　　（1）系统的整体性原理。贝塔朗菲指出"整体大于部分之和"，就是

① 郝刘祥. 现代科学中的还原论与整体论［J］. 科学文化评论，2008，5（6）：84－91.
② 李曙华. 系统生成论体系与方法论初探［J］. 系统科学学报，2007，15（3）：6－11.
③ 刘杨. 基于 SG-MA-ISPA 模型的区域可持续发展评价研究［D］. 重庆：重庆大学，2012：28－29.

说明系统的整体性意义。整体性原理指的是系统是各个要素组成的一个有机整体，并具备了独立要素所不具备的性质或功能。

系统的整体性不能简单地被归结为整体论。还原论的传统观点认为，高层次现象可以由低层次实体来解释，即是说，事物的质可以由量进行解释，部分可以代替整体。整体论的传统观点虽然提出了整体性能和部分性能之间的区别，却并没有给出有关整体和部分之间关联的实质性的信息和内容，从某种意义上来说，这样的模糊论调反倒会影响科学的发展。系统论不仅正确地认识到了传统还原论的局限性，也避免了陷入传统整体论的无为困境，从理论和方法上都对系统进行了探索。

（2）系统的层次性原理。系统的层次性原理是指由于系统的结构和功能上的区别，组成系统的要素在所处的地位和作用上产生差异，表现出等级秩序性，也就是层次性。比如，人体是由多个子系统构成的有机系统，子系统包括运动系统、感觉系统、消化系统、呼吸系统、循环系统、泌尿系统、生殖系统、免疫系统、神经系统和内分泌系统。人体的正常运转需要系统和子系统之间具备等级秩序性，也就是人体系统和子系统的层次性。进一步地，子系统又是由器官构成的，比如循环系统是由心脏、血管和淋巴管组成。而器官又是由组织构成，组织由细胞构成，形成了细胞—组织—器官—系统—人体的层级关系。当然，细胞也并不止于最小的构成单位。

层次之间的关系是很复杂的。从上述人体的例子可以看到，循环系统将消化系统吸收的营养物质和肺吸收的氧传送到全身器官的组织和细胞，同时，将代谢产物及二氧化碳运送到肾、肺、皮肤以排出体外，从而保证人体不断新陈代谢。因此，一方面，各个层次有其独立性，低层次可以在高层次中实现或负责特定的功能；另一方面，层次之间相互作用，高层次制约着低层次，离开了高层次的整体，低层次的功能也无法实现。并且，层次之间是相互联系、相互作用的，就像循环系统需要和其他各子系统甚至低层次系统（组织、细胞）相互协作，才能实现人体的循环和代谢。

（3）系统的开放性原理。系统的开放性原理指的是系统不断地与外界环境进行物质、能量、信息交换。系统与环境交互是系统发展的前提，也是系统稳定存在的必然条件。

从熵变的角度来看，对外开放是系统熵减的必然选择，系统从无序走向有序的发展必然需要环境参与。我们知道，内因是变化的根本，自组织系统接收到的外因作用是要通过内因来实现的。可是，封闭系统的外因和内因是隔断的，内因无法和外因相互作用，会导致内因发展的停滞不前。我们接触到的系统几乎都是开放系统，或者说在某些层面上是开放的，内因与外因互相影响，引起系统发展变化，导致熵减，也就越来越有序。

（4）系统的目的性原理。系统目的性原理是指在一定的条件下，系统通过与环境的交互作用，其发展和演变方向总是趋于某一个既定的目标的特性。一般来讲，系统本身的存在一定有其目的性，系统的功能和结构也都是为了目的而形成的。这句话似乎自作神秘，但是我们从自组织系统的视角进行理解，就会觉得不足为奇了。系统的形成要么是出于某种需要而产生的，要么是因环境和条件成熟促成的，都是基于某一背景下的自然的或人造的产物。也就是说，系统的产生不是偶然，因此，系统天生具备目的性。系统不断地与环境交互，自组织地通过内部的非线性作用进行自调节、自生长、自适应，其目的性也在这种发展中逐步地体现出来。在既定条件下，系统总会在目的的指引下朝某个确定方向发展。

（5）系统的突变性原理。系统突变性原理是指系统在失稳时，通过突变的形式从一种状态阶跃到另一种状态，产生了质变。托姆认为突变的发生就是"原因连续的作用有可能导致结果的突然变化"。突变的形式可能并不唯一，系统在分叉点的选择会带来系统发展的不同形态。突变现象是普遍存在于我们现实生活世界的。要素和部分的突变对于整体来说可以被认为是涨落的一种，成为系统发展进程中的内在不稳定因素，会在系统中产生差异。当这种差异获得其他要素或部分的响应时，这种不稳定的力量进一步地扩张了，不平衡被放大，系统发生质变，整体发生突变，产生新的稳定状态。事实上，这就是自组织理论的一个重要结论：通过涨落达到有序。于是，基于系统的层次性，可以这样理解突变：要素的突变导致整体的质变，产生整体层面的突变。

（6）系统的稳定性原理。系统稳定性原理是指开放系统在外界环境的作用下具备自我调节、自我恢复的能力，使得系统能够保持和回归有序的结构和功能，维持稳定的状态。

需要特别阐明的是，这里所说的稳定性有别于工程技术领域普遍认识的稳定性。工程技术领域面对的系统一般都是人造系统，造就系统的目的之一就是维持系统的稳定性，所谓的"稳定"即系统能够维持在某一平衡态，初始目的下的原有结构和功能不被破坏。因此，在工程技术领域中，外界促使系统偏离平衡态的力量都被作为"不怀好意"的"干扰"对待，系统内部牵引系统走向失稳的因素也被作为要想办法控制的"不确定性"，闭环控制就是通过"负反馈"消减干扰和不确定性带来的影响，从而帮助系统恢复到平衡态。然而，我们生活的现实世界中的开放系统大多数都是在运动中不断变化和不断发展的。也就是说，这里所指的系统稳定性是动态的稳定性，是在稳定与失稳两种状态之间的不断权衡。一方面，稳定有序的耗散结构需要不断地和外界交换能量，促进自身的发展，这种外界能量是正面的，有利于保持有序度的提升；另一方面，正是系统本身的失稳因素导致了系统从低级向高级跃迁。所以，系统科学所谓的"系统的稳定性"需要用发展的、辩证的眼光来审视。

（7）系统的自组织原理。系统的自组织原理是指开放系统在复杂的非线性作用下，涨落被放大到系统失稳的临界点，子系统自发组织起来，促使系统的演进和发展。自组织理论包含众多理论，普遍被认可的观点是：系统自组织演化的条件是开放，自组织演化的内在动力是非线性作用，涨落是导致有序的基本动因，相变和分叉体现了系统自组织演化方式的多样性，混沌和分形揭示了从简单到复杂的系统自组织演化的图景。

自组织表示系统自发的，不在特定外界指令下的运行，强调了系统的变化和发展是基于系统自发、自主的作用。他组织正好相反，是系统受到外来指令而运行或形成某种结构。在理解自组织原理时需要注意的是自组织和他组织的辩证关系。由于系统和层次的相对性，因此没有完全的自组织，也没有完全的他组织。

（8）系统的相似性原理。系统的相似性原理是指系统具有同构和同态的性质，体现在系统的结构和功能存在方式以及演化过程的共同性。这是一种有差异的共性，是系统统一性的一种表现。正是基于系统的相似性，才使得很多理论得以通用和普适，也为系统科学的出现和发展带来了可能。这种相似性，可能体现在系统的静止状态的存在模式上，也可能体现在系统的动态的演化方式上。究其根本，相似性终归源于物质的统一性和进化的规律性。

需要明确的是，差异性和特殊性是必然的，也是事物所发展出来的丰富的形态。在一定条件下，抽象出来的共性是理论发展和科学研究的基础。但是，相似性并不能代替特殊性，系统的研究除了要考虑事物发展的一般的共性规律，也要兼顾事物的个性。

2. 控制论

控制论兴起于20世纪40年代，这门学科主要致力于研究普遍适用的系统控制，学科诞生的标志无可置疑地被认为是诺伯特·维纳在1948年出版的名著《控制论：或关于在动物和机器中控制和通信的科学》。随后，1950 年，维纳又出版了《人有人的用处：控制论和社会》，进一步强调了通信、法律、社会等系统与控制论的关系，表明控制论可以在社会科学中得到普适性的应用。由此，控制论被数学家、心理学家、生物学家、工程师、社会学家、哲学家等各个领域的学者们密切关注，其基本思想和核心理论迅速在各个学科中得到延伸和扩展，乃至今日，我们依然可以在各类学科中找到诸如"反馈""信息""控制"等这样的词汇。

（1）控制论的产生与发展。普遍认为，控制理论的发展可以分为古典控制理论、现代控制和智能控制理论及大系统理论三个阶段。特别是从 20 世纪 70 年代末至今，随着应用范围的拓宽，很多应用领域如社会系统、生态环境系统、经济系统、管理系统、交通系统等系统也成为控制论的阵地。这些研究对象是因素众多的大系统，控制理论也开始向着"大系统控制理论"和"智能控制理论"方向发展。

（2）什么是控制，什么是控制论。关于控制的定义，苏联著名控制论学家列尔涅尔指出："所谓控制，是指为了'改善'某个或某些对象的功能或发展，需要获得并使用信息，以这种信息为基础而选出的，加于该对象的作用。"[①] 对于这个定义，可以佐以解读——控制的目的是"改善"对象的功能或发展，控制的实现方式是信息的利用和选择，控制就是为了实现改善的目的所施加于对象的这种作用。

从控制论奠基人维纳的《控制论：或关于在动物和机器中控制和通信的科学》一书的书名即可知控制论的定义。维纳在出版第二本书《人有人的用处：控制论和社会》时，进一步指出动物、机器和人的集体中各种控制和通信过程的相似性。汪应洛在《系统工程》[②] 一书中总结了维纳的控制论的两个基本观点：①一切有生命、无生命的系统都是信息系统。控制的过程也可以说是信息运动的过程。无论是机器还是生物，在构成控制系统的前提下，都存在着对信息进行接收、存取和加工的过程；②一切有生命、无生命系统都是控制系统。一个系统一定有它的特定输出功能，而要具有这种输出功能，必须有相应的一套控制机制。控制必须要有目标，没有目标，则无所谓控制，即通过一系列有目的的行为及反馈使系统受到控

---

① 列尔涅尔. 控制论基础 [M]. 刘定一，译. 北京：科学出版社，1980：85.
② 汪应洛. 系统工程 [M]. 北京：机械工业出版社，2003：16.

制。列尔涅尔认为控制论是一种能应用于任何系统中的一般控制理论[①]。如今，公认的控制论定义是：控制论是以研究各种系统共同存在的控制规律为对象的一门科学。

也就是说，控制论是以数学方法为基础，工程技术为工具的理论。结合研究对象，控制论的作用是在各个控制系统中，分析信息的调节和控制的过程，分析系统的功能、行为和活动的性质。所以，信息的传输和信息的反馈是控制的核心，这二者也是密不可分的。

（3）控制论的基本概念和方法。控制论对有生命的生物系统和无生命的机器系统基本不作过多区分，只是提取共同或者相似的信息传递与处理，将反馈过程进行统一处理，利用模型和假设进行类比，在方法使用上相互借鉴和模拟[②]。捷克哲学家柯尔曼（Ernest Kolman，1892—1979）说："控制论是一门科学理论，它研究具有十分不同性质的，但是从量的形式来说又是相似的，因此能够加以统一处理的各种过程。"[③] 因此，控制论的基本概念和处理方法是普适性的。

自动控制：是指在没有人直接参与的条件下，利用外加的设备或装置（称控制装置或控制器），使机器、设备或生产过程（统称被控对象）的某个工作状态或参数（被控量）自动地按照预定的规律运行。

反馈：将检测出来的输出量送回到系统的输入端，并与输入信号比较的过程。反馈分为负反馈（反馈信号与输入信号相减）和正反馈（反馈信号与输入信号相加）。

控制系统：由施控器、受控器和控制作用的传递者组成，是相对于某种环境具有控制功能与行为的系统。

控制系统按照是否存在反馈回路分为开环控制系统和闭环控制系统，其中含有反馈回路的被称为闭环控制系统。控制论的首要思想是反馈，控制系统主要指的是闭环系统。也就是通过带有信息反馈的回路将输出反映出来，减小或消除由于扰动所形成的偏差值，因而，闭环系统具有较高的控制精度和较强的抗干扰能力。因为闭环系统是由输出的反馈和输入共同控制输出的，实现了系统的自动调节，所以就具有更好的环境适应性。为

---

① 列尔涅尔. 控制论基础［M］. 刘定一，译. 北京：科学出版社，1980：1.

② 彭永东. 控制论的发生与传播研究［M］. 太原：山西教育出版社，2006：9.

③ 引自彭永东. 控制论的发生与传播研究［D］. 北京：中国科学院研究生院（自然科学史研究所），2005：8.

了方便地分析系统性能，可以使用框图来表示闭环系统的结构，如图2-3所示。

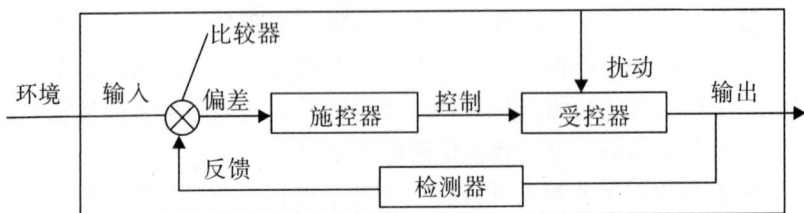

图2-3　闭环控制系统

稳定性理论：控制系统正常工作的一个重要前提就是稳定。电压自动调解系统必须有保持电机电压为恒定的能力，火箭飞行系统要有保持航向稳定的能力。这种类型能力的表征就是系统的稳定性，表示系统在遭受外界扰动时偏离原来的平衡状态，在扰动消失后，系统自身仍有能力恢复到原来平衡状态的一种"顽性"。用系统的概念来描述的话，系统的稳定性就是系统在受到外界干扰后，系统状态变量或输出变量的偏差量（偏离平衡位置的数值）的收敛性。早在1892年，俄国学者李雅普诺夫（Aleksandr Mikhailovich Lyapunov，1857—1918）就发表了一篇题为"运动稳定性的一般问题"的文章，建立了关于运动稳定性研究的一般理论。之后，李雅普诺夫理论得到极大发展，在数学、力学、控制理论、机械工程等领域得到了广泛的应用。

李雅普诺夫稳定性理论能分析定常系统和时变系统的稳定性，同时适用于分析线性系统和非线性系统的稳定性，是一般的稳定性分析方法论。他给出的稳定性定义是：状态方程 $x' = f(x, t)$ 所描述的系统，x_e 为任意一个平衡态。如果对于任意选定的实数 $\varepsilon > 0$ 和任意的初始时刻 t_0，都对应存在另一实数 $\delta(\varepsilon, t_0) > 0$，使得当 $\| x_0 - x_e \| \leqslant \delta(\varepsilon, t_0)$ 时，从任意初始状态 x_0 出发的解 $x(t; x_0, t_0)$ 满足 $\| x(t; x_0, t_0) - x_e \| \leqslant \varepsilon (t_0 \leqslant t \leqslant \infty)$，则称系统的平衡态 x_e 为李雅普诺夫意义下稳定的（简称稳定）。进一步地，若状态方程 $x' = f(x, t)$ 所描述的系统在初始时刻 t_0 的平衡态 x_e 是李雅普诺夫意义下稳定的，且系统状态最终又趋近于系统的平衡态 x_e，即 $\lim\limits_{t \to \infty} x(t) = x_e$，则称系统在平衡态 x_e 是李雅普诺夫意义下渐进稳定的。

对李雅普诺夫意义下渐进稳定性的判定主要有两种方法：李雅普诺夫

第一法和李雅普诺夫第二法。和本研究联系较密切的是第一法，因而主要介绍第一法。

李雅普诺夫第一法又称间接法。基本思路是通过系统状态方程的解来判别系统的稳定性，依据线性定常系统特征方程的根来判断。对于非线性系统，如果可以线性化得到线性化方程，也可以使用这种方法。考察没有外界输入作用的线性定常自治系统：

$$x' = Ax \ , \ x(0) = x_0, \ t \geqslant 0$$

一般地，不妨假设 $x_e = 0$ 为系统的一个平衡态。

依据李雅普诺夫第一法，系统在原点平衡态的稳定性由矩阵 A 决定。稳定性判据为：

结论 1：系统的每一平衡态是在李雅普诺夫意义下稳定的充要条件为 A 的所有特征值均具有非正（负或零）实部，且具有零实部的特征值为 A 的最小多项式的单根。

结论 2：系统的唯一平衡态 $x_e = 0$ 是渐进稳定的充要条件为 A 的所有特征值均具有负实部。

如果系统是非线性的，系统模型为 $x' = f(x)$，$f(x)$ 是与状态向量 x 同维的关于 x 的非线性向量函数。假设各元素对 x 有连续的偏导数，将非线性向量函数 $f(x)$ 在平衡态附近展开成泰勒（Taylor）级数，即有：

$$x' = f(x_e) + \left. \frac{\partial f(x)}{\partial x^{\tau}} \right|_{x = x_e} (x - x_e) + R(x - x_e)$$

$$= A(x - x_e) + R(x - x_e)_{x = x_e}$$

其中 A 为 n 维的向量函数 $f(x)$ 与 x 间的雅可比矩阵，$R(x - x_e)$ 为泰勒展开式中包含 $(x - x_e)$ 的二次及二次以上的余项。

雅可比矩阵 A 定义为：

$$A = \left. \frac{\partial f(x)}{\partial x^{\tau}} \right|_{x = x_e} = \begin{pmatrix} \dfrac{\partial f_1}{\partial x_1} & \cdots & \dfrac{\partial f_1}{\partial x_n} \\ \vdots & \vdots & \vdots \\ \dfrac{\partial f_n}{\partial x_1} & \cdots & \dfrac{\partial f_n}{\partial x_n} \end{pmatrix}_{x = x_e}$$

舍去二次及二次以上的余项，上述线性化方程的右边第一项 $A(x - x_e)$ 代表着原非线性状态方程的一次近似式，即可得如下线性化的状态方程：

$$x' = A(x - x_e)$$

上式所示的状态方程总可以通过 n 维状态空间中的坐标平移，将平衡态 x_e 移到原点。因此，上式又可转换成如下原点平衡态的线性状态方程：

$$x' = Ax$$

于是，可以使用线性定常系统的李雅普诺夫判别方法来判定非线性系统的平衡态 x_e 的稳定性。所以，总结起来，对于非线性系统，李雅普诺夫第一法的思想即：

结论3：若线性化系统的状态方程的系统矩阵 A 的所有特征值都具有负实部，则原非线性系统的平衡态 x_e 渐近稳定，而且系统的稳定性与高阶项 $R(x)$ 无关。

结论4：若线性化系统的系统矩阵 A 的特征值中至少有一个具有正实部，则原非线性系统的平衡态 x_e 不稳定，而且该平衡态的稳定性与高阶项 $R(x)$ 无关。

结论5：若线性化系统的系统矩阵 A 除了具有实部为零的特征值外，其余特征值都具有负实部，则原非线性系统的平衡态 x_e 的稳定性由高阶项 $R(x)$ 决定。

（4）控制论的观点。

第一种系统的观点。

有学者综合分析了控制论的研究对象，指出只要具备下述六项特征，就可以成为控制论的研究对象：系统具有目标、系统瞄准目标进发、环境干扰了瞄准、现状信息返回系统、系统测量现状与目标之间有偏差[1]。因此，可以看出，控制论的所有理论展开都是以控制系统的整体性为基础的，离开了系统，控制将无从实现。整体中的部分之间密切相关并一起推动整体的运转，在信息的传递和反馈中实现控制目标。这种整体的观点也正是系统观点的核心思想，充分体现了整体和局部的辩证关系——控制系统并不是由各个部分简单叠加的，而是有序地共同实现系统运转，完成整体的任务。

另外，对系统进行调节和控制的目的也是整体性的，都是为了系统总体的优化程度或满足整体的某个目标。比如，系统趋于稳定、实现性能最优、保持消耗目标等。整体性的目的也是典型的系统观点。

第二种是反馈的观点。

---

① 胡继旋. 对理解的理解：介绍海因茨·冯·福尔斯特及二阶事理学学派 [EB/OL].
http：//www. wintopgroup. com/readings/article/foester. pdf.

前面曾提到柯尔曼说"控制论是一门科学理论，它研究具有十分不同性质的，但是从量的形式来说又是相似的，因此能够加以统一处理的各种过程"的观点。因此，这个观点事实上表明了控制论的基本概念和处理方法的普适性，是把系统行为表述为对各种过程的统一处理。这个过程其实指的就是反馈。

罗马尼亚的医生、心理学家斯特凡·奥多布莱扎（Stefan Odobleja，1902—1978）经过长期的潜心钻研，在1938—1939年于巴黎出版了法文版的《协调心理学》。这本著作被遗忘近40年后，1978年，他用罗马尼亚文写了《协调心理学与控制论》一书。这两本著作中指出"控制论首先是反馈过程的科学""不论怎样划分控制论的界限，有一种作用始终处于它的中心位置，即反作用或反馈作用"。控制论的奠基人维纳更是将"反馈"称为控制论的"灵魂"，认为实现控制靠的就是反馈，没有反馈就无从控制。

反馈是控制论的一个中心问题，指的就是——施控系统把信息输送出去，又将其作用结果的信号返送回来，并对信息的再次输出发生影响，从而起到调节和控制的作用。系统本身在固定的参数下是确定的，受到随机因素或不确定性的影响，再辅以反馈的调节和控制作用，解决了系统中的确定性与不确定性的矛盾，使系统达到稳定。

第三种是信息的观点。

控制论中，信息是系统运行和控制的主要标志。也就是说，研究系统时不一定是面对物质和能量的传递和转化，但一定要考虑系统中的信息现象。虽然，控制论的研究主体是客观世界，但是作为一般现象的规律的抽象，控制论直接研究的是代表物质运动的事物因素之间的关系，表现为信息的联系。信息需要以物质或能量作为载体进行传递和变化，事物内部和事物之间的信息关系表现了物质世界的相互关系、相互作用，使系统内部保持有机联系。

反馈过程是一切控制论系统所共有的需要着力探讨研究的对象之一。既然系统有反馈，就必然存在信息的接收、传递和处理，也就必然存在通信问题。维纳多次强调控制就是通信，他认为控制论和通信工程可以统一于信息概念。维纳在《我是一个数学家》中自豪地指出，"我把整个伺服机构的理论全盘转向通讯工程"①，从根本上表明了信息对于控制论的重要性。

---

① 维纳.我是一个数学家［M］.周昌忠，译.上海：上海科技出版社，1987：223.

3. 信息论

(1) 信息论的产生与发展。20 世纪 40 年代末，美国数学家香农 (Claude Elwood Shannon，1916—2001) 发表了《通信的数学理论》，被视为信息论的奠基之作，由此开启了通信科学的发展。起初，信息论仅被应用于通信领域，主要是应用概率论和数理统计方法分析信息的处理和传递，基本内容是研究信源、信宿、信道和编码，核心问题是信息的传递。香农提出了信息熵的概念，使得信息度量问题得到了解决，并讨论了通信系统模型和编码等问题。后来，信息论的发展突破了通信工程的范畴，并和控制论相结合，用以探索通信和控制系统中的信息传递的普遍原理和共同机制。维纳作为信息论的另一创立者，在此期间也作出了巨大贡献。

系统科学讨论的信息，主要聚焦于信息的传递、新信息的产生、信息的处理、信息的存取、信息的反馈和控制等问题，有别于通信工程的信息学。但是，至今也未有建立专门的系统科学的信息学理论。

(2) 信息概念。厘清信息的概念，对于理解本书研究对象是有帮助的。当前，信息概念在各个学科中都能见到，经济学、管理学、哲学、物理学、化学、生物学、心理学等多门学科都有各自的"信息"概念解读。日常生活中也经常用到"信息"这个词。我们通俗理解的信息，不外乎是有关情报、数据、密码、手势、新闻、资料等，这个概念的应用并不能引起生活中的理解紊乱和误解之事。但通信技术应用之后，通信技术实践中会出现信号被接收但是并没有接收到信息的情况，这就需要人们尽快将"信息"与"消息"区分开来了。

消息是由语言、文字和数字等组成的符号序列，信息是由语言、文字和数据等构成的消息所载有的内容。消息是信息的携带者或"外壳"，信息是消息的内容或"内核"。任意的文字或符号序列都是消息，但其中不一定包含信息，相同字符、不同排序的消息包含的信息也未必相同。比如，"系统科学"四个字是消息，也是信息；"学系科统"是消息，但是无法解读出信息。

由于信息有解惑作用，香农定义的"信息"是"两次不定性之差"，也就是"不确定性减少的量"。比如未知性别的婴孩出生就会带来关于孩子性别的信息，在此之前存在性别的不确定性，随着孩子出世，这个不确定性被信息消除；不知道晚餐的就餐地点的人被通知餐厅的位置，不确定性被消除了。

信息 =（通信前的不确定性）-（通信后的不确定性）

信息不是物质，也不是能量。制造系统在运行时，有物质的转变，也有能量的转化，同时不断地在内部进行信息的传送，并同外界相互交换信息。制造系统可以被认为是制造信息系统的物质载体。

信息有不同于物质和能量的特质。

第一，信息是运动的必然结果，有运动就会产生关于物质的、能量的、运动本身的以及衍生出来的信息。

第二，开放的系统一定会不断地产生信息。因为开放系统一定不会是静止的，并且还要持续和外界进行物质和能量的交流。

第三，信息有知识的共享性，不会因为传递的产生而使得传递者失去信息。这一点和物质、能量是截然不同的。

第四，信息以物质为载体，并且传递需要能量。

第五，信息的使用价值具有相对性。对于同样的信息，接受者和处理者的水平、能力等因素都会影响信息的获取方向和获取量。

第六，信息具有动态的时效性。

（3）信息论观点及其方法论。

①类比法及通信系统结构模型。

人类有很多种通信方式，比如看电视、打电话、读书、看报纸、书信往来、聊天讨论、上课、打手势、使眼色等。信息论的研究对象来自不同领域，如消息、信号、情报、新闻等不同概念，信息论将这些概念进行类比，抽象出来信息、信息量的概念以及信息论的模型。香农认为：所有的通信过程都可以被统一刻画成信源发出信息—信息通道传递信息—信宿接收信息的流程（见图2－4）。

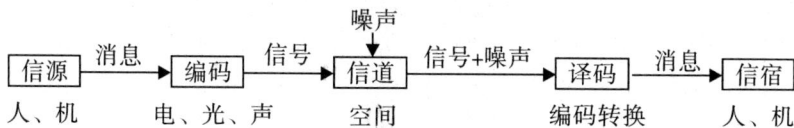

图2－4 通信系统结构模型

信源就是信息的来源或源泉，一般来说是人或机器，也可以是其他生物、人组成的社会组织。信宿就是信息的归宿，也就是通信过程的终端，同样的，也可以是人、机器，或者其他生物、人组成的社会组织。信源与信宿进行通信的原因在于信源发送信息的不确定性，信宿需要获得来自信源的信息以减少或消除这种不确定性。

信源与信宿可以通信的原因是信源与信宿之间具有相同的信号编码方式。信息发送后被编码为信号，信号被译码之后被信宿接收。信源与信道、信道与信宿不能直接产生耦合，能够起到耦合作用的是信源与信道之间的编码器、信道与信宿之间的译码器。

噪声是通信系统中除了预定传送的信号之外的其他信号。噪声是不利于信息传递和正确译码的，严重的话会导致通信错误或失效。能够起到干扰作用的噪声一般都和传送信息的信号具有相同的物理形式，比如电话系统的杂音、图像系统中的雪花。但是，噪声又是必然存在、不可能完全避免的。所以，噪声会被考虑进通信系统的必然环节，与噪声的对抗也成为信息学中的一个重要研究内容。

②信息方法及信息系统流程图。

本书充分利用信息方法对信息系统进行描述，所谓"信息方法"，就是运用信息的观点，把系统看作是借助于信息的获取、传递、加工、处理而实现系统目的和功能的一种研究方式（见图2-5）。

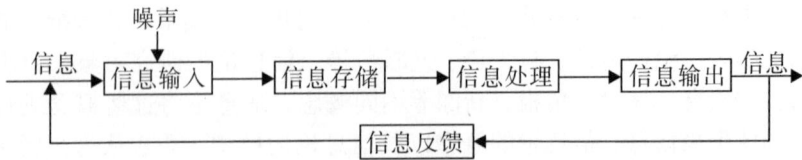

图2-5　系统的信息方法

信息方法是信息论的主要观点，也是本书的研究基础之一。信息方法抛开物质和能量的运动，以信息变换过程为切入点，把信息的运动作为分析和解决问题的基础。一方面，用信息系统统一表征各种不同实物形式的系统成为可能，摆脱了物质和能量因在形式与构造上的差异性所带来的研究困境。比如信息系统的设计可以依照信息流程而不是以部门结构为中心来进行。另一方面，信息的运动特性和整体性使得分析和解决问题的方式必然是全面的、系统的，而不会是孤立的、静止的。面对复杂系统，从信息流程的视角进行综合考虑，用联系和发展的眼光进行动态研究，是信息论的重要研究方式。

4. 耗散结构理论

（1）耗散结构理论的产生。

①耗散结构理论产生的理论背景。

伟大的哲学家柏拉图曾经很敏锐地意识到，永恒和变化必须是现实世界不可缺少的两个组成部分。然而，19世纪的科学家和哲学家却曾陷入矛盾状态，通过对下述两个问题的思考催生了耗散结构理论。

问题一：时间是可逆的吗？

在动力学理论中，时间被视为描述物理过程的第四个坐标，时间是无方向的、可逆的。经典力学的牛顿第二定律方程为：

$$F = m \frac{\mathrm{d}^2 s}{\mathrm{d}t^2}$$

该定律表述的是质量为 m 的质点在力 F 作用下的运动规律。当时间 t 改变符号时，公式可以反演，方程保持不变。说明了时间的可逆性，也就是说，现在的状态可以推测未来的状态，也可以回溯到历史状态。并且，由于总能量、总平移动量和总角动量都不随时间变化，因此经典力学应该是守恒的、时间可逆系统的科学[①]。

热力学第二定律却揭示了时间的不可逆性。以很常见的热传导现象为例，一个与外界隔开的金属棒，假设金属棒的各部分温度不均匀，于是，高温部分会传递热量到低温部分，最终温度达到一致。热传导过程可以用傅立叶方程来描述：

$$\frac{\partial T(x,t)}{\partial t} = -\lambda \frac{\partial^2 T(x,t)}{\partial x^2}$$

其中 $T(x,t)$ 为 t 时刻金属棒 x 处的温度，λ 为热传导系数，且 $\lambda > 0$。

但是，这个过程却是不可逆的，温度达到一致状态的金属棒不可能无条件地回到原来的状态。我们可以令 $t = -t$ 代入方程，则得到方程：

$$\frac{\partial T(x,t)}{\partial t} = \lambda \frac{\partial^2 T(x,t)}{\partial x^2}$$

显然，这两个方程是不同的，不具有对称性，也叫对称破缺。在这个傅立叶方程的推演过程中，初始的不平衡分布状态都会朝向平衡的均匀状态分布发展，一旦到达平衡态，就无法用同样的傅立叶方程回到初始状态。这

---

① 尼科里斯，普利高津. 探索复杂性［M］. 罗久里，陈奎宁，译. 成都：四川教育出版社，2010：51.

种现象和经典牛顿力学是截然不同的，热力学里时间的方向是有意义的，也是必须被注意的。

问题二：退化还是进化？

就像德国数学家鲁道夫·尤利乌斯·埃马努埃尔·克劳修斯（Rudolf Julius Emanuel Clausius，1822—1888）从热传递的角度所表述的那样，即"不可能将热从低温物体传到高温物体，而不产生其他影响"；英国数学家、物理学家开尔文（Kelvins，1824—1907）从功热转换的角度也指出"不可能从单一热源中取热使之完全变成有用功而不产生其他影响（能量的耗散性）"。也就是说，事物的发展总是倾向于从高级向低级方向发展，这就是热力学的"宇宙悲寂说"。为了更加深入地理解这个意义，首先，我们需要先回顾一下热力学的"熵"概念。熵是热力学中引入的最重要的物理概念之一，用来度量系统的无序程度。

以理想气体的自由膨胀为例。气室中间用隔板隔开为一室和二室，假设总共有 4 个气体分子，起初都分布在隔板左侧的一室，抽去隔板后气体会重新分布（如图 2-6）。

图 2-6　理想气体自由膨胀

我们称撤去隔板后的分子分布状况为微观状态（微观态）。可能的微观态如图 2-7，总的微观状态数有 16 种。

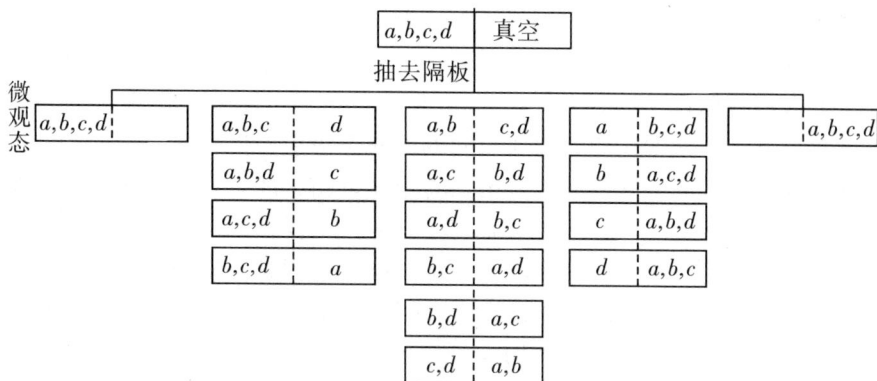

图2-7 可能的气体分子分布

我们称撤去隔板后分子分布的数目为宏观状态（宏观态）。宏观态总共有五种，五种宏观态下一室包含的分子数目分别是4，3，2，1，0。可以计算出五种宏观态包含的微观态占总微观态的比例。

$$\frac{1}{16} = 0.062\ 5 \qquad \frac{4}{16} = 0.25 \qquad \frac{6}{16} = 0.375 \qquad \frac{4}{16} = 0.25 \qquad \frac{1}{16} = 0.062\ 5$$

我们可以将问题一般化。如果分子总数为 n 个，则一室有 n_1 个分子、二室有 n_2 个分子，这一宏观态包含的微观状态数目是 $W = \dfrac{n!}{n_1!n_2!}$ 个，总的微观态数目为 2^n 个。于是，宏观态包含的微观态数目占总微观态数目的比例为：

$$p = \frac{n!}{2^n n_1!n_2!}$$

可以证明，在分子总数固定的情况下，当 $n_1 = n_2$ 时，W 值最大，也说明对应的宏观态出现的可能性 p 最大。即是说，平均分布的平衡态是概率最大的状态。

通常将热力学系统的任一宏观态中包含的微观态的数目叫作该宏观态的热力学概率，用 W 表示。热力学第二定律就描述了这样的事实——在孤立系统内部所发生的过程中，总是由热力学概率小的宏观态向热力学概率大的宏观态进行。

玻尔兹曼给出的熵定义为 $S = k\ln W$，其中 $k = 1.381 \times 10^{-23}$ J/K 为玻尔兹曼常数，W 是热力学概率。不同的宏观态对应不同的热力学概率，而均匀分布对应的平衡态具有最大的热力学概率值，所以具有最大熵，也是最无序的状态。

因而，热力学第二定律表明，一切不可逆过程都倾向于使系统趋于熵最大状态。于是熵增原理就表述为：在孤立系统中发生的任何不可逆过程，都将导致整个系统熵的增加。

伴随着热力学第二定律和熵增原理的提出，衍生了"世界在退化"的认知，使得人们得出了"宇宙悲寂说"的悲观结论，不可逆也被认为是衰退。然而，显然属于不可逆过程的生物进化却是向高层次发展的。科学界和哲学界引发了另一个问题的争论——人类和世界到底是在退化还是进化？

②耗散结构理论产生的实践背景。

1900 年，物理学家贝纳德完成了一个流体实验，称为贝纳德对流实验。具体为两块恒热源板中间有一层流体，两板间距离远远不及板的宽度和长度。通过温度控制可得到三种情形：

情形 1：当两板的温度相等时（$T_1 = T_2$），流体处于平衡状态，如图 2-8 中的（a）所示；

情形 2：当下板温度高于上板温度时（$T_1 > T_2$），流体处于非平衡态，热量不断地从下板通过流体传递到上板，流体分子在各个方向上作杂乱的热运动，通过无规则碰撞传递热量，热量由上板扩散到外界。流体宏观上是静止状态，如图 2-8 中的（b）所示；

情形 3：在情形 2 的基础上，当下板温度和上板温度温差进一步加大到某个阈值以上时（$\Delta T = T_1 - T_2 > \Delta T_c$），流体已经远离平衡态，静止宏观状态突然被打破，并开始作整体运动，这一运动是规则的对流。此时，流体空间对称性被打破，流体形成一串"水花"，称作贝纳德水花，如图 2-8 中的（c）。在竖剖面可以俯视看到正六边形对流图，如图 2-8 中的（d）。

T_2
流体静止
平衡态

T_1　　$T_1=T_2$

（a）

T_2
流体静止
非平衡态

T_1　　$T_1>T_2$，　$\Delta T<\Delta T_c$

（b）

T_2
流体对流
宏观有序
远离平衡态

T_1　　$T_1>T_2$，　$\Delta T>\Delta T_c$

（c）

俯视蜂窝图

（d）

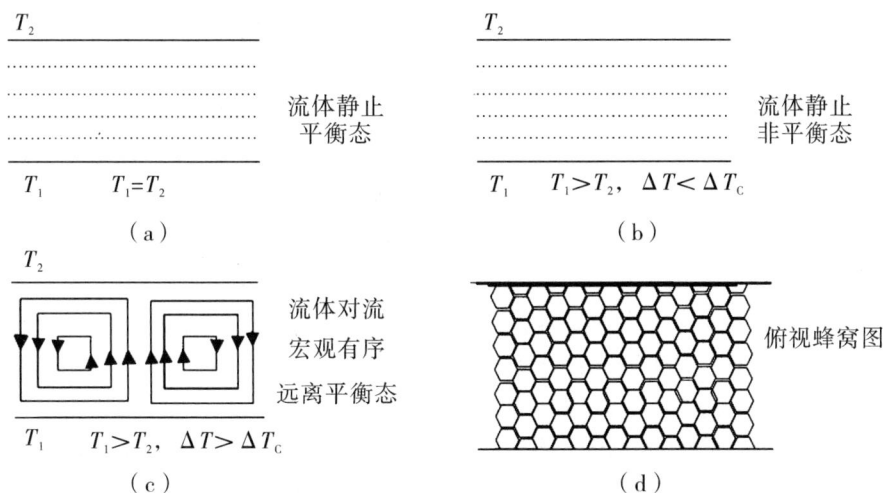

图2-8　贝纳德对流实验

当然，如果继续增加温差，当超过一个更大的临界值时，突然地，一个新的更加强有力的形式会表现出来，流体的结构会变得很模糊，呈现出一个以各变量不规则地依时间变化为特征的动态。也就是所谓的"湍流"前兆，趋向于以混沌的方式进行演化了。

比较典型的例子还有激光现象、化学的 B-Z 实验。值得关注的是，这些例子的共性是：成千上万个无规则运动的微观粒子在一定条件作用下自发组织成更高级的运动形式。虽然我们熟知很多运动形式，但它们往往是在外界的指令或安排下出现的，这里所提到的运动形式，是完全自发形成的，也就是自组织。

③耗散结构理论的产生与发展。

一个新的高级组织形式到底是在什么条件下自发产生的？产生机理是什么？耗散结构理论试图回答这些问题。创始人是比利时物理学家、化学家伊利亚·普里高津（Ilya Prigogine，1917—2003），普里高津教授早期致力于化学热力学领域研究，在非平衡热力学系统线性区特性的研究基础上，发现了许多远离平衡态的系统，其热力学性质会发生巨大变化，当远离平衡态到某种程度时，系统出现"行为临界点"①。经过 20 年的努力，

① 苏屹. 耗散结构理论视角下大中型企业技术创新研究［J］. 管理工程学报，2013（2）：107－114.

1969年，普里高津在《结构、耗散和生命》一文中正式提出关于非平衡系统自组织的新理论——耗散结构理论，将克劳修斯创立的热力学第二定律拓展应用于非平衡态系统，开拓了一个很少人关注的领域，并因此获得了1977年的诺贝尔奖。耗散结构理论被认为是至今在理论物理、理论化学和理论生物学方面取得的最重大进展之一，普里高津在长期的耗散结构的研究工作中形成了自己的哲学观点，对哲学界也产生了很大影响。

（2）耗散结构论。

对于非平衡态不可逆过程，普里高津指出：一个远离平衡态的开放系统，在外界条件发生变化并达到一定的阈值时，量变将引发质变，质变后形成的有序结构就称为耗散结构。耗散结构需要靠外界供应物质和能量才能得以维持，贝纳德对流就是一种耗散结构，需要不断地从外界获取热量才能持续展现，一旦温度降低，对流会消失。也正是这个原因，这种结构才被称为耗散结构。

贝纳德实验在形成流体对流的时候，非线性作用和驱使系统远离平衡态的约束起到了关键作用，并且，当改变参数时，可以观察到不同的转变。比如是否出现对流、右旋和左旋的抉择，都会受到一些参数的控制。由此，系统的状态 X 受到控制参数 λ 影响的描述可以用图2-9进行表达。

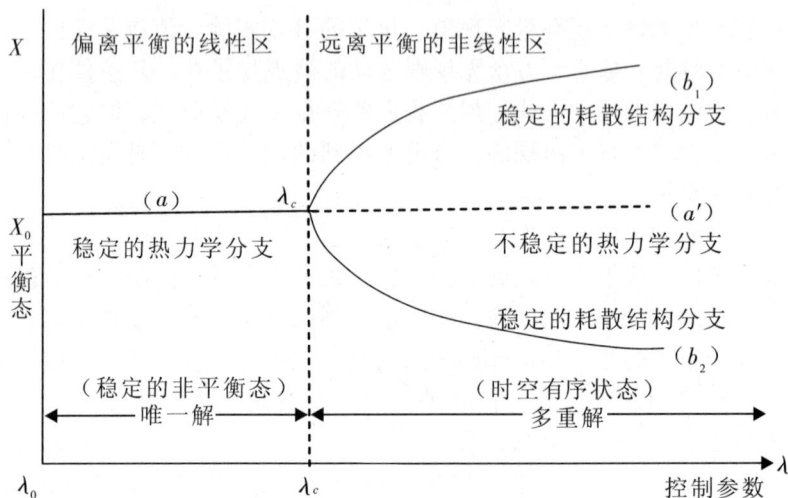

图2-9　热力学分支与耗散结构分支的形成

对于较小的 λ 值，系统只有一个解，流体保持静止状态。在这个范围内系统能使内部的涨落和外部的干扰衰减，稳定性不受到影响。为此，这一分支被称为热力学分支。当控制参数 λ 超过临界值 λ_c 时，系统变得不稳定，涨落和外部的干扰不再能够被有效衰减，系统离开平衡态，变化为贝纳德对流态。这两种对流态对应于两个分支，这就是分叉现象。这两个分支是稳定的、有序的，称为耗散结构分支。

另外，可以从熵的角度来看系统状态的演化过程。依据熵的来源，系统的总熵可以表示为：$ds = ds_i + ds_e$。其中，ds_i 是假设系统孤立时系统内部产生的"内熵"，依据热力学第二定律，自发过程是不可逆的，脱离外界作用的系统内部因素自发地趋于无序最大化，因此恒有 $ds_i \geq 0$。ds_e 是外部环境输入系统的"外熵"，不同状况下外熵可正可负。当 $ds_e \approx 0$ 时，系统为孤立系统，熵最大化时的系统状态即是系统"平衡态"，是系统的最无序状态，是一种"死状态"，系统状态只会在平衡态附近有少许波动，保持着近平衡态；$ds_e > 0$ 表征系统从外界吸取正熵或输出负熵，加剧无序度的增加速度，此时系统会愈发混乱；$ds_e < 0$ 表征系统向外界输出正熵或者引入负熵，系统引入的负熵越多，其有序性越高[①]，当整个系统有序度增加量超过无序度增加量时，新的结构和新的组织在一定条件下将会自发形成，也就是形成了稳定的耗散结构分支。

（3）耗散结构形成的条件。

耗散结构方法论可以准确地被称为"发生自组织的条件方法论"[②]。普里高津认为"分叉是革新和多样性的源泉，因为它赋予系统新解"，那么，要使稳定有序的耗散结构形成需要满足什么条件呢？

①系统必须是开放系统。热力学第二定律指出，孤立系统会自发地趋于平衡态，使得系统的熵增加。只有开放系统，才能通过与外界的物质、能量的交流引入负熵流来削弱熵的增加，直至系统总体的熵减少，逐步走向有序。

②系统必须远离平衡态。普里高津指出"非平衡是有序之源"。系统处于平衡态或在平衡态附近时，总是趋于回到平衡态的，系统也就无法生

① 林洲钮，林汉川. 中小企业融资集群的自组织演进研究：以中小企业集合债组织为例[J]. 中国工业经济，2009（9）：87-95.

② 吴彤. 论协同学理论方法：自组织动力学方法及其应用[J]. 内蒙古社会科学（汉文版），2000（6）：19-26.

成新结构。耗散结构是一种"活"结构，只有开放系统在远离平衡状态下才能形成。

③外界输入必须达到一定阈值。外界有输入也未必能形成耗散结构，控制参数必须越过阈值，耗散结构才有形成的可能。并且，不同系统、不同问题的临界值是不同的，通过实验、推演等方式可以探寻得到。

④系统内部存在非线性作用。线性作用是数量上的叠加，是独立的、均匀的和对称的，这种作用可以使热力学失稳，也可以自我复制，但是无法产生宏观序，也无法生成新结构。非线性机制能促使系统中各子系统之间产生耦合效应和临界效应，在临界点失稳并产生新结构，从而使系统由混乱走向有序。所以，非线性机制的非加和作用是系统产生并保持耗散结构的根本原因。

⑤涨落导致有序。普里戈金认为，当系统失稳后，产生哪一种宏观有序态将由增长最快的涨落决定。在贝纳德对流实验中，流体失稳后，已经具备了生成耗散结构的条件，但是宏观态上是产生右旋还是左旋，系统必须作出重要抉择。观察者或控制参数无法指定这个局面。最终，某一占据上风的涨落决定流体的对流方向。

（4）耗散结构理论的科学思想。

①时间的再认识。

传统的自然观认为过程是决定论的和可逆的，包含着随机性和不可逆的过程仅仅是少数的例外。随着对热力学和不可逆过程的不断研究，人们开始逐步认同不可逆性与随机性才对自然界起着根本作用。普里高津认为，时间不仅仅是力学方法中的一个运动参量，时间联系着事物的过去、现在和未来。通过研究系统的动态演化，时间不再是外界的一个参数，而是内化的变量。"一种动态的观点已在几乎所有的科学领域中盛行，进化的概念好像成了我们物质世界的核心。"[①] 耗散结构理论建立了一种关注"过程"的研究范式，使得很多研究者的眼光从"存在"转移到了"演化"上。

耗散结构理论统一了可逆与不可逆、进化与退化的概念间的矛盾，展现了一种新的有活力的自然观。时间观念也已然可以从几个层次来解读，比如经典力学中作为几何参量的可逆的时间、热力学中的不可逆的时间、

---

① 普里戈金. 从存在到演化 自然科学中的时间及复杂性 [M]. 曾庆宏，等译. 上海：上海科技出版社，1986：183.

生物进化论中的与历史相联系的时间。

②辩证决定论的拓展①。

耗散结构理论重新理解了时间的内涵，时间成为不可逆的演化过程的内化参量，不可逆性便意味着非机械决定论。另外，涨落是随机的，系统对涨落的选择也是随机的，而涨落是系统产生宏观态的关键因素，也表明了系统演化的非机械决定论。但是，演化有规律可循，进化和发展是必然的，从整体上来看，又是认可决定论。因而，耗散结构是以辩证的思维，客观对待事物的发展和演化，且发扬了辩证决定论的观点。

5. 协同学

（1）协同学的产生与发展。

协同学创始人赫尔曼·哈肯（Hermann Haken，1927—   ）出生于德国莱比锡，取得埃尔朗根大学数学博士学位后留校担任理论物理学教师，随后任斯图加特大学理论物理研究所所长。20世纪60年代初的时候，哈肯开始了对激光理论的研究，他的《激光理论》一书，被视为激光理论研究的权威经典。通过潜心研究，哈肯发现激光呈现出丰富的合作现象，从而产生了关于协同作用的重要想法。

1970年，哈肯在斯图加特大学的一次演讲中首次提出了"协同学"一词。1971年，他和他的学生格拉哈姆（Graham）在文章《协同学：一门写作的学说》中正式阐释了协同学这个概念。1975年，哈肯在美国物理学会主办的《现代物理评论》上发表了《远离平衡及非物理系统的合作效应》一文，加上在《物理杂志》上发表的关于广义金兹堡—朗道方程的论文，首次完整表述了伺服原理——协同学的中心原理。在长期的思考和积累下，1976年，哈肯出版了第一本协同学专著——《协同学导论》；1983年，出版了《高等协同学》。如今，协同学已经得到世界范围的认可和推崇。作为一门横断学科，协同学以寻找自然界现象的普适规律为目标，取得了瞩目的成就。

初期的协同学方法是从一组微观或中观的方程组出发，推演出微观系统的宏观性质。这种方法是很多科学研究的流行范式。只是方程组的建立需要深入了解并熟知系统的微观层面的机制，这个要求在解决自然科学的一些问题时是实用并可取的。但对于很多机理不清晰的系统来说，很难从微观层面切入问题，要得到这个微观方程组是希望渺茫的。因此，哈肯开

---

① 管晓刚. 耗散结构论的科学与哲学意义 ［J］. 系统科学学报，2000（4）：30－34.

始研究相反的问题：当系统的宏观行为发生质变，即当系统获得新的结构时，其内在机理是什么①？这样发展的协同学也被称为"唯象协同学"，代表作是哈肯的《信息与自组织：复杂系统的宏观方法》一书。在这本书中，哈肯致力于从宏观的实验资料和数据出发，寻求定量处理社会学、经济学、生物学乃至人体等这些"真正的复杂系统"的普适性理论和方法，也使得协同学能够用来处理一些作用和联系并不清晰的过程或所谓的"软科学"。

（2）协同学的基本观点。

清华大学的吴彤教授在《耗散结构理论的自组织方法论研究》② 一文中指出耗散结构方法论可被称为"发生自组织的条件方法论"，可以用来找到自组织的发生条件和环境。然而耗散结构理论无法回答系统是如何走向自组织的、系统是怎样成为有序结构的以及其中的动力和机制是怎样的等问题，这些问题属于协同学的研究范畴。协同学是研究系统各部分或各子系统是如何合作并通过自组织来生成空间、时间或功能结构的。解决这些问题的关键原理有以下五个：

①绝热消去原理的一般化。绝热消去原理在物理学中的应用是自然的，并且由来已久，变量的消去顺序就是消去快变量，保留慢变量。根据对热力学的研究，系统演化的过程如果快速到几乎可以忽略与外界的能量交流，就可以近似地被视为绝热过程，也就可以用绝热消去法处理，消去变化极快的变量。哈肯通过总结激光、流体和化学反应在某些时刻的共性，将绝热消去原理一般化并进行了普遍推广，将发生在远离平衡态的突变行为与平衡相变的类似性抽象出来，从而产生了协同学的基本原理。在协同学微观方法论中最成功也是最核心的方法就是哈肯从物理热力学借用过来的绝热方法。而哈肯借用的绝热方法，则成为协同学简化问题的关键③。

②世界的统一性不仅在于它们微观构成的单一性，而且表现在宏观结

---

① 哈肯. 信息与自组织：复杂系统的宏观方法 [M]. 2版. 本书翻译组，译. 成都：四川教育出版社，2010：中文版序.

② 吴彤. 耗散结构理论的自组织方法论研究 [J]. 科学技术与辩证法，1998，15（7）：19-26.

③ 吴彤. 论协同学理论方法——自组织动力学方法及其应用 [J]. 内蒙古社会科学（汉文版），2000（6）：19-26.

构的形成遵从某些普适的规律①。世界存在的事物有的是"死的",比如门窗、房子;有的是"活的",比如生物和海水。"活结构"的事物是如何产生并维持下去的?这个问题一直很难解释。协同学就是致力于解释结构的产生以及结构的起源类似性,这也是哈肯所提到的"协同学的终极目标"。

③协同导致有序。系统内部的子系统或者部分自我组织,它们自我排列,就像有一只"无形的手"在幕后操纵,使得系统成为系统,成为当前的样子。这种作用就是协同作用,协同作用是所有复杂系统固有的一种能力,是形成系统有序结构的内部力量。另外,也正是协同作用导致这只"无形的手"——序参量的产生。总体来说就是,子系统的协同作用产生了序参量,序参量又反过来控制着子系统的行为和演化,形成有序的高级结构。

④序参量支配原理。协同作用下产生的序参量对子系统行为的操控就是役使过程,或称为支配作用。一般来讲,复杂系统结构的产生或者新结构的出现往往是由少数几个变量支配的,就是所谓的序参量。系统内部的变量数目成千上万,在结构变化临界点附近却被几个变量支配,这是非常有意义的现象,对此现象的研究也正是协同学的精彩所在。支配原理中将序参量称为慢变量,其他变量称为快变量。快变量在系统偏离平衡态时,总是倾向于将系统拉回稳定的平衡态,而慢变量在系统偏离时,倾向于使系统更加偏离平衡态而走向非稳定状态。慢变量在临界点附近呈现出一种无阻尼特性,衰减很慢,所以得名为慢变量。利用慢变量对快变量的支配作用,消去快变量,可以极大地简化问题。

⑤自组织原理。系统被序参量支配的过程并没有受到外界的干预,而是内部子系统之间按照某种规则自发进行,并形成一定的结构和功能,这种机能成为系统的自组织。自组织是本书的重点理论基础,后面自组织理论部分会对此作出详细介绍。

(3)协同学的基本概念。

协同学所涉及的重要概念主要有两个——协同和序参量。

顾名思义,协同概念在协同理论中的地位是非常关键的。所谓协同,哈肯认为是系统中诸多子系统相互协调的、合作的或同步的联合作用、集体行为。系统自组织的内在演化动力就是来源于系统内部的竞争作用和协

---

① 哈肯. 信息与自组织:复杂系统的宏观方法 [M]. 2版. 本书翻译组,译. 成都:四川教育出版社,2010:6.

同作用。竞争导致内部差异和不平衡，差异又引起竞争，如此的循环推动了系统的自组织演化。协同则是子系统相互联合、相互支持的作用，使得系统的某种力量或某种趋势得以放大，支配系统的演化。协同学提倡合作，主要侧重研究的是子系统合作共力下的动力学模式、系统生成序参量并由序参量役使，协同的概念也就自然体现在各方面了。

"序参量"最早是在物理学中被提出来并使用的，哈肯借用过来作为描绘自组织的关键概念，也同时赋予了其更加丰富的意义。序参量是大量子系统或变量的集体运动的宏观模式，是观测或描述系统整体行为的宏观变量。序参量一旦形成，系统动力学过程就开始进入有序的运动状态，按照自组织的动力学规则，序参量役使着子系统，支配系统的整体演化。因此，哈肯认为从信息观点看，序参量起着双重作用，它通知各原子（各子系统）如何行动，此外，又告诉观察者系统的宏观有序态情况。而整个系统运动过程则是子系统相互竞争、相互协同，产生序参量，序参量反过来支配子系统，子系统伺服序参量的过程。

（4）协同学的研究方法。

哈肯认为传统的西方文化思想影响下的近代科学更加倾向于还原论的分析方法，即从很小的组分上去了解事物，把物质分解成分子，然后是原子、中子、质子等。协同学更多的是从总体上把握研究对象。协同学处理问题最初是以微观方法为主，后来哈肯根据研究的需要又提出了宏观方法，也就是前面提到的唯象协同学。引用吴彤教授在《自组织方法论研究》一书中的相关阐述，对这两种方法稍作介绍[①]。

①协同学微观方法。

第一，要将所要研究的具体问题"翻译"成为数学问题。找到需要求解的变量、常量以及各量之间的关系，建立数学模型。这一步是解决问题的重点和难点。这时，问题的提出、正确建立关系以及解决问题，更多地取决于研究者的数学直觉、对问题的敏感性、对问题领域的熟悉程度和经验，实验数据和资料也是建立模型的重要依据。

第二，对于所建立的数学模型（常常用方程或方程组加以表达），在参考态（对应于"老"结构，往往容易找到）附近，进行线性稳定性分析。这个分析对于低维问题是比较容易的，但对于高维问题，具体进行起来却不容易。这一步的目的在于区别出稳定模和不稳定模，后者即相应于

---

① 吴彤. 自组织方法论研究 [M]. 北京：清华大学出版社，2001：52.

参考态的"序参量"或序参量的候选者（如存在多个不稳定模，则这些不稳定模之间还要发生进一步竞争）。

第三，应用协同学的伺服原理，消去快变量，得到所研究系统的广义金兹堡—朗道方程。

第四，利用正规数学形式理论，或直接通过计算机进行数值计算，分析和求解广义金兹堡—朗道方程，将所得结果与实验进行对照，以检验模型是否正确。如果二者符合，求解问题的方法程序运行完毕；如果二者不相符，则重新检查模型，重复进行各个步骤。

②协同学宏观方法：最大信息熵原理——改造信息论方法应用协同学过程。

吴彤教授指出"所谓协同学宏观方法，就是从只能在观测、统计和实验中得到的宏观资料出发，用类似热力学的唯象方法处理复杂系统，然后推测产生宏观结构或行为的过程的微观基础"。哈肯在《信息与自组织：复杂系统的宏观方法》一书中曾表明"对于开放系统，比如物理学或生物学中的开放系统，将证明，所需的宏观量主要包括强度量和强度量的涨落"，采用的主要概念来自信息论，重要的理论工具是最大信息熵原理。由于本书的研究侧重于微观方法，对宏观方法就不再赘述。

（5）协同学与其他学科的关系。

协同学的研究范围很宽泛，研究对象涉及方方面面，理论也和很多学科有交叉或者有共鸣，很多学科都可以在协同学理论中找到自己的影子。物理学家和化学家可以看到协同学和不可逆热力学有一些重要共性，至少在物理、化学和生物学范围，协同学和不可逆热力学都研究远离热平衡的各种系统，协同系统中各种宏观转变和热平衡系统的相变也有极端的类似①。协同学研究控制参量变化时，各种系统的行为和控制理论的观点有很多相通之处。动力系统理论和协同学都在探索系统演化的一般原理，并且理论相互借鉴和支持。数学作为自然科学基础理论，协同学和数学的关系就不言而喻了，协同学正是在大量数学公式和逻辑推演中成长起来的。当然，协同学的发展也为数学的发展作出了贡献。

很多学科都可以利用协同学的原理解释本学科的相关问题，并推动本学科发展，也有充分的理由将协同学作为自己的一部分。但是，协同学又是从一个独特的视角对这些学科的问题作出专门的解释、探求普适性的真理。

---

① HAKEN H. Advanced synergetics［M］. Berlin：Springer-Verlag，1983：333.

第二节 复杂系统理论

一、复杂系统的定义

（一）复杂系统的例证

在我们的生活中，复杂系统比比皆是。在一定地域内，生物与环境所构成的统一整体叫作生态系统。生态系统中有大量的单元参与，有生物单元，包括各种绿色植物、动物、细菌和真菌；也有非生物因素或单元参与，包括阳光、土壤、空气、水等。这些单元各司其职，在系统中承担不同的任务。其中，绿色植物作为重要的生产者，能利用光合作用制造有机物，为动物的生存提供条件；动物作为消费者，直接或间接地以植物为食，获得维持生命的物质和能量；细菌和真菌作为分解者，能够把动植物的遗体、排泄物分解为无机物，供绿色植物再利用。非生物因素或单元为这些行为提供资源和条件。正是这些系统内的单元或子系统之间相互协作和竞争，形成了我们今天所看到和感受到的生态环境。

大脑更是复杂系统，由 10^{10} 个甚至更多的神经细胞组成，神经细胞相互合作，按照既定规则活动，使得人类可以说话、思考、识别和判断；经济系统包含商品生产、消耗和储备、货币的流通和贸易，其关系错综复杂，体量巨大，也被列入复杂系统范畴。

复杂系统无处不在的原因是显而易见的，很多特定的目的能够且仅能由复杂系统实现。因此，对复杂系统的研究非常必要。根据系统产生方式，可将复杂系统分成两大类：一类是由人类设计和建造的人造系统，这些机器或结构服务于被设定的目的。比如发动机、计算机等，包括本书研究的制造系统与制造信息系统。另一类是自然产生的，如前面提到的生态系统、大脑系统都是通过自组织的形式演化而成的。

（二）什么是复杂性

提及复杂系统，难免会联想到复杂性。钱学森认为"复杂性是复杂巨系统的属性"，简单来说，复杂系统一定是具有复杂性的。那么，复杂性指的是什么呢？

1. 霍根的复杂性定义

定义复杂性本身就是一件很复杂的事情。1996 年，《科学美国人》专栏作家约翰·霍根（John Horgan）出版了《科学的终结》一书，他的科学终结论很自然地引起了极大的反响并遭受到了普遍的批判。但书中提到，麻省理工学院的物理学家塞思·劳埃德（Seth Lloyd）统计了复杂性的定义，霍根对其进行补充后，共收集到了45种有关复杂性的定义（见表2-2）。

表2-2　复杂性的定义

信息	储存信息	算法复杂性	Cher-noff 信息	演算共有信息
分形维	逻辑深度	分层复杂性	同源复杂性	空间计算复杂性
混合	分辨力	树形复杂性	拓扑机器容量	基于信息的复杂性
熵	汉明距离	随机复杂性	演算信息距离	时间计算复杂性
相关性	混沌边缘	有效复杂性	复杂适应系统	自描述代码长度
Renyi 熵	条件信息	热力学深度	算法信息含量	Lempel-Ziv 复杂性
计量熵	长幅序	规则复杂性	最小描述长度	共有信息或通道容量
自组织	自相似	费希尔距离	矫错代码长度	条件演算信息含量
区别性	信息距离	费希尔信息	维数或自由度	Kull-bach-Liebler 复杂性

2. 吴彤的复杂性定义

随着实践的不断增多，复杂性的概念也在不断发展。吴彤总结了53种复杂性概念，可分为九大类别或三种类型[①]。汇总如图2-10。

---

① 吴彤. 复杂性概念研究及其意义［J］. 中国人民大学学报，2004（5）：2-9.

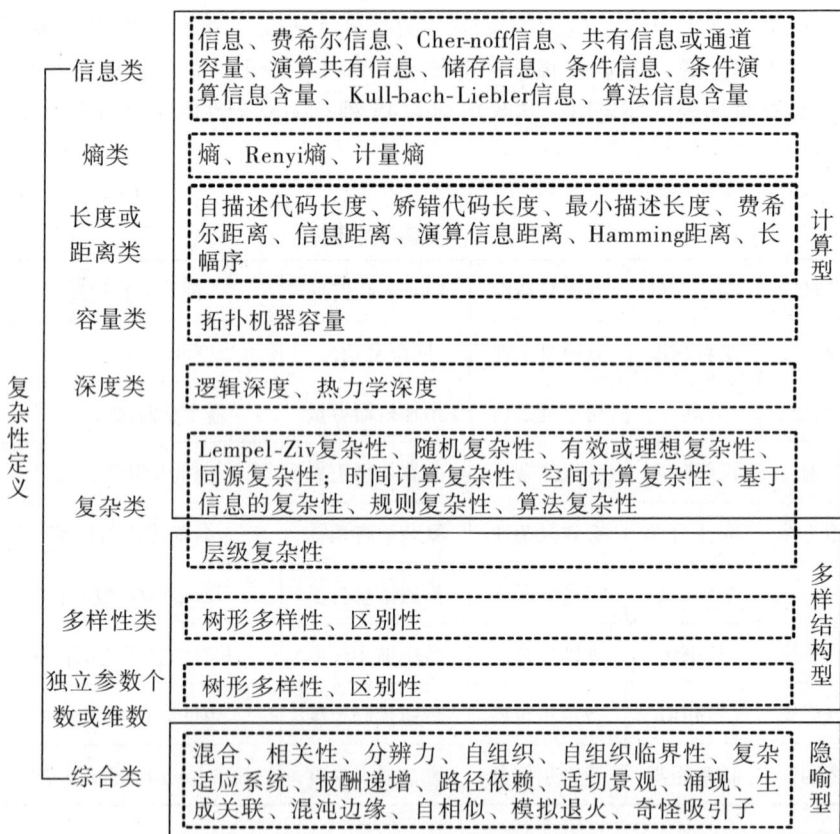

图 2-10 复杂性定义树形图

（三）什么是复杂系统

关于复杂系统的定义众说纷纭，就像复杂性的定义一样，至少有几十种之多。学者宋学锋将有代表性的复杂系统的定义作了以下归纳①：

（1）复杂系统就是混沌系统；

（2）复杂系统是具有自适应能力的演化系统；

（3）复杂系统是包含多个主体（Agent），具有层次结构的系统；

（4）复杂系统是包含反馈环的系统；

---

① 宋学锋. 复杂性、复杂系统与复杂性科学 [J]. 中国科学基金，2003，17（5）：262-269.

（5）复杂系统是任何人不能用传统理论与方法解释其行为的系统；

（6）复杂系统是动态非线性系统。

也有学者利用假设对复杂系统进行界定。如王飞跃教授提出，如果满足下面的两个假设，这个系统就是复杂系统[①]。

（1）不可分假设：相对于任何有限资源，在本质上，一个复杂系统的整体行为不可能通过对其部分行为的单独分析而完全确定。

（2）不可知假设：相对于任何有限资源，在本质上，一个复杂系统的整体行为不可能预先在大范围内完全确定。

二、复杂系统的特征

对于复杂系统的判定，仅仅依靠定义显然是不太容易实现的，一般来说，具备了复杂系统特征的系统可以被认为是复杂系统。保罗·西利亚斯在《复杂性与后现代主义——理解复杂系统》[②] 一书中对此作出了总结，认为复杂系统应具有以下 10 个最具代表性的特征：

（1）复杂系统由大量要素组成；

（2）要素之间存在着多种多样的相互作用；

（3）相互作用是动态变化的；

（4）相互作用是非线性的；

（5）相互作用具有局域性；

（6）相互作用存在正负反馈回路；

（7）复杂系统通常是开放系统，会与环境相互作用；

（8）复杂系统在远离平衡态的状态下运行，存在持续的能量流以维持系统的组织活性；

（9）复杂系统都是有历史演化性的，它们不仅在时间中演化，且存在路径依赖；

（10）复杂系统具有地方性、局域性和涌现性；

也有学者将复杂系统和一般系统进行对比，指出复杂系统除了具有一

---

① 王飞跃. 关于复杂系统研究的计算理论与方法 ［J］. 中国基础科学，2004，6（41）：3 - 10.

② 西利亚斯. 复杂性与后现代主义——理解复杂系统 ［M］. 曾国屏，译. 上海：上海世纪出版集团，2006：4 - 6.

般系统的整体性、关联性与环境适应性以外，还具有如下具有代表性的特性①：

（1）层次性（hierarchy）与非线性（nonlinearity）。层次性是简单系统与复杂系统最基本的不同，复杂系统都具备层级结构，微观行为通过层次逐渐映射到宏观层面，这也是涌现出现的必要条件。非线性关系是复杂系统的层级之间与层级内部的主要作用关系，也是复杂性的根源。

（2）自适应性（self-adaptive）或自组织性（self-organization）。系统的主体具有自组织能力，调控系统结构和行为，并由其引起系统的自学习和自适应。主体之间、主体与环境之间各种交互关系，导致了系统结构的复杂性和功能的多样性，同时也是复杂系统进化的内在动力。

（3）不确定性（uncertainty）。不确定性与确定性是相对的概念，"确定"的原因是行为可以掌控，不确定性是无法掌控的随机性，甚至是无法预测的干扰。复杂系统中的随机因素不仅影响状态，而且影响组织结构和行为方式。不确定性增加了系统的复杂性，也导致了更加多样化的系统。

（4）涌现性（emergence）。涌现是以主体的交互作用为核心，是系统的动态性、复杂性与随机性从局部到整体的过渡。杨桂通认为涌现的本质是由小生大，由简入繁②。虽然系统遵循的规则并非千变万化，但系统是动态的，规则下的结果是由复杂的非线性决定的，形成具有某些新性质、新功能的宏观特征，因此，涌现思想可以理解为微观映射的宏观呈现。从涨落的角度来看，复杂系统的演变伴随着差异的协同，其发展过程可以认为是由微小涨落开始，涨落逐渐增大。涌现就是涨落增至一定规模后呈现出来的新结构或新状态。自组织产生的涌现就是相应层次的新整体、新个体③。

（5）自相似性（self-similarity）。复杂系统的类别是多样的，有生物系统、生态系统、社会系统、经济系统和管理系统等。这些系统都是开放的动态演化系统，具有自适应能力，逐渐形成并完善各自的结构。就像动物的生命系统相对类似一样，不同地域的社会系统也都有类似的结构，不同

① 刘晓平，唐益明，郑利平. 复杂系统与复杂系统仿真研究综述［J］. 系统仿真学报，2008，20（23）：6303－6315；胡晓峰. 战争复杂性与信息化战争模拟［J］. 系统仿真学报，2006，18（12）：3572－3580.

② 杨桂通. 涌现的哲学——再学系统哲学第一规律：自组织涌现律［J］. 系统科学学报，2016，24（1）：10－12.

③ 乌杰. 关于自组织涌现哲学［J］. 系统科学学报，2012（3）：1－6.

地点的池塘系统也都能找到很多的相似之处。自相似性可以体现在复杂系统的不同层次结构，也可以是系统形态、功能和信息三个方面。正是由于自相似性，才能从归属同类别的各个系统中抽象出共性特征进行研究，得到普适性的规律。

三、复杂系统的研究观点和研究方法

（一）复杂系统的研究观点

复杂系统遍布我们的生活，寻找统一的研究方法非常重要。哈肯在处理复杂系统的方法上给出了他的观点①。

第一，宏观描述为解决复杂系统提供了一种方法。哈肯指出"现代西方科学被称作分析的方法"，"分析方法是以还原性为基础的，或者说在极端情况下，是以还原论为基础的。但是，我们越发研究复杂系统，就越发认识到还原论有其局限性"。究其原因，就是当我们用分析的方法对系统进行分解，对微观层面进行充分的认识后，从微观层面向宏观层面过渡时，系统不断地涌现出新的特性，这是无法从微观层面解释的，因为这些特性并不存在于微观层面上。

第二，寻找合适的变量或相关变量来描述系统的性质，并必须对最终导致宏观数据的微观事件作出猜想。我们主要研究的是系统的整体特性，但无论如何，宏观变量描述的系统都会造成系统信息的压缩和损失。当我们建立宏观变量之间的关系模型时，并没有关注微观变量，所以，我们要借助于猜想来得到有关微观变量的细节。

第三，避免陷入机械论和拟人论困境。复杂系统具有自相似性，我们可以体会到，复杂性越高的系统越具有与人类相似的行为特征。研究者要了解非人类复杂系统行为和人类行为的联系和区别，以免走向机械论或拟人论的极端和误区。

另外，王飞跃教授提出满足"不可分"假设和"不可知"假设的系统是复杂系统。鉴于"不可分"和"不可知"容易引起研究者的误解，作者从"对立统一"的角度对此作出解释，并指出"如果一定要用解析量化的方式对这些问题进行描述，就必须在描述的'精度'上做出让步"，"针对'不可分'与'不可知'假设下的复杂系统，描述的'精度'必须从牛顿

---

① 哈肯. 信息与自组织：复杂系统的宏观方法［M］. 2 版. 本书翻译组，译. 成都：四川教育出版社，2010：11-12.

力学的'确定性'、量子力学的'随机性',进入到复杂系统的'可能性'"。这个论点的提出对复杂系统的研究范式是有启示作用的。早在20世纪50年代,艾什比在《大脑设计 适应性行为的起源》① 一书中也表述了"研究复杂系统的战略"的论题,并指出"不能指望有一种理论可以达到牛顿理论的那种简单性和精确性"。对此,王飞跃教授又进一步提出了三个研究观点②:

第一,必须采用整体论的观点考虑复杂系统的问题。鉴于"不可分"的假设,从整体上处理复杂系统显然是更为合理的。

第二,复杂系统问题不存在"一劳永逸"的解决方案。问题在不断变化和发展,系统难以用精确完备的模型对其完全描述,我们需要依着不断探索和改善的原则,为提出系统的解决方案提供科学依据。

第三,复杂系统问题不存在一般意义下的最优解,更不存在唯一的最优解。由于复杂系统的大范围的不可预测性,使得最优解往往不唯一。

王飞跃教授的观点和复杂系统的特性是关系紧密的。特别是第二个观点,复杂系统的研究是以动态的"过程观"为主导思想的,系统演化是研究的主要内容。因而,系统在不同的阶段所对应的状态也是不同的,可能是稳定的热力学分支,也可能是耗散结构分支,也可能处于混沌状态,需要我们使用不同的方法进行描述和解决。甚至,不同的分叉临界点的序参量也是不同的,需要用发展的眼光看待复杂系统问题。

另外,成思危教授指出"研究复杂系统的基本方法应当是在唯物辩证法指导下的系统科学方法",要坚持四个原则:定性判断和定量计算相结合;微观分析和宏观分析相结合;还原论和整体论相结合;科学推理与哲学思辨相结合③。2004年,黄欣荣和吴彤在《复杂性研究的若干方法论原则》④ 一文中对这四个原则作了进一步补充,增加了"理解与行动相结合"的观点。2011年,李士勇教授在成思危教授提出的四个原则的基础上又增加了"确定性描述与不确定性描述相结合""计算机模拟与专家智能相结

---

① 艾什比. 大脑设计 适应性行为的起源 [M]. 乐秀成,朱熹豪,等译. 北京:商务印书馆,1991:34.

② 王飞跃. 关于复杂系统的建模、分析、控制和管理 [J]. 复杂系统与复杂性科学,2006,3 (2):26-34.

③ 成思危. 复杂科学与管理 [J]. 南昌大学学报 (人文社会科学版),2000,31 (3):1-6.

④ 黄欣荣,吴彤. 复杂性研究的若干方法论原则 [J]. 内蒙古社会科学 (汉文版),2004,25 (2):75-80.

合"两个原则①。

有关复杂系统方法论的观点都是基于复杂系统的复杂性和系统特征提出的，学者们一直在研究中不断完善研究观点，致力于对研究方法作出更加全面的指导。总体来看，建立复杂系统理论的任务还任重道远，需要新的科学方法论作出更多的更有力的支撑。

（二）复杂系统的研究方法

对于复杂系统的研究有多种视角和思路，黄欣荣将这些方法总结为六类：隐喻、模型、数值、计算、虚拟和综合集成②。本书主要用到了隐喻、模型、数值和虚拟，钱学森的定性与定量综合集成的观点也贯穿始终。下面对六类研究方法作简要介绍。

1. 隐喻方法

隐喻类似于暗喻。使用这种方法的原因主要是通过比喻或类比的途径来降低对复杂现象的描述难度，美国圣塔菲研究所（Santa Fe Institute，SFI）提出的复杂适应系统（Complex Adaptive Systems，CAS）理论和涌现理论就是约翰·霍兰教授使用隐喻方法构建的。霍兰教授甚至认为"隐喻是创造活动的核心，运用隐喻所产生的结果是创新，它让我们看到了新的联系"。

2. 模型方法

建立模型并利用对模型的分析对系统进行解释，是科学研究常用方法之一。元胞自动机模型（Cellular Automata）、复杂网络（Complex Network）、多智能体系统（Multi-Agent System，MAS）、CAS 的回声模型、涌现理论中的生成模型、自组织临界性（Self-Organized Criticality，SOC）理论的沙堆模型、人工生命研究中的人工生命模型等都是通过隐喻类比的方法所构建的复杂系统模型。

3. 数值方法

数值分析的方法就是对系统的模型求解，从而更加清晰地掌握系统的内在规律和演化过程。在复杂系统的研究中，很多规律和机制的发现都是通过数值计算得到的。

4. 计算方法

复杂性科学中的计算复杂性（computational complexity）和算法复杂性

---

① 李士勇. 非线性科学及其应用［M］. 哈尔滨：哈尔滨工业大学出版社，2011：162 – 164.
② 黄欣荣. 复杂性科学研究方法论纲［J］. 科学技术哲学研究，2006，23（1）：32 – 36.

（algorithmic complexity）主要是通过计算方法来进行研究的。所谓计算方法就是从可计算理论出发，对问题是否可以计算，以及怎样计算进行分析，并对计算的方法进行算法描述，以找到问题的解决方案或途径。

5. 虚拟方法

虚拟方法，也称作计算机模拟或系统仿真，指的是在计算机上对实际系统（包括设计中的系统）的数学模型进行模拟实验，从而达到研究该系统的目的。

6. 综合集成方法

20 世纪 80 年代末到 90 年代初，钱学森提出"从定性到定量综合集成方法"及其实践形式"从定性到定量综合集成研讨厅体系"，形成了一套操作性强且切合实际的方法体系。综合集成方法的理论基础是思维科学，方法基础是系统科学与数学，技术基础是以计算机为主的现代信息技术和网络技术，哲学基础是辩证唯物主义的实践论和认识论。

第三节　自组织理论

一、自组织理论概述

在现实世界里，我们随时随地可以观察到各种各样的事物、各种各样的存在形态、各种各样的生存模式。有层峦叠嶂的山峰和一望无际的草原，有悠远深邃的星空和辽阔无垠的大海，有繁华炫目的城市和破旧没落的山村……

我们生活的环境中存在各种奇观。比如，自然界存在大量旋涡，当火星局部区域的风足够大时，能将地表的尘埃卷起，形成尘暴。由于尘暴区内被加热的大气急剧上升，周围空气急速补充，对抗活动加强，形成了很强的地面旋风，从而吹起更多尘埃。这些尘埃微粒则自动结合在一起，进行整体有序运动，呈现旋涡状。这样壮观的场景比比皆是，人力是难以做到的。

世界充斥着各种各样的事物，它们具有各种各样的"结构"。那么，它们是如何形成的呢？

19 世纪中叶，达尔文的《物种起源》一出版便被抢购一空，书中的观点便是我们熟知的进化论：自然界中生物物种不断变化，不断从低级向高级发展。自然界的进化规则是"物竞天择，适者生存"。虽然当年的达尔文因此遭到了很多人的谴责和侮辱，且现如今关于科学和宗教的争论依然在持续，但是不得不说，这部被恩格斯誉为"19世纪自然科学的三大发现之一"的巨著影响深远。进化论的原理便属于自组织的原理。中国著名的维新派人物严复更是发表了《天演论》，将进化论引入中国，并将其扩展到社会领域中，他认为"种族与种族、国家与国家之间也存在着'物竞天择，适者生存'的残酷竞争"，以此来激励民族和国家要奋发图强。《天演论》实质上将自组织的原理推广到了社会领域。马克思把人类社会历史划分为依次更替的五种社会形态——原始社会、奴隶社会、封建社会、资本主义社会和共产主义社会，也是对社会历史系统自组织机制的一种解读。

这些理论的出现为自组织理论作了铺垫，却并没有提及"自组织"的概念。最早提出"自组织"概念的是德国哲学家康德，他认为"自组织的自然事物具有这样一些特征：它的各部分既是由其他部分的作用而存在的，又是为了其他部分、为了整体而存在的。各部分交互作用，彼此产生，并由于它们间的因果联结而产生整体，只有在这些条件下而且按照这些规定，一个产物才能是一个有组织的并且是自组织的物，而作为这样的物，才称为一个自然目的"①。显然，康德的观点已经基本包含了自组织的思想。

随着系统论、运筹学、控制论、信息论、耗散结构理论、协同学等学科的不断发展和推进，20世纪后期出现了一大批热衷于构建自组织理论的学者。代表人物有维纳、普里高津、哈肯、艾根、巴克等，自组织理论的学科框架逐步被搭建了起来。对于自组织理论研究的是自组织现象和规律的学科的集合，吴彤指出："它还没有成为一个一体的统一的理论，而是一个理论群。它包括普里高津等创立的'耗散结构'理论、哈肯等创立的'协同学'理论、托姆创立的'突变论'数学理论、艾根等创立的'超循环'理论，以及曼德布罗特创立的分形理论和以洛伦兹为代表的科学家创立的'混沌'理论。其前期理论还可以包括朗道的相变理论和计算机理论研究中的自动机理论。"② 这些理论从不同的领域出发，力图揭示自组织的规律，对自组织的发展提供了强有力的支撑。但是，苗东升也指出："一方面，各个学派都提出了许多非常深刻而诱人的概念、原理和方法，使人们强烈地意识到自组织理论的辉煌前景。另一方面，不同学派或不同学者的理论都有自己的特殊背景，普遍性不够，各自只给出自组织理论的一些

---

① 引自袁晓勐. 城市系统的自组织理论研究［D］. 长春：东北师范大学，2006：25.
② 吴彤. 自组织方法论研究［M］. 北京：清华大学出版社，2001：2.

片段，许多提法是含糊的，相互之间还有矛盾。"① 自组织理论的体系化、普适化的任务还是非常艰巨的。

二、什么是自组织

（一）组织的定义

我们在管理学中会经常提到"组织"这个概念。美国著名的管理学教授斯蒂芬·P·罗宾斯（Stephen P. Robbins）认为"组织是对完成特定使命的人们的系统性安排"，管理心理学家施恩（E. H. Schein）认为"组织是为了达到某一特定的共同目标，通过各部门劳动和职务的分工合作和不同等级的权力和责任的制度化，有计划地协调一群人的活动"。管理学中定义的组织具有三个主要特征：有明确的目标；必须要拥有相应的资源，如设备、人才、资金等；有特定的结构。

中文所说的"组织"可以是名词也可以是动词。作为名词的"组织"，汉语词典释义有：安排、整顿使成系统；按照一定目的、任务和形式加以编制而成的集体。这种名词解读更接近于管理学定义，是一种具有某种结构的安排或群体。吴彤认为，名词"组织"是某种现存事物的存在方式，表现为系统形式；动词"组织"在汉语词典中的释义为"按照一定的目的、任务和形式加以编制"。可以看成是事物在空间、时间或功能上趋于有序的演化过程②。根据沈小峰等人的说法，"组织"是系统从低级向高级发展，新结构出现伴随着旧结构的瓦解，但新结构有序程度高于旧结构，是一种进化③。

可以看到，动词的"组织"已经有了我们这里提到的自组织的意味，但是和"自组织"仍然是有区别的。作为动词的"组织"，描述的是一个过程，并且是一个积极的进化的过程，名词的"组织"描述的是一个积极的结果。但是，对于很多系统来说，比如企业的破产、人的猝死、物种的消亡、灾难的突发等事件，可以表明并不是所有的演化都是越来越有序，越来越高级。为了与这种悲观的、退化的过程和导致的混乱的、无序的结果相区别，吴彤提出了一个与"组织"相反的概念——非组织。相应地，

---

① 苗东升. 系统科学精要 ［M］. 北京：中国人民大学出版社，1998：142.

② 吴彤. 自组织方法论研究 ［M］. 北京：清华大学出版社，2001：1 - 104.

③ 沈小峰，吴彤，曾国屏. 自组织的哲学：一种新的自然观和科学观 ［M］. 北京：中共中央党校出版社，1993：4 - 17.

"非组织"的动词含义和名词含义都是由"组织"的相反方向给出，即从有序到无序的过程和无序的结构。吴彤认为组织和非组织都可以依据作用的来源进行分类。组织分为自组织和被组织，非组织分为自无序和被无序，如表2-3所示：

表2-3　组织、非组织的对比

总概念	组织（有序化、结构化）		非组织（无序化、混乱化）	
含义	事物朝有序、结构化方向演化的过程		事物朝无序、结构瓦解方向演化的过程	
二级概念	自组织	被组织	自无序	被无序
含义	组织力来自事物内部的组织过程	组织力来自事物外部的组织过程	非组织作用力来自事物内部的无序过程	非组织作用力来自事物外部的无序过程
典型	生命的生长	晶体、机器	生命的死亡	地震下的房屋倒塌

（二）自组织和他组织

最早提出"自组织"概念的康德曾经这样举例：钟表是有组织的，但是，钟表的产生、修复都要依赖于钟表匠，它没有自产生、自修复、自繁殖功能，不是一个自组系统。这就引出了接下来要讨论的两个概念——"自组织"和"他组织"。

哈肯曾一度认为"组织"应是区分于"自组织"的概念，同时也举例对比了"组织"和"自组织"在生活中的区别[①]。比如说有一群工人，"如果每一个工人都是在工头发出的外部命令下按完全确定的方式行动，我们称之为组织，或更严格一点，称它为有组织的行为"，"如果没有外部命令，而是靠某种相互默契，工人们协同工作，各尽职责来生产产品，我们就把这种过程称为自组织"。吴彤指出哈肯所谓的"组织"定义实质上是"被组织"，而"组织"应是"自组织"与"被组织"的总体概念。

这里显然出现了两个相似的概念——吴彤的"被组织"、苗东升的

---

① HAKEN H. Synergetics，an introduction：nonequilibrium phase transitions and self-organization in physics，chemistry，and biology［M］. Berlin & New York：Springer-Verlag，1983：191.

"他组织"①。关于这一用法的不同，吴彤指出两个概念在描述存在性和共时性对象的使用上并没有大的差别，而在深入思考系统是否存在组织者的角度时是有差异的。吴彤认为"他组织"和"自组织"的概念组合更多地强调了组织者主体的必然存在，而事实上"自组织"是没有实体的组织者的，或者说即使有组织者，那也是"大量因子的相互作用"，而相互作用并非实体，只是一种动态的、演化中的关系。正是如此，才称之为自组织。也正是因为这样，吴彤认为把系统分为"自组织"和"被组织"才更能描述对象本身。从这些细微的区别来看，两位学者对此概念的理解都非常深入、深刻。本书采取一种简单的方式，因为"自"和"他"在字面上的直接对应更加易于人们接受和符合大众的习惯，所以使用苗东升关于"被组织"的另一称谓——"他组织"。

钱学森说过：系统自己走向有序结构就可以称之为系统自组织。普里高津在建立耗散结构理论时也曾提出"自组织"概念，用以描述系统中自发出现或自主形成新结构的过程。哈肯在《高等协同学》② 中更加清晰地定义了"自组织"："如果一个系统在获得空间的、时间的功能或结构的过程中，没有外界的特定干涉，该系统就是自组织的。" 即是说，系统形成结构的过程并不是外界指令强加的，而是系统内部要素自发地通过相互协同合作的结果。而相对的概念就是"他组织"，即系统结构的形成不是内发的，而是由外部指定形成的。由此衍生的自组织系统的意义就是：不需外界特定干预，能够通过内部过程产生宏观空间、时间或时空结构的系统。

自组织研究是具有边界性和相对性的。我们知道，系统是一个相对的概念。如教育系统中的每一所学校都是构成教育系统的子系统或单元，但是把学校作为研究对象时，学校是系统，构成学校的每一个班级又是子系统或单元，依此，我们还可以往下分至学生个体。自组织是系统的行为，因此，系统对应的"自组织"和"他组织"也是相对概念。比如，班级被学校指令组织开展春游活动，对于班级来说是"他组织"，但是从一个学校的角度来看就变成了学校自主地实施春游计划，就成了"自组织"；包办婚姻对于夫妻二人来说是"他组织"，但对于包含建议人、指令人的整个家族就成了"自组织"。

---

① 苗东升. 系统科学精要［M］. 北京：中国人民大学出版社，1998：167.
② 哈肯. 高等协同学［M］. 郭治安，译. 北京：科学出版社，1989：68.

三、自组织理论的方法论

对于自组织理论的方法论，吴彤在《自组织方法论研究》①　一书中给出了非常详尽的描述，这里借鉴他的介绍，以满足本研究的理论需要。自组织理论相关的学科包括耗散结构理论、协同学、突变论、超循环论、分形理论和混沌理论，它们各自在整体的自组织方法论中有自己的"生态龛"。每一种方法论都从不同视角阐释了对自组织理论的认识及认识方法，图 2 – 11 可以表达这些学科的作用和相互作用。

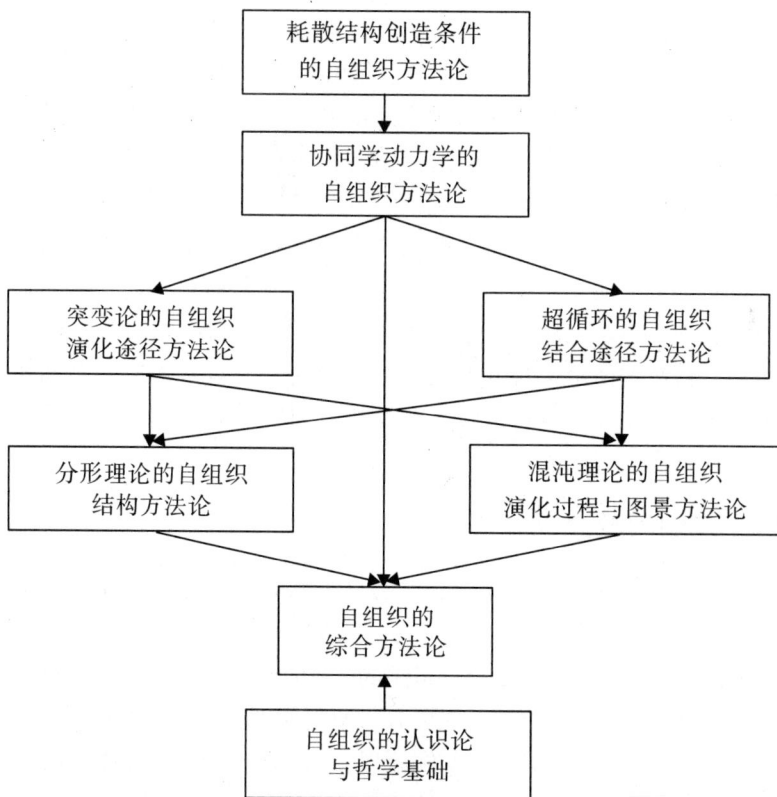

```
┌──────────────────┐
│  耗散结构创造条件  │
│   的自组织方法论   │
└──────────────────┘
         │
         ▼
┌──────────────────┐
│   协同学动力学的   │
│    自组织方法论    │
└──────────────────┘

┌──────────────────┐     ┌──────────────────┐
│   突变论的自组织   │     │   超循环的自组织   │
│   演化途径方法论   │     │   结合途径方法论   │
└──────────────────┘     └──────────────────┘

┌──────────────────┐     ┌──────────────────┐
│   分形理论的自组织 │     │   混沌理论的自组织 │
│    结构方法论      │     │  演化过程与图景方法论│
└──────────────────┘     └──────────────────┘

         ┌──────────────────┐
         │     自组织的       │
         │    综合方法论      │
         └──────────────────┘

         ┌──────────────────┐
         │   自组织的认识论    │
         │    与哲学基础      │
         └──────────────────┘
```

图 2 – 11　各种自组织方法论的关系

资料来源：吴彤．自组织方法论研究［M］．北京：清华大学出版社，2001．

---

① 吴彤．自组织方法论研究［M］．北京：清华大学出版社，2001：1 – 104．

耗散结构方法为自组织系统的构建提供了所需要的条件。它研究了体系如何开放、开放的尺度以及如何创造条件走向自组织等诸多问题。运用这种方法可以帮助我们了解什么条件下能够发生自组织，并指导我们创造自组织的条件。因此，在一定意义上，我们也可以把自组织的耗散结构方法称为自组织的创造条件方法论。协同学方法在整个自组织方法论中处于一种动力学方法论的地位。它是解决系统自身如何保持自组织活力的重要方法，所研究的重要概念和原理，如竞争、协同和支配（或役使）以及序参量等，对于系统自组织的演化以及使得自组织程度越来越高，都具有重要的指导意义。它告诉我们，制定一定的规则，以一定的参数进行调节，然后放手让子系统自己相互作用，形成序参量运动模式，从而推动整个系统演化，是系统非线性、自组织演化的最好管理方式。

突变论方法研究了系统在其演化的可能路径方面的方法论。超循环方法提供了一种解决如何充分利用过程中的物质、能量和信息流等问题的方法，以及如何有效展开事物之间相互作用和结合成为更紧密的事物的方法。分形方法研究了系统走向自组织的复杂性结构的过程，也研究了从简单到复杂的自组织演化问题，表达了如何认识一个具有分形特征的物体或事物的方法论思想。混沌理论方法研究了系统走向自组织过程中的时间复杂性问题，它在本体论上与分形表达的复杂性问题常常构成一个问题的两个侧面，即分形研究了事物走向复杂性的空间特性和结构，而混沌研究了事物走向复杂性的时间演化特性。

四、自组织原理

自组织理论是探索现实世界的事物自组织运动的原因、条件、过程及结果的共同机制和规律，在众多学者的共同努力下，取得了很大的成就。虽然现代科学还不能系统地揭示自组织的一般规律，但已获得许多深入的认识，提出了一系列自组织原理，主要有：涌现原理、开放性原理、非线性原理、反馈原理、不稳定性原理、支配原理、涨落原理、环境选择原理①。

（一）涌现原理

涌现原理是自组织理论中最重要的一个原理，充分体现了自组织的思想，也是我们重点介绍的部分。

---

① 苗东升. 系统科学精要 [M]. 北京：中国人民大学出版社，1998：143–150.

1. 涌现概念的起源

涌现的概念由来已久。英国著名的哲学家、经济学家约翰·穆勒（John Stuart Mill，1806—1873）提出了"化学心理学"的观点，把思想观念的综合喻作氢氧化合成水，水具有一些新的性质，这些性质并没有体现在氢和氧中，而是在化合后展现出来的。他还指出水的新性质不能由原先的成分所预知，而必须由实践后的经验才能得到认识，因此，他将"心理混合"改为"心理化合"。穆勒进一步提出了三个判断涌现存在与否的条件：首先，一个整体的涌现特征不是其部分的特征之和；其次，涌现特征的种类与组成部分特征的种类完全不同；最后，涌现特征不能从独自考察组分的行为中推导或预测出来。

二十世纪五六十年代，系统论学者开始研究涌现问题。赫伯特·西蒙（Herbert A. Simon，1916—2001）发表了 The Architecture of Complexity（《复杂性的构造》)① 一文，把涌现和复杂性、层次、演化等概念结合起来，并给出结论——复杂结构是在演化中涌现出来的。贝塔朗菲也给予了涌现很高的地位，把整体性界定为一种涌现的性质②。1998 年，约翰·霍兰教授在他的著作《涌现：从混沌到有序》③ 中正式提出了涌现论的观点，描述了很多复杂系统的涌现现象，并系统地论述了复杂系统涌现的方式。

中国学者曾经在对贝塔朗菲的一般系统论的理解上用"突现"这个词来描述这种整体性的"emergence"。苗东升在《论涌现》④ 一文中指出，系统的涌现性可能是突然出现在临界点之后，也有可能是渐变累积的结果，"涌现"一词比"突现"一词更能涵盖这两种行为，因此，他建议使用"涌现"这种说法。

2. 什么是涌现

约翰·霍兰在《隐秩序：适应性造就复杂性》⑤ 中提到，复杂系统是通过简单元素涌现出复杂现象的。比如人的大脑可以使人产生很多意识，

① SIMON H. A. The architecture of complexity [J]. Proceedings of the american philosophical society, 1962, 106 (4): 183 – 216.

② 贝塔朗菲. 一般系统论：基础、发展和应用 [M]. 林康义，魏宏森，译. 北京：清华大学出版社，1987.

③ 霍兰. 涌现：从混沌到有序 [M]. 陈禹，等译. 上海：上海科学技术出版社，2002.

④ 苗东升. 论涌现 [J]. 河池学院学报，2008，28 (1)：6 – 12.

⑤ 霍兰. 隐秩序：适应性造就复杂性 [M]. 周晓牧，韩晖，译. 上海：上海科技教育出版社，2011.

但是没有一个单一神经元拥有这样的复杂功能。蚁群的组织性也呈现出典型的涌现性，单只蚂蚁的力量非常薄弱，但是当蚂蚁群体合作协同工作时，可以毁掉一座大坝。这种组织性相较于单只蚂蚁的行为已经有了质的变化，只有在整体层面才能出现，这就是一种"涌现"。

霍兰认为涌现是一种客观现象，他在《涌现：从混沌到有序》一书中指出"涌现是以相互作用为中心的，它比单个行为的简单累加要复杂得多"。因为系统科学就是研究整体涌现性的理论，以及探索涌现的性质是如何形成和演化的，所以，赵斌用贝塔朗菲的"整体大于部分之和"对涌现作出解释，认为"这样的整体与部分的差值就是涌现性"，"整体涌现性的产生不是单一的，是规模效应和结构效应共同的结果"①。

（二）开放性原理

如前面的信息论部分所述，系统的总熵 $ds = ds_i + ds_e$，其中，ds_i 是系统内部产生的"内熵"，$ds_i > 0$。ds_e 是外部环境输入的"外熵"，当 $ds_e \approx 0$ 时，系统为孤立系统，是系统的最无序状态；$ds_e > 0$ 表示系统从外界吸取正熵或输出负熵，此时系统会更加无序，$ds_e < 0$ 表示系统向外界输出正熵或者引入负熵，有序性提高。

因此，实现熵减的唯一途径就是从外界引入负熵或者输出正熵，开放则是自组织的必要条件。当然必须注意的是，从熵的符号也可以看出，熵减的前提是正确的开放。

（三）非线性原理

线性作用下的要素是可以分解出来进行讨论的，并且要素或部分可以在不影响整体性质的情况下分离出来，整体也可以看作是各个部分的相互作用的简单叠加。非线性作用下的系统，部分无法完全从整体中分离出来单独讨论，各个要素之间的联系是复杂交叉的，相互影响，相互制约。部分影响整体，整体制约部分。整体的功能和性质也只能由整体实现。

复杂系统之所以能形成一个有机整体，并具备了部分和要素所不具备的功能和性质，最根本的原因就是要素之间是被相互作用并且是被非线性作用联系起来的。正是因为我们现实世界中的系统几乎都是非线性的，也恰恰表明，系统的整体性是必然的。

（四）反馈原理

系统当前行为结果作为影响未来行为的原因，就是反馈。当一个新的

---

① 赵斌. 充分理解涌现性，慎重对待转基因 [J]. 科学家，2013 (2)：88-89.

状态出现时，需要依靠系统自我放大才得以成长、增强，就是正反馈。当状态稳定下来后，系统以维持原状为目的，为了消除内在力量和外界干扰带来的增强作用，就需要负反馈机制。借助于反馈作用，系统才可以实现朝向确定方向的自组织。

（五）不稳定性原理

系统的发展总是存在不稳定因素，系统的状态也总是在不稳定和稳定之间切换。稳定于平衡态的系统内部也有不稳定因素，这些因素牵引系统失稳，并在突破临界后形成新的结构。新结构重新稳定下来，系统在保持稳定性的同时，新的不稳定性又产生了。如此以往，系统在环境中适应、生存并发展。

（六）支配原理

自组织理论的支配原理就是协同学的序参量支配原理。在一定条件下，系统在远离平衡态时，特别是在临界点附近时，非线性作用和巨涨落产生巨大作用，系统内部形成了序参量，序参量役使着系统演化的方向和模式。这就是支配原理。

（七）涨落原理

统计物理中的宏观量是对应的微观量的统计平均值，但在某一瞬间，系统的宏观量不是都必须且恰好等于这个平均值，每一次的观测都可能与平均值有一定的偏差。这种现象被称为围绕平均值的涨落。热力学与统计物理中提及的涨落现象有两种，一种是围绕平均值的涨落，一种是布朗运动。

系统理论中认为涨落是普遍存在的，其形式多种多样。由自组织系统内部因素引起的涨落作用称为内涨落，由外部因素引起的涨落作用称为外涨落。作用不足以破坏系统结构原有稳定性的涨落作用形式称为微涨落，作用力足以破坏系统结构原有稳定性的涨落作用形式称为巨涨落。

传统学科中对涨落的认识是负面的，被认为是不利于系统稳定的因素。特别是在控制论中，稳定是控制的目的，涨落是要控制的重要因素之一。但在自组织理论中，涨落就被赋予了全新的生命。涨落也是有方向的，根据涨落的作用力方向和系统演化方向的一致性，涨落作用还可以分为正向涨落和反向涨落。正向涨落是能够推动系统结构整体稳定演化，并促进系统结构整体不断达到新的稳定态与新的有序化阶段的涨落作用形式；反向涨落是指干扰或者破坏系统结构整体稳定演化，导致系统结构整体失稳并趋向相对无序化的涨落作用形式。正是因为涨落的方向性，使得涨落对于系统的作用具有双重性。涨落可以破坏系统的稳定性，也可以使得系统经过失稳获得新的稳定性，也有可能导致系统崩溃。但只有通过涨落，才能偏离平衡态，系统才能得到进化。因此，"通过涨落达到有序"是系统自组织理论中的一个重要的基本结论。

（八）环境选择原理

达尔文的进化论观点"物竞天择，适者生存"表明了环境选择原理。系统不断地与环境交互，二者密不可分。系统依赖于环境，受制于环境，只有适应环境，才能持久生存。

第三章　制造企业两化融合
自组织演化分析框架

本章搭建了全书的分析框架。首先界定制造企业两化融合系统的内涵和复杂系统的特征，分析两化融合的自组织特性。接着基于耗散结构理论和协同学视角，深入阐述制造企业两化融合系统演化规律的研究方法和研究思路，并从三个相互关联的角度和层面厘清系统自组织协同演化的机理以及关系。

第一节　制造企业两化融合系统

一、制造企业两化融合系统的界定

制造企业两化融合可以认为是企业的虚拟存在，其具有独立性，又同制造企业实体系统密不可分并相互作用。为了研究其自组织演化特性和演化机理，需要清晰界定制造企业两化融合系统的内涵。

（一）两化融合系统定义

系统是由两个以上的有机联系、相互作用的要素所组成的，是具有特定功能、结构和环境的整体。而企业的两化融合被认为是系统性、整体性、全局性的变革①。因此，两化融合系统就是实现两化融合功能和目的的系统，要素是参与两化融合建设的单元。

所以，我们可以得出定义：两化融合系统是参与两化融合建设的各类要素及要素间相互关系的集合。

---

① 易明，李奎. 信息化与工业化融合的模式选择及政策建议［J］. 宏观经济研究，2011（9）：80-86.

（二）制造企业两化融合系统定义

对于企业来说，几乎所有要素，包括人力、资本、技术、信息等都将无可避免地参与到两化融合的建设中来。进一步地，可以得出定义：制造企业两化融合系统就是制造企业内外部参与两化融合建设的各主体及其相互关系的整体。

两化融合系统的实体系统是制造企业，是以产品制造为核心，从产品的形成到产品的销售及其售后维护服务活动中所涉及的主体构成的系统。由此，从主体角度可以定义：在一定时间和空间下，为了实现两化融合的功能和目的，由企业内部各元素及企业所处的经济环境、政治环境、技术环境等构成的整体系统就是制造企业两化融合系统。

二、制造企业两化融合系统的复杂系统特性

制造企业两化融合系统作为典型的系统，具备以下特征：

（1）整体性（entirety）。两化融合系统必须作为整体存在，要素的集合形成了两化融合建设的结构基础，资本投入形成物质基础，人力和技术投入是两化融合建设的智力支撑，信息获取与交流形成了各要素活动的依据。

（2）关联性（relevancy）。任何独立要素的行为都无法单独作为两化融合的体现。如某一工人配置了计算机，而其他人员却无法做到和这个工人进行信息交互，这就仅仅是个人工作效率的提高，和企业整体的两化融合建设不相关。一旦信息技术在企业内部广泛使用并用以交流交互，关联目的服从于整体目的和两化融合功能，两化融合就开始了。

（3）环境适应性（environmental-adaptability）。两化融合系统与外界环境不断地进行着物质交流、技术交流、信息交流，企业所处的政治环境、经济环境、技术环境都影响着企业两化融合的管理决策和技术选择。因此，具有环境适应性是制造企业生存的必要前提，也是企业两化融合系统存在的必要条件。

第二章我们已经对复杂系统的特征进行了阐述，制造企业两化融合系统是典型的复杂系统，除了具有系统的特征以外，也具备复杂系统的独特性质。

（4）层次性（hierarchy）与非线性（nonlinearity）。制造企业两化融合的层次有很多划分方式，可以是依据主体从微观到宏观划分，可以是依据功能部门的层次关系划分，也可以是依据产品路线的信息化递进层次关系

划分。主体的差异、功能的差异、层次内与跨层级的交互都不是简单叠加的，如制造企业整体的两化融合系统建设必然落实到各功能部门，但综合两化融合状况并不单单是各功能部门两化融合状况的叠加，还由部门间的交互非线性作用决定。

（5）自适应性（self-adaptive）与自组织性（self-organization）。制造企业两化融合的各主体在两化融合建设的进程中不断进行内部调控，由于融合本身就是一种相异元素的相互自我适应、自我学习、自我进化，因而这些活动都是在企业内部自发的自组织行为，并不是靠施加外部指令完成的。因此，制造企业两化融合系统是自组织的自适应系统。

（6）不确定性（uncertainty）。制造企业两化融合系统的不确定性是客观存在的。首先，人及其组织和群体作为重要主体之一表现出固有的复杂性，其管理决策、领导模式、人与人之间的相互作用都难以被预先固定，带来的复杂性不言而喻。其次，供应链风险、系统稳定性、设备障碍及技术障碍、管理预期、经济政治环境等多方面因素都含有各种随机性和风险性，引发制造企业两化融合建设的不确定性，使得进行相关的理论及应用的研究更加有必要。

（7）涌现性（emergence）。制造企业两化融合系统由多主体构成，主体的非线性交互是系统演化的主要动力。主体本身的动态性、复杂性、随机性加上主体交互非线性关系的动态性、复杂性、随机性，局部到整体的综合又进一步放大这些特性，涌现由此形成。两化融合进程中宏观层面呈现出的状态不仅仅是所有子系统单一状态的总和，如各部门的微观功能综合表现的整体效应会是竞争力、经济效益等宏观特征。制造企业在信息技术和工业的协同作用下，工业化推进信息化发展，信息化带动工业化，随着信息化与工业化的融合，可以通过优化内部结构、运营、管理等促进总体效益的提升，正反馈的相互促进机制使得信息技术和工业发展都远远优于并有别于其独立发展的结果。因此，涌现的存在是系统演化的重要因素，也是两化融合建设着重强调协同发展的根本依据。

（8）自相似性（self-similarity）。制造企业的两化融合的实现方式是不同的，可能是侧重点不同，可能是实施步骤不同，也可能是机制不同。另外，由于任意制造企业的两化融合本质都是制造技术和信息技术的融合，目的都是提升企业的技术效率，实现范围也都基于制造系统，因此，即便实施细节不尽相同，在关键节点和环节中也会基本一致，系统的形态、功能以及信息流程都会具有自相似性。这个自相似性就使得我们可以通过研究抽象出来的共性的系统来获得普适性的规律。

综上所述，制造企业两化融合系统是典型的复杂系统。经典理论与方法不足以充分获取复杂系统的特性与规律，采用复杂系统的方法论是本研究的基本思路。

第二节　制造企业两化融合自组织演化的研究策略

一、两化融合系统的自组织演化研究方法

制造企业两化融合系统是基于两化融合理念方法的指导，系统的结构和功能在内外矛盾的作用下自行组织化、系统化、有序化运动的系统，没有受到外界的特定强加干预。因此，两化融合系统是自组织的复杂系统。对于制造企业两化融合系统的研究也应相应遵循复杂系统和自组织系统的方法论。

（一）面对复杂性：制造企业两化融合系统演化机理研究方法

系统结构与系统行为的复杂性往往令人费解，但我们同时又不得不惊羡复杂性带来的无与伦比的功能。比如生物体作为复杂系统的各组织各器官，具有高度协调性，微观的复杂性呈现出宏观的条理性。当社会系统和经济系统越来越复杂，传统方法论的主要优势逐渐丧失、局限性逐渐显现的时候，我们也不得不考虑复杂系统的方法论。因而，研究复杂系统的根本前提是认同研究对象是复杂系统。

普适性的方法论研究将是复杂系统研究者的重要任务。区别于现代西方科学的还原论和机械论观点，建立整体观、系统观是解决复杂系统复杂性的基本思路。虽然各类复杂系统的性质、结构、功能都各不相同，甚至差之甚远，但这些复杂系统的行为从某种意义上来看又具有高度的相似性。哈肯在研究激光理论时发现流体、化学反应也同样呈现出类似的自组织有序结构的演化行为，对这个一般性的普适原理的追求促使了协同学理论的产生。然而，在横向上将各类科学分支（自然科学分支、社会科学分支）有机联系起来仍是非常艰巨的工作。

有关复杂系统研究方法的适用性和适度性是需要慎重思考的。复杂系统方法论是开放性理论，并不排除局部应用还原论方法，研究者需要通晓

宏观层面的涌现新特性往往并不存在于微观层面，要慎重把握方法的适用性与可行性。复杂系统行为很多时候表现出一定的智能性，但若非真正的人类生物系统，又应当避免陷入拟人论和机械论的极端情形困惑之中，研究方法的适度性需要研究者反复地思考和推敲验证。

（二）关注自组织特性：制造企业两化融合建设策略研究方法

自组织的内发性是系统演化的方式，也是制造企业开发内在驱动力的理论依据。"自组织"区别于"他组织"的重点是组织是否是自发的。因而，对于他组织的微观对象的研究就要着重于分析微观对象之外的宏观调控策略；而自组织却是将外部环境映射到内部参数，从研究对象内部深入剖析系统的演化机理，更具针对性地对研究对象提出策略和建议。

自组织使系统在研究方法上具备了一定的封闭性。由于自组织系统的演化是系统内部因素的协同竞争过程，因而为系统的讨论在某种意义上划定了一个虚拟界限，外界接口通过控制参量切入系统，使得讨论更加简单。

序参量在自组织系统的演化中起关键作用。序参量作为支配系统演进的"看不见的手"，只对自组织系统有效。确定序参量和序参量方程便可以描述系统的演化规律，并可以相应地进行短期预测，这些研究将对制造企业两化融合建设策略的选择具有重要的指导意义。

二、两化融合系统的自组织演化研究思路

自组织是系统科学的重要组成部分，同时也可以认为是复杂系统演化进程中呈现出来的一种系统现象或是一种演化方式，因此自组织理论体系涉及系统科学等多个学科。特别要指出的是，耗散结构理论研究了系统自组织演化的条件和机制，指出内部与外界驱动下的系统由内部因素自组织地形成新结构，是自组织演化的基础动力机制。协同学则是研究远离平衡的系统是怎样通过自组织产生时间、空间和功能的有序结构的，是自组织的运行动力机制。

制造企业两化融合系统的耗散结构是稳定有序结构，而有序程度的提升也是系统熵减的结果。我们首先从企业内外部熵流及其相互作用方式深入分析系统有序度提升的各方面因素及因素之间的相互关系，提出了系统熵减动力机制，描述两化融合走向有序的内部演化特征；然后讨论两化融合系统耗散结构的形成条件及演化路径，产生了系统的耗散结构演化动力机制。即先从这两个角度深度剖析两化融合系统走向自组织形成耗散结构的基础条件。如图 3-1 所示。

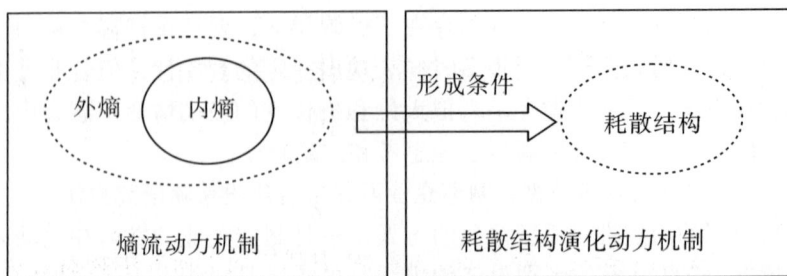

图 3 - 1   耗散结构理论体系下的研究视角

制造企业两化融合系统具备了复杂系统特性、自组织特性，并且满足耗散结构的形成条件（见图 3 - 1），也就奠定了自组织演化的基础。进而，我们利用协同学理论研究系统内部因素的竞争协同关系以及序参量支配下的系统演化路径，阐释两化融合动态演化机理及动态特性，为制造企业两化融合的实施推进提供实践参考依据（见图 3 - 2）。

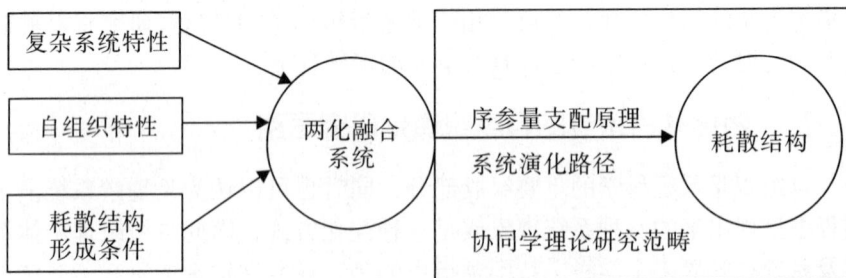

图 3 - 2   协同学理论体系下的研究视角

本研究的思路是：首先探讨耗散结构的熵减过程与形成条件，将其作为研究自组织演化的前提；而后重点研究协同学理论范畴下的系统自组织演化问题及序参量问题，从内部机制挖掘系统的演化机理，对制造企业两化融合的方向把握、建设规划、重点要素提取分别作了阐释。

第三节　制造企业两化融合自组织
演化的分析

对于同一个复杂系统，可以从不同视角、不同层次去进行研究。比如，从宏观层面上研究生物宏观行为，从中观层面上研究生物器官功能，从微观层面上研究细胞构成。哈肯认为，各类层面研究的总和能够更清晰地描述系统①。当然，层面的划分是相对的，只是为了区别研究对象的视角与范围。本书也基于三个层面来探讨研究主题：两化融合总体水平层面、两化融合技术效率层面、两化融合核心要素层面。

一、两化融合总体水平自组织演化分析

在信息化与工业化的融合进程中，参与两化融合的主体以及主体之间的交互形成了一个复杂系统，融合水平一直处于动态变化、不断提升的状态，是两化融合系统自主走向有序的外在呈现。两化融合水平的提升是系统演化的根本目的，融合水平从低级到高级的演变就是两化融合系统从无序走向有序、从低级有序到高级有序的演化过程。在自组织理论视角下，探索两化融合水平的自身演化机理，总结制造企业两化融合的整体发展规律，可以为企业两化融合阶段性规划提供全面的理论参考与实践建议。

依据周剑与陈杰在《制造业企业两化融合评估指标体系构建》② 一文中的分析，制造企业两化融合可以分为起步阶段、单项覆盖阶段、集成提升阶段和创新突破阶段，融合水平不断提升，如图 3 - 3 所示。从企业信息化发展历程来看，建设初期的工作重心为资源建设，是信息技术应用的基础，包括设备设施的购建，以及信息化投入、培养信息化人员、优化信息化组织、管理信息资源、保障信息安全等，这个阶段以奠定两化融合基础为主要任务，称为基础建设阶段。伴随着基础建设的深入，信息技术在各单项业务环节的应用中逐渐得到推行和重视，信息技术开始在横向和纵向上发展并覆盖企业各类业务，横向业务覆盖包括研发设计、制造过程、经

---

① HAKEN H. Information and self-organization：a macroscopic approach to complex systems ［M］. Berlin：Springer-Verlag，1998：6 - 77.

② 周剑，陈杰. 制造业企业两化融合评估指标体系构建 ［J］. 计算机集成制造系统，2013（9）：2251 - 2263.

营管理和市场流通等，纵向渗透指在各个业务环节应用中，信息技术的应用层次不断提高，对业务的支撑程度不断加深。这一阶段的应用是以孤岛式发展为主要任务，称为单项应用阶段。在单项应用逐步完善的过程中，企业业务对各项应用的对接和协调提出了更高的要求，集成应用开始受到重视，信息技术与企业业务融合的深度也得到了提升，各业务之间的信息技术支撑也逐步实现集成运作，这个阶段的主要任务是集成单项应用，称为综合集成阶段。在集成应用受到重视并发展的基础上，信息技术应用开始实现质变，全面的信息技术和制造技术融合得到实施，信息实现了与生产资料、劳动者等生产要素的相互融合，信息技术也逐渐转化成为内生技术，被视为制造生产的必要要素，催生新型技术的出现和促使企业能力的提升。这一阶段的主要任务是综合集成基础上的进一步协同与创新行为，称为协同与创新阶段。

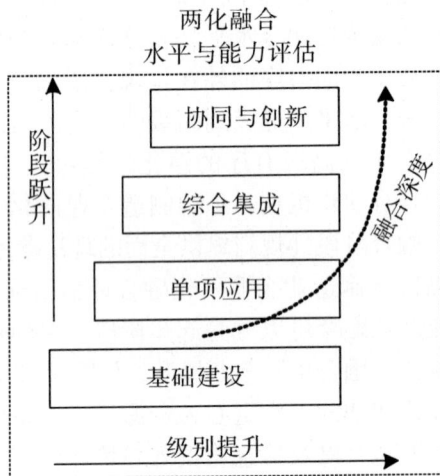

图 3-3　两化融合水平的阶段式跃升

　　两化融合系统的基本要素是人力、技术和资本，演化过程就是信息技术在企业工业化进程中的渗透，包括信息系统的形成、技术的应用和发展演变过程以及与工业化的逐步融合深化。信息技术在传统工业文明中提高了制造企业的生产和运营效率，伴随着企业信息技术能力的提升，融合逐步深化，两化融合水平总体上处于不断提高的状态。序参量役使下巨涨落引起系统产生新结构——耗散结构，有序性得到提升。当业务需求有较大调整或技术单方面有较大变革时，伴随着系统更新进入两化融合新周期。业已形成耗散结构的新周期的起始融合水平高于上一周期的起始水平，随着两化融合水平的螺旋上升，系统有序度也相应从无序转为有序，并在深度融合中衍生出从低级有序走向高级有序的态势。系统的动态演化过程如图3-4所示。

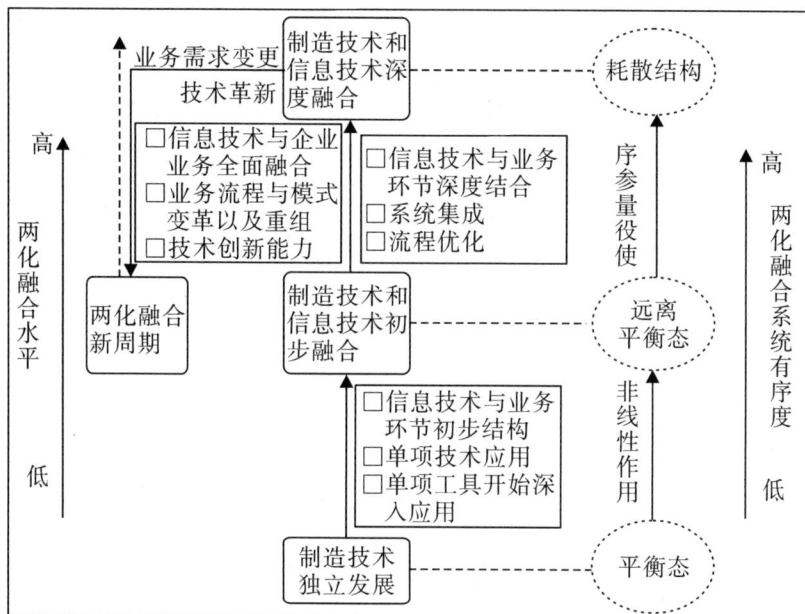

图 3-4 两化融合水平演化过程模型

二、两化融合技术效率自组织演化分析

肖静华与谢康等人在《信息化带动工业化的发展模式》[①] 一文中基于工业化与信息化在某个发展时期的突出作用，将两化融合从整体上分为三个阶段：工业化促进信息化的阶段、工业化与信息化的相持阶段、信息化带动工业化阶段。信息化与工业化发展的历史过程是这三个阶段螺旋式上升的发展过程。文章还指出，工业化主导信息化意味着信息技术的发展方

---

① 肖静华，谢康，周先波，等. 信息化带动工业化的发展模式 [J]. 中山大学学报（社会科学版），2006，46（1）：98-104，128.

向、技术选择、开发工具和服务平台等方面均依赖于工业化选择，信息技术的发展根据企业工业化进程的各类需求而展开。这个阶段的工业化对于信息化的吸引力明显高于信息化的影响力。反之亦然，在信息化引领工业化的阶段，信息技术在工业中的扩散和渗透导致技术进步、管理革新，工业化进程向信息化靠拢，信息化的技术选择同时更多地影响工业化的技术路径。

为了聚焦本研究主题，需要将微观个体的制造企业区分于宏观行业及其他类型企业。制造企业工业化是指将信息技术融入制造元素创新发展，而信息化主要是指将信息技术元素融入制造技术和与制造相关的管理系统。诚然，信息化与工业化在实践中是不可分割的，根据制造企业两化融合的内涵，我们抽象出制造企业两化融合的缩影，实质上主要是制造技术与信息技术的相互渗透与融合，这两股力量是相互促进并相互制约的（见图 3 - 5）。需要说明的是，为了突出制造企业的核心，其他因素在本书中被作为制造相关技术来讨论，并被作为不确定性的重要来源。

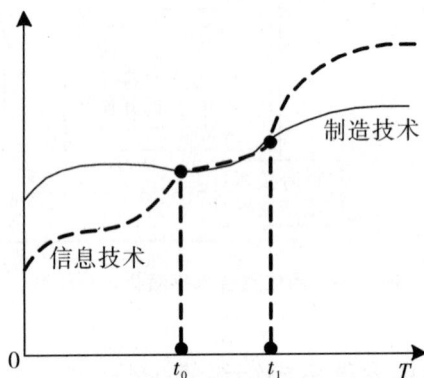

图 3 - 5   制造企业两化融合的技术演化路径

制造技术与信息技术都是两化融合系统的内在潜变量，且两种技术相互融合，若要清晰地度量是非常困难的。因此，具体直观地认识制造技术与信息技术融合并使结果具有可比性，必须重新审视技术的测度。技术效率的引进并非偶然，两化融合的根本目的就是提升企业绩效，最直接的表现就是生产率的提高。2012 年，谢康在《中国工业化与信息化融合质量：

理论与实证》[①] 一文中也提出宏观层面的两化融合在理论上可以表述为区域技术效率问题，并由此定义两化融合是实现技术效率的过程或过程状态。制造企业两化融合进程所呈现出的特征也处处体现技术效率的存在及动态演化，技术的相互促进与约束作用归根到底体现于企业的综合技术效率，因此，技术的绩效层面的制造企业两化融合自组织演化以此为切入口展开。

三、两化融合核心要素自组织演化分析

评估指标体系提出的同时也构建了两化融合的要素集，在对要素的筛选中，基于研究简便性和可行性的需要，我们选择了工信部出台的《评估规范》（试行）[②] 的二级指标要素集（指标体系见第五章表 5 - 1）。因为资源的有限性和主观发展倾向，有些要素之间存在竞争关系，如对经济效益的过多关注可能导致对社会效益的重视不够；增加对设计研发的投入可能会导致市场流通信息化建设的不到位。因素之间的协同性更加明显，正常情况下，信息化的不断投入将提升企业的竞争力，基础设施的加强将影响产品制造流程的通畅度。基于要素的协同竞争关系建立关系模型，分析系统序参量及其演化规律是自组织研究的主要任务。哈肯强调，序参量的宏观行为在系统临界点涌现出来（见图 3 - 6），序参量是从系统千千万万的变量中脱颖而出的，在系统演化进程中起到了决定性作用。因为二级指标在指标体系中属于中观要素，基于本研究序参量的主成分设计方法，序参量是宏观参量，是中观要素或微观要素的综合。

① 谢康，肖静华，周先波，等．中国工业化与信息化融合质量：理论与实证 [J]．经济研究，2012（1）：4 - 16，30．

② 中华人民共和国工业和信息化部．工业企业"信息化和工业化融合"评估规范（试行）[EB/OL]．http：//www.cspiii.com/xzzx/? pi = 5.

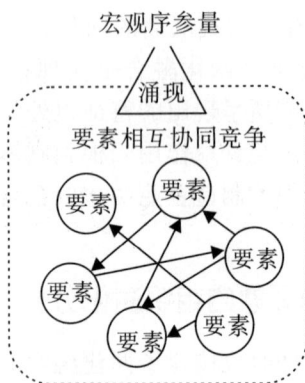

图 3 − 6 制造企业两化融合核心要素演化的序参量涌现

四、两化融合跨层面演化路径分析

两化融合水平由技术及其技术融合决定，而技术的基本组成是更低层次的各要素，这三个层面是阶层递进关系。本研究进一步表明：技术效率体现了两化融合的融合度和融合质量，从绩效角度体现了系统两化融合的水平；而技术效率的测量则是通过系统的要素及其配置得到的。因此，三个层面的演化是相互联系又相互区别的，三个部分的研究所对应存在的关系如图 3 − 7 所示。

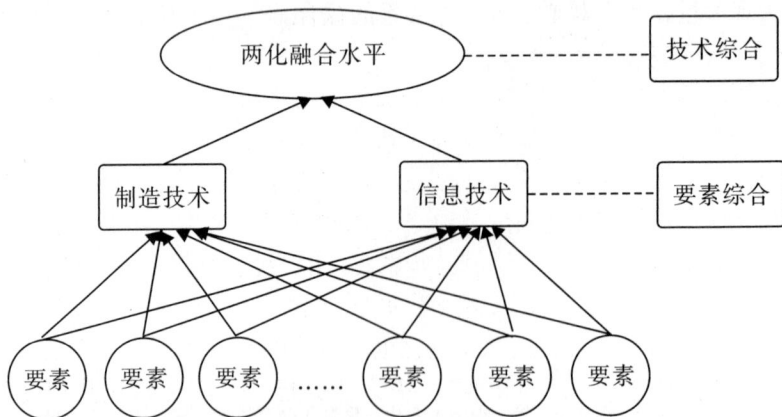

图 3 − 7 三个研究层面的相互联系和递进关系

第四章　制造企业两化融合
自组织演化的动力机制

自组织理论认为，复杂系统的自组织演化源于系统的内部动力。耗散结构理论主要关注系统自组织的条件和机制，是自组织演化研究的理论基础。本章利用耗散结构理论从制造企业两化融合系统有序度的熵流动力与耗散结构形成的演化动力两个角度阐述两化融合自组织的内在机制和演化机理。

第一节　熵理论研究综述

耗散结构理论的热力学第二定律由克劳修斯（Clausius）表述为热传导的不可逆性，即在不发生其他情况的前提下，不可能把热量从低温物体传递到高温物体。开尔文从能量的耗散性角度对此作了阐述：不可能从单一热源中取热使之完全变为有用功而不产生其他影响。热力学第二定律从进化的角度建立了生命系统与非生命系统的联系，也将孤立系统与开放系统的相互区别与转化阐释清楚了。

耗散结构理论的热力学第二定律表明一切不可逆过程都倾向于驱使系统的最小概率状态趋于一种概率最大状态，无序度趋向于最大化。耗散结构理论引用"熵"来表示系统的混乱程度即无序度，熵越大则无序程度越高。克劳修斯最先提出"熵"的概念，当时仅仅是采用这个名词来描述热流动过程的不可逆性，后来随着认识的深入，热流动过程总是伴随着无序和混乱的最大化，因此人们开始用"熵"来测度系统的有序程度。如今，关于"熵"的较受到认可的定义是普里高津给出的：熵是一个用以表征系统内部，由各微观个体因子的随机变化所引起的无序性与混乱程度的量度①。如此定义的"熵"，将"熵理论"从热力学领域扩展开来，和系统论完美结合，成为普适性的定律，其重要性也不言而喻。"熵"概念一提出便受到热捧，里夫金（Rifkin）和霍华德（Howard）甚至曾一度认为：今后一段历史时期，将由熵定律取代牛顿定律作为主要规范而占统治地位②。

由于"熵"概念被赋予了越来越丰富的内涵，熵的应用也逐步扩展到不同领域。通过梳理相关文献，从不同的研究内容和研究对象可以将熵理论的发展历程划分为三个不同的阶段，如表4-1所示：

表4-1　熵理论的研究历程

时间	内容	主要研究对象	代表人物及典型领域
19世纪50年代到20世纪30年代	热力学熵理论	孤立热力学系统	克劳修斯，热力学；吉布斯，几何热力学；玻尔兹曼，统计物理学
20世纪30年代到20世纪80年代	耗散结构理论	开放系统	普利高津，复杂系统
20世纪80年代至今	生物系统熵理论、社会系统熵理论	社会系统、生物系统等各领域	薛定谔③，生物学；里夫金、霍华德④，社会学；任佩瑜⑤、毛道维⑥，管理熵

① 尼科里斯，普利高津.探索复杂性［M］.罗久里，陈奎宁，译.成都：四川教育出版社，2010：49-82.

② 里夫金，霍华德.熵：一种新的世界观［M］.吕明，袁舟，译.上海：上海译文出版社，1987：132-190.

③ 薛定谔.生命是什么？——活细胞的物理观［M］.张卜天，译.北京：商务印书馆，2014：112-197.

④ 里夫金，霍华德.熵：一种新的世界观［M］.吕明，袁舟，译.上海：上海译文出版社，1987：132-190.

⑤ 任佩瑜，张莉.基于复杂性科学的管理熵、管理耗散结构理论及其在企业组织与决策中的作用［J］.管理世界，2001（6）：142-147；任佩瑜，余伟萍，杨安华.基于管理熵的中国上市公司生命周与能力策略研究［J］.中国工业经济，2004（10）：76-82.

⑥ 毛道维.基于管理熵和管理耗散的企业制度再造的理论框架［J］.管理世界，2005（2）：108-117，132.

熵理论的发展经历了从热力学到耗散结构理论，再到应用于社会系统，形成了主要以管理熵为代表性的概念。任佩瑜将管理熵定义为企业组织在一定时空域中反映企业有序程度和能量状态的能效比值。毛道维认为管理熵的理论意义在于其整合了不确定性、不可逆性、外部性与系统的有序度之间的关系，并且肯定了信息在提升企业系统有序度方面的重要作用。

根据熵的来源，系统的总熵由内熵和外熵构成，即 $ds = ds_i + ds_e$。信息论创始人香农在研究信息度量问题时，借用了热力学名词"熵"，用以表征信息量。香农赋给信息的定义为"不确定性之差"，用概率进行度量。事实上，信息熵的来源和随机现象的特征也正相符，于是很自然地，信息定量化问题可以通过概率来实现。经济学家阿罗也有类似的认知，他认为仅在不确定性状况下，信息才体现量的变化，信息获得可以减少不确定性，信息是不确定性负度量[①]。

由此，"熵"作为信息的代名词，可以认为其是不确定性负度量。根据这样的思路，本章以"不确定性"为切入点分析两化融合系统熵。

第二节 制造企业两化融合系统熵流动力机制

一、两化融合系统的"融合熵"

（一）融合熵的概念界定

易明和李奎指出制造企业两化融合过程是利用信息技术要素实现生产函数优化、产业结构升级、资源配置改善和社会关系形态提升的过程[②]。对于制造企业个体，两化融合也是将信息技术广泛应用到制造企业的管理、客服、采购、设计、生产、产品、销售、售后等各个环节的过程。

周剑和陈杰指出制造企业两化融合系统构建的目的是通过信息技术与制造技术的融合提升企业的竞争力和绩效，因此两化融合系统形成的根本任务是提升制造技术与信息技术的融合水平[③]。鉴于此，本书引入"融合

① 阿罗. 信息经济学［M］. 何宝玉，姜忠孝，译. 北京：北京经济学院出版社，1989：75 – 117.

② 易明，李奎. 信息化与工业化融合的模式选择及政策建议［J］. 宏观经济研究，2011（9）：80 – 86.

③ 周剑，陈杰. 工业行业两化融合发展水平评估研究［J］. 新型工业化，2011（1）：85 – 95.

熵"反向表示制造技术与信息技术的融合程度，融合熵越大则融合程度越低。根据前述耗散结构理论可知，融合熵是两化融合系统的总熵，由系统内部因素产生的内熵和外部环境输入的外熵综合而成。

如前所述，"熵"是不确定性负度量，由此可得，融合熵即是用以度量两化融合系统各要素带来的内外部不确定性的概念。本书将从企业内外部的"不确定性"分别分析系统内熵和外熵。

（二）企业不确定性研究评述

不确定性是现象的发展在未来所可能呈现的多样性，以及这些现象间存在的非对称性的因果关系[①]。美国芝加哥大学经济学教授弗兰克·H. 奈特（Frank H. Knight，1885—1972）是 20 世纪最有影响力的经济学家之一，他于 1921 年出版的代表性著作《风险、不确定性与利润》[②] 中将不确定性的概念引入企业理论。奈特主要是从经济主体本身具备的知识和能力方面来分析不确定性，所谓的"不确定性"是指人们对事件的基本知识、对事件的结果知之甚少。并且，奈特认为"不确定性"和"风险"是有区别的——有概率分布的不确定性就是"风险"，没有客观概率分布的不确定性是真正的不确定性，也称为奈特不确定性。奈特的这一著作被美国著名经济学家乔治·斯蒂格勒（George Joseph Stigler，1911—1991）誉为在"一战"之前成文但对现在仍有重大影响的两部经济学著作之一[③]。书中提出的不确定性观点意义深远，推翻了新古典经济学所推崇的企业行为最优化假设的"黑匣理论"，也由此开启了企业组织问题的讨论[④]。

以奈特为首，很多学者都把不确定性的起因归于知识的不完全性，认为不确定性是完全内生的，取决于经济决策人的主观认识，这些观点为之后美国经济学家赫伯特·西蒙的有限理性假设的提出奠定了基础。进一步地，西蒙从两个角度在企业组织理论研究中引入人类认知结构，一个是有限理性的主观理性，一个是完全理性的客观理性，即理想理性。西蒙的"有限理性假设"认为：经济行为主体在主观上追求理性，但只能在有限程度上做到这一点[⑤]。由此我们可以这样理解，人类的认知不完全性带来

---

① 胡晓薇. 信息、不确定性与投资者选择行为研究 [J]. 求索，2006 (11)：18 - 20.

② 奈特. 风险、不确定性与利润 [M]. 安佳，译. 北京：商务印书馆，2006，34 - 79.

③ 安佳. 风险、不确定性与利润以及企业组织——奈特理论介评 [J]. 科学经济社会，2006，24 (1)：15 - 18.

④ 杨瑞龙，刘刚. 不确定性和企业理论的演化 [J]. 江苏社会科学，2001，3 (1)：1 - 9.

⑤ 西蒙. 管理行为 [M]. 杨砾，等译. 北京：北京经济出版社，1998.

不确定性，但人类通过优化决策、信息搜集追求信息的完全性。应是基于此种考虑，1961 年，斯蒂格勒又深入一步将不确定性的因由归于信息不完全，采用不确定性表征信息获取成本[①]。

在前人研究的基础上，毛道维认为可以根据知识和信息缺陷特性，将不确定性依来源分为两类，即由信息不完全引发的不确定性和由信息不对称引发的不确定性[②]。通常将信息不完全理解为信息成本导致的经济主体有关决策相关信息的缺乏，而信息不对称则是经济主体未能完全掌控或观测另一方所拥有的信息。

综上所述，企业系统不确定性主要由信息不完全或信息不对称导致，结合前述关于熵的度量的研究评述，熵表示信息量，而信息是不确定性的减少，由此将熵、信息和不确定性三者在企业中有机统一起来。

二、两化融合系统内熵

企业系统内熵的研究涵括很多方面，学界涉及的主要有管理熵、结构熵、运行熵、质量熵、能力熵等。制造企业两化融合系统有其普遍性和特殊性，涉及制造企业管理者理念转变、制造模式转型和制造路径创新等方面，是一个战略性、全局性、系统性的变革过程。企业诸多要素参与进来，引发的不确定性错综复杂。基于已有研究，对与笔者所在实验室中心进行合作的制造企业专家进行访谈，并结合科研机构专家意见，综合考虑制造企业的有形要素和无形要素，可能引发两化融合系统熵变的主要内部不确定性因素如表 4 - 2 所示。

表 4 - 2　制造企业两化融合系统内部不确定性

因素	因素的不确定性
管理	管理者需要具备足够的知识和一定能力深入理解两化融合，相关决策、规划计划应具有合理性和可行性，并被顺利实施

① STIGLER G J. The division of labor is limited by the extent of the market [J]. Journal of political economy, 1961 (6)：185 - 193.

② 毛道维. 基于管理熵和管理耗散的企业制度再造的理论框架 [J]. 管理世界, 2005 (2)：108 - 117, 132.

（续上表）

因素	因素的不确定性
人力	两化融合建设参与者应目标一致，顺应两化融合导向，人力知识和技术结构应合理配置，与信息技术相关的人力资源应充足适用
财物	两化融合建设所需物资（信息技术设备、信息产品、软件工程、信息化项目等）应保障到位，设备更新换代能及时实现
技术	两化融合水平提升所需先进信息技术与先进制造技术的引进和更新应顺畅无阻，企业自主技术创新能力可以与之匹配
信息	两化融合系统内部信息交互通畅，与外部环境信息的交互应迅速有效，企业具备完善的信息获取和分析、传递功能的系统和技术
结构	两化融合系统实体企业内部结构应能快速响应信息技术应用的需求，并能匹配制造技术信息化与智能化
制度	保障两化融合实施的内部制度应合理规范并被严格执行，信息技术部门与其他部门交涉的两化融合相关流程规范应便捷合理
文化	企业文化氛围应符合两化融合建设所需企业精神

　　如前所述，不确定性源于信息不完全和信息不对称，上述八个方面的不确定性带来系统融合熵的熵变。这里称两化融合系统内部熵流分别为：管理熵、人力熵、财物熵、技术熵、信息熵、结构熵、制度熵、文化熵。

　　伴随着两化融合系统内部因素的相互促进和相互制约，熵流之间相应地相互发生作用（见图4-1）。一方面，管理熵关系到决策不确定性，决策影响人财物配置、企业结构、技术范式与创新、信息流动、制度制定与企业文化塑造，另一方面，所有内部不确定性因素都是决策相关因素，反过来，管理熵亦受其他熵流的影响与控制。除此之外，人力资源、财物资源、信息资源、制度资源、文化资源和信息资源的不确定性都会带来技术更替及创新的随机性和未知性，因此，技术本质上是两化融合最终目标实现的载体，技术熵受其他所有熵流的约束和影响。管理熵和技术熵是内部熵流的核心。

　　人力熵、信息熵和技术熵受管理熵影响的同时具有内生不确定性。人力配置有其个体随机性，同时受外部人力资源的约束，人力资源能否被合理利用也会被企业结构、企业制度与文化左右；信息熵涉及因素众多，参与者的知识结构、企业结构、企业制度与文化、技术自主程度等内部因素和外部信息输入都会导致信息不完全和信息不对称；制度能否严格实施和企业内部结构及文化也密切相关。

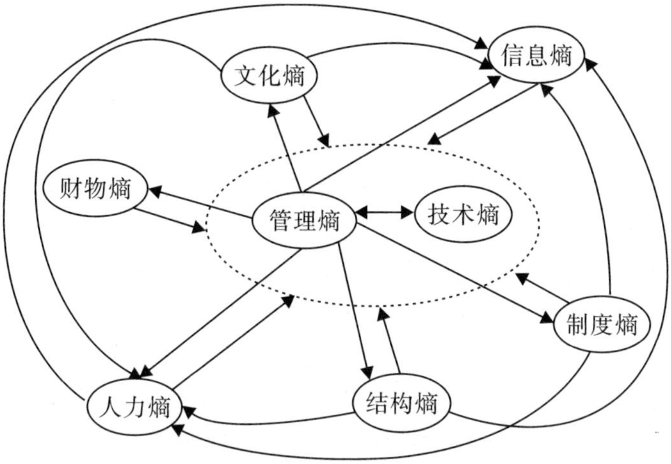

图 4 - 1 制造企业两化融合系统内部熵流动力路径

依据耗散结构理论，离开外界环境的孤立系统中的内熵将不断增多，量变最终导致质变的结局是企业自生自灭。外熵是系统走向有序的必然介质，而环境是外熵输入的主体，由此，我们采用"环境不确定性理论"探讨两化融合系统外熵。

三、两化融合系统外熵

环境不确定性的定义源自经济学理论，本质上依然是有关信息不完全与信息不对称的讨论。奈特认为不确定性是由知识不完全而导致经济主体的理论或经验不足以进行预测和分析，此概念可以和企业环境不确定性对应起来。学者邓肯（Duncan）从三个方面对此进行了阐述：其一，决策相关信息的缺失导致不确定性；其二，决策结果无法获知导致不确定性；其三，环境对决策的影响无法预测导致不确定性①。同样，学者汤普森（Thompson）认为不确定性在很大程度上影响着组织的管理决策、战略规

① DUNCAN R B. Characteristics of organizational environments and perceived environmental uncertainty [J]. Administrative science quarterly, 1972, 17 (3): 313 – 327.

划，环境不确定表明经济主体难以获取充分的信息支持决策与预测①。

由此，我们可以将制造企业两化融合不确定性定义为：由于主观原因和客观原因，主体对制造企业两化融合的各种因素及其作用结果的信息不完全性和不对称性。

通过对文献的梳理，可将企业环境不确定性的相关研究归为两类：一类是依据环境的主体划分，如经济环境、政治环境、技术环境、文化环境与自然环境等②；二类是依据环境的特点划分，如环境的动态性、复杂性、竞争性等③。按照特征分类的研究成果的普适性更受学者青睐，但同时缺乏具体性和针对性。由于主体的个性化和多样性，按主体分类的研究成果并不多见。我们研究的组织为两化融合系统，具有复杂系统的动态性、复杂性与协同竞争性，为了更加有的放矢，采用第一种思路，即根据环境主体的不同对不确定性分类。

制造企业两化融合系统有哪些环境主体呢？学者吕永卫和巴利伟指出，两化融合的外界动力要素是两化融合发展的重要推动力，包括政府推动、市场因素、中介组织、信息技术进步、产业链协同发展要求、创新氛围等因素④。分析各因素所对应主体，采用前述第一种不确定性研究思路，可以将影响制造企业两化融合进程的环境分为经济环境、政治环境与技术环境三个维度。其中市场因素、产业链协同发展因素、中介组织的市场要素属于经济环境因素，政府推动属于政府环境因素，信息技术进步、创新氛围及中介组织的技术要素属于技术环境。三个维度的不确定性都会通过输入熵流作用于系统的内部因素（见图4－2）。

① THOMPSON J D. Organizations in action ［M］. New York：McGraw-Hill，1967：57－124.

② BOURGEOIS L J. Strategy and environment：a conceptual integration ［J］. The academy of management review，1980，5（1）：25－39.

③ RICHARD O C, MURTHI B P S, ISMAIL K. The impact of racial diversity on intermediate and long-term performance：the moderating role of environmental context ［J］. Strategic management journal，2007，28（12）：1213－1233.

④ 吕永卫，巴利伟. 系统论视角下工业化与信息化融合的影响要素研究 ［J］. 系统科学学报，2014（3）：84－86.

持续改进提升

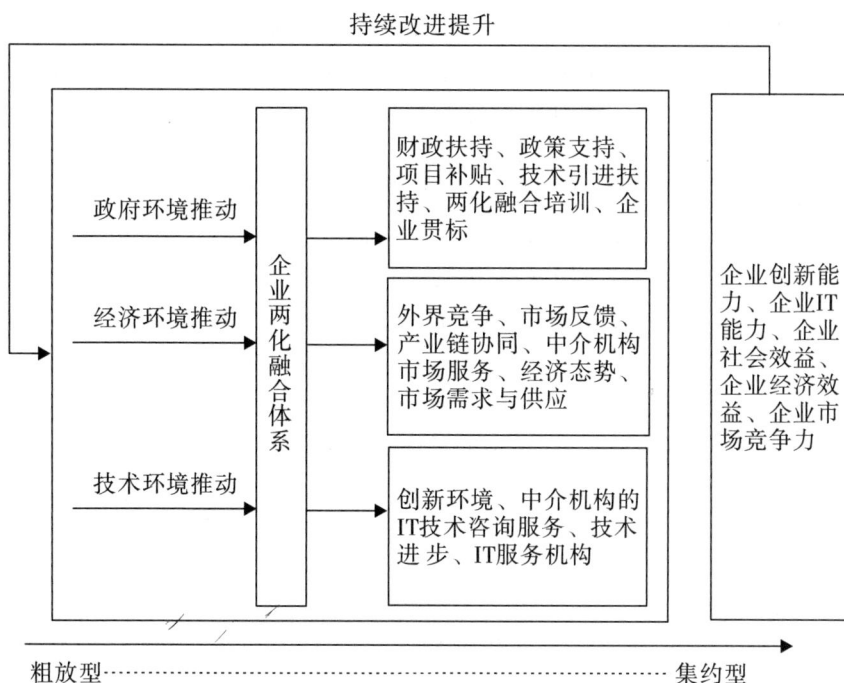

图4-2　制造企业两化融合环境主体及推动作用

一方面，政府积极致力于工业企业两化融合建设，涉及方针制定、出台规范文件、试点企业贯标、面向企业的学习培训、财政专项拨款、财政补贴等方面，并且政府环境所涵括的政策信息与扶持信息对企业都起到了重要的引导作用，其政策的随机性与不确定性所附带的信息不完全与信息不对称都将很大程度地影响企业两化融合的物质性进展以及坚持两化融合建设的信心。

另一方面，制造企业作为产品生产者的经济主体，与外围经济环境密不可分，经济环境下的市场供求关系、经济稳定性状况、经济发展预期等方面都将对企业发展两化融合起关键作用。经济环境信息包括产品调研反馈信息、产品价值实现信息、产业需求信息、供应链稳定性信息、中介咨询服务信息、信息技术服务信息、市场竞争压力信息等方面，这些信息都毋庸置疑地影响着企业的各类决策，其作用通过决策映射到企业的人力配置、财务与管理、技术发展中，甚至影响企业的制度和文化；此外，信息技术与制造技术的融合是两化融合的主旨，由信息技术进步、技术创新氛围和信息技术中介组织共同形成的外部技术环境可以直接反映于两化融合系统的技术水平，技术环境的不确定性影响企业的技术发展前景与发展潜力，也决定了企业当前两化融合的最高水准。

四、两化融合系统熵流动力路径

制造系统两化融合演变是各类熵流共同作用的结果。根据耗散结构理论，内熵恒为正熵，外熵在不同状态下可正可负，其正负性是通过内熵的增减体现出来的。只有外熵为负熵并且可以抵消系统内部正熵时，系统融合熵方能步入熵减状态，走向有序；反之，若外熵难以消减内部正熵，将难以实现有序程度的增加。熵流是动态变化的，两化融合系统伴随熵流动力而演化（见图4-3）。

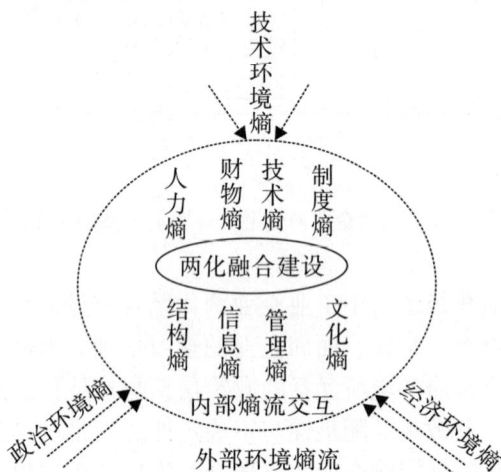

图4-3 制造企业两化融合系统熵流动力路径

综上所述，在内外熵共同动力的驱动下，制造企业处于不稳定状态，无序程度呈动态变化。当系统能量达到阈值时，形成有序的耗散结构或者进入高度不稳定的混沌分支。

第三节　制造企业两化融合系统
耗散结构演化动力机制

在内外熵的持续作用下，企业的愿望是持久稳定地发展。所以，两化融合系统演化的主观目标是持续熵减形成耗散结构，借助耗散结构的抗干扰特性保障企业稳定有序地可持续发展。熵的演变从有序度视角反映了两化融合系统的演化趋势，耗散结构则是从结构及稳定性的视角刻画两化融合系统演化的内在机制。

一、两化融合系统耗散结构形成条件

耗散结构是指一个远离平衡的开放系统，当外界条件或系统的某些参量变化到特定阈值时，系统发生突变，可能从原来的无序状态转变为一种时间、空间或功能的有序状态，这种远离平衡态的、稳定的、有序的结构被称为耗散结构。依据耗散结构惯性原理，耗散结构一旦形成，就具备一定的抗干扰能力，稳定性就极大提升，并在突发崩溃时，系统自发地产生向上或向下的运动，可能形成更高级的耗散结构。因此，形成耗散结构是制造企业两化融合的最终目标，也是企业自身立足于不败之地的必然选择。

普里高津认为形成耗散结构需要具备的必要条件是：系统开放、远离平衡态、非线性作用、存在涨落及涌现。必要条件满足后，系统内部将处于不稳定发展状态，并在临界效应下失稳产生分叉，有了耗散的可能。

制造企业的两化融合过程是由企业准确把握市场内外部动态，学习理解两化融合理念与实施方法，为达到信息化的普及与深化、工业化结合信息化发展的目的，系统内部各主体通过互动学习和信息交流促使企业在基础设施、业务和管理等方面进行的一系列有关活动。制造企业两化融合系统的基本要素是人、物资和技术。制造企业两化融合系统平衡态就是融合水平相对不变动的系统状态，是"死"状态①。

两化融合建设是一个组织在动态的创新中，是一个有计划且科学地抛弃旧事物，树立更高目标的过程②。根据耗散结构理论，耗散结构的形成

---

① 王德义. 信息系统与信息熵［J］. 情报理论与实践，1993（1）：5－7.

② 陈祎森. 智能制造：两化深度融合主攻方向［N］. 中国工业报，2015－02－17.

是系统从无序到有序，从低级有序到高级有序的过程。由此可以看出，在演变过程与目标认知上，两化融合建设都与耗散结构的形成完全契合，所以制造企业两化融合系统演化的根本属性是其作为复杂系统的耗散结构特性，具体表现包括：

（1）开放性。只有同周围环境交互，系统才能出现熵减并趋于有序。毛道维、任佩瑜在《基于管理熵和管理耗散的企业制度再造的理论框架》[①]一文中指出制造企业实体系统的分工模式、组织结构、业务流程、制度等组织化要素都要面向环境部分开放，才能实现企业内部要素与外部要素的结构化与功能化的互动。两化融合系统实质是制造企业的伴随系统，需要系统与外部进行不间断的各种用于工业化和信息化的资源交互，源源不断地更新并与外界交换物资、能量、信息。很显然，开放性是两化融合建设的基本要求。诸如两化融合硬件和软件设施的购置，信息化项目的合作，经验、技术与理念的学习交流，扶持资金申请，产品的市场反馈，市场的动态掌控等都要通过资源、信息与外界交流互动。交流过程中出现的不平衡势差导致非平衡性，进而推动工业企业持续不断地进行两化融合水平的提升，从内部和外部推动企业转型升级，使得两化融合水平的演化升级具有可能。

（2）远离平衡态。正如普里高津所说"非平衡是有序之源"。近平衡态附近的系统内部作用是线性可叠加的，不具备条件引发突变走向耗散，所以必须突破平衡态束缚，引发非线性机制起作用以走向耗散。两化融合的实质就是产业变革，即变革生产方式和经营管理方式，目的就是改变目前中国制造业大而不强的现状，挣脱当前制造企业的"死"状态。因此，脱离平衡态并远离平衡态是两化融合战略的实施基础。

（3）非线性作用。线性反馈机制在一定条件下通过反馈的复制叠加也可以导致系统失稳，但线性动力机制的独立性、对称性和均匀性却无法重造新的稳定结构[②]。非线性动力机制的非加和作用促使系统要素间产生相干效应和临界效应，从而推进系统有序度地提升，使得突变成为可能，从量变到质变都赖于系统内部子系统之间、子系统各因素之间的相互非线性

---

① 毛道维，任佩瑜. 基于管理熵和管理耗散的企业制度再造的理论框架［J］. 管理世界，2005（2）：108－117，132.

② 杨桂通. 涌现的哲学——再学系统哲学第一规律：自组织涌现律［J］. 系统科学学报，2016，24（1）：10－12.

作用。

两化融合建设的参与主体有外部的政治环境、经济环境和技术环境，同时也关乎企业内部几乎所有部门，参与两化融合的各元素之间存在跨越多主体、多层次、多方位的复杂的综合非线性作用，导致系统的演化具有多样性和不确定性。系统的活动涵括了人的预测、计划、决策、执行与管理等诸多非结构因素，也伴随着市场的随机需求与服务的随机事件，还有制造生产的各种不确定性干扰，使得两化融合进程的非线性作用突出。非线性作用保障两化融合建设的"活性"，促使系统走向耗散。

（4）存在涨落。"涨落导致有序"是自组织理论关于有序结构形成的规范解释。涨落是系统在稳定态上的偏离，也是系统进化的力量，稳定状态下的涨落会回归原状态，不稳定状态或临界条件下的涨落可能会发展为巨涨落，形成系统宏观有序结构，跃迁到新状态。涨落的结果是层次转化、结构功能的强化的表示①。涨落作用是系统自组织演化的催化剂和调节剂：正向涨落的正向驱动作用推动系统有序发展，反向涨落的反向催化作用促使系统无序化程度加剧。正向涨落积极地引发系统的自反馈和自调节作用，反向涨落阻碍系统的自我有序化进程。

两化融合进程中的内外部因素交织作用，涨落普遍存在。两化融合的实施开展是不断调试、不断创新、不断更新换代的"活"过程，出现的小问题、局部调整、工艺改革等都是关于稳定偏离的涨落，从生产线故障、人员更换、部门调整等微小变动，到设备更新、新信息技术引入、加工工艺改进、组织架构整合等大的变动，都激发了系统偏离平衡态的动力。如果条件成熟，正向涨落与反向涨落协同竞争的结果激发而成的巨涨落都会使突变成为可能。涨落使系统具有自学习、自适应和自组织的能力，系统依靠涨落发生巨变，从而出现新结构。

二、两化融合系统耗散结构演化路径

如前所述，在内外熵共同的动力驱动下，系统能量达到阈值时，系统内部某些涨落成长为巨涨落，形成有序的耗散结构或者进入极不稳定的混沌分支。制造企业两化融合系统满足耗散结构形成的必要条件，外部政治、经济与技术环境持续影响企业两化融合的进程，系统内部某种能量接近饱和时将引发系统发生突变，即两化融合建设有序健康发展或者愈加混

① 乌杰. 系统哲学之数学原理 [M]. 北京：人民出版社，2012：81－87.

乱甚至导致企业的消亡（见图4-4）。

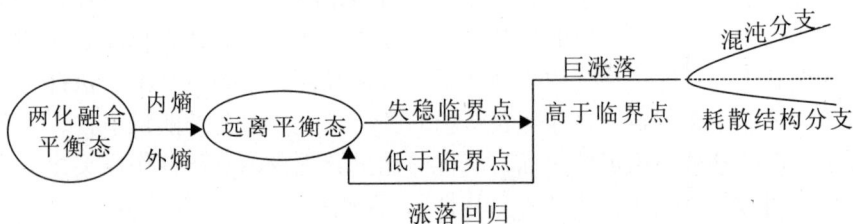

图4-4 制造企业两化融合系统耗散结构演化路径

很多制造企业在实施信息化建设的初期，依据内外部信息技术，上线信息系统或智能制造设施，打破原有的生产模式，远离平衡态，具备了形成耗散结构的初始条件。

从客观外界环境来讲，若政府的政策引导方向偏差过大，或是经济环境恶劣，或是技术环境不能紧跟技术需求，都将向制造企业输入正熵。若是企业极度依赖政府、外部经济与外部技术，而政治环境叠加经济环境、技术环境输入总熵值为正，企业又没有其他渠道获取正确的指引时，必将导致错误地实施两化融合，使得信息系统和信息技术混乱无序，不合理性积累到一定程度甚至会引起信息系统和制造系统的瘫痪，陷入极端无序状态。举一个例子，通过对广东省某电梯制造企业进行调研，发现其在2012年电梯制造峰值期突然出现了排程障碍问题，导致停产三个月。究其原因，由于前期盲目的局部应用信息系统形成了各个信息孤岛，导致信息技术和制造技术不能及时匹配融合，实施的信息系统不能适应业务流程，成为处理大量订单和制造排程问题的隐患。当系统跨过失稳临界点时，问题激化，陷入混沌状态，企业损失严重，两化融合建设尚未进入稳定发展期就遭遇系统突变。

反之，若政府正向引领且市场环境的经济技术因素正面促进企业的两化融合转型，企业积极准确吸收信息并正确决策，及时应对两化融合建设中微涨落带来的干扰，良性能量量变引起质变，系统形成健康发展的耗散结构，有序性和稳定性就会极大提升。很多成功实施两化融合建设的制造企业受益于信息技术与制造技术的逐步融合，紧跟市场形势，驱动创新，迈入了稳定健康发展的良性循环。

第四节　制造企业两化融合演化
动力机制的实践启示

前面通过描述制造企业两化融合系统的熵流动力机制和耗散结构演化机制，我们从不同视角揭示了系统进化的自组织演化形成条件。根据分析，对制造企业两化融合提出如下建议：

（1）勇于变革，打破平衡。根据熵理论可知，平衡态是系统最无序的状态，平衡态附近的状态有自发趋于平衡态的倾向，只有突破束缚并远离平衡态才能促使耗散结构的形成。两化融合的实质就是产业变革，即变革生产方式和经营管理方式，目的是改变目前中国制造业大而不强的现状，挣脱当前制造企业的"死"状态。因此，制造企业应坚定正确的两化融合理念，坚持正确的改革方向，吐故纳新，选择性地摒弃传统制造的固化思维方式，引入新型工业化"活力"，才能在挑战中使企业焕发生命力，实现真正意义上的可持续发展。所以，打破平衡是两化融合战略的实施基础和必然选择。

（2）积极主动地开放系统，引入外熵。熵理论指出，孤立封闭的系统将越来越混乱无序，就如清朝闭关锁国、故步自封，社会系统的熵越来越大，最终走向沉寂并导致中国发展严重滞后。形成有序的耗散结构是保证两化融合顺利实施的必要条件，耗散结构是系统熵减的最终结局，因此，外界输入系统的外熵在系统演化中发挥的作用也就显而易见了。只有开放系统并积极引入外熵，才能使形成耗散结构成为可能。应当注意的是，现今制造企业被动的角色定位极大限制了外熵的引入，制造企业应积极主动地与外界环境进行交互，利用政府激励政策与市场竞争动力，跟进先进制造技术与信息技术的发展，为企业走上健康的良性发展道路奠定基础。

（3）主动吸收负熵，提升有序度。根据熵理论可知，外熵的引入使系统走向有序或更加无序，并在特定条件下使系统突破结构变化临界点，形成稳定有序的耗散结构或是陷入混乱无序的混沌状态。所以，只有积极引入外部负熵用以消减内部正熵，降低系统总熵，使其脱离无序的平衡态，并逐步远离平衡态，才能在不稳定发展中形成有序的耗散结构；正如达尔文将物种进化的动力归于"自然选择"，实质即是"外熵"促成物种远离初始形态，在生存环境与内部生命结构的双重作用下，经历量变与突变的洗礼，逐渐演化到现今形态。

对于制造企业来说，既定外部环境向企业内部输入外熵。让人感到乐观的是，外熵输入并非强制性的，即使不是特别友好的外界环境，企业若能基于环境并充分利用环境，筛选吸取有利于自身发展的能量，并利用政府的正向引领政策与财政扶持加强自身建设，积极准确地收集有效的市场信息与技术信息，提高决策质量，及时应对两化融合建设中的各类干扰，就能使良性能量通过量变引起质变，使系统形成稳健性较强的耗散结构。

（4）提高决策质量，降低信息不完全和信息不对称带来的正熵。基于前述分析，熵源于信息不对称和信息不完全引起的不确定性，两种不确定性的主要区别在于：信息不对称引起的不确定性可以通过制度改进，减少机会主义行为，进而观测到或获取到更多信息降低熵值，信息不完全引起的不确定性依赖于企业家的认知力和判别力①。因此，提高决策者的决策能力，改进信息获取制度可以有效提高决策质量，对两化融合建设的顺利实施有着重要的作用。

（5）内在动力驱动创新发展。熵理论肯定了外部因素对演化的重要作用，但必须注意的是，自组织演化观作为耗散结构理论最重要的理论贡献之一，进一步指出了外界环境对系统的作用是通过系统内部机制实现的，外部因素是系统演化的条件，内部原因是根本。就如贝纳德水花的呈现，外界热量的输入是水花结构形成的条件，而形成新结构是水分子通过自行协同实现的；物种进化是自然选择的结果，但同样环境下物种的形态却千差万别，根源就是内部机制的差异。负熵的输入有利于系统更加有序，但负熵起效的媒介是系统内部因素和因素之间的协同合作，是通过内熵的减少而实现的，系统行为和新结构的呈现都出于系统内部的自发行为，与外界环境没有直接关系。因此，内在驱动力是系统演化的关键。制造企业只有不过度依赖外界环境，充分利用外界有利因素，培养企业自学习、自适应和自组织的能力，发挥系统内力的重要作用，实现从内到外的自我突破，才能谋求发展。

---

① 李大元. 企业环境不确定性研究及其新进展 [J]. 管理评论，2010，22（11）：81－87.

第五章　制造企业两化融合
水平的自组织演化

制造企业两化融合是一个动态演化过程，同时也是在某一时刻切面的一种静止状态，其宏观层面的重要表征就是融合水平。本章首先探讨静态的制造企业两化融合水平的评价体系，并对典型制造企业的融合状况作深入分析，给出融合水平的阶段评测方法；其次从自组织理论的视角出发探索两化融合水平的动态演化机理，总结制造企业两化融合整体发展规律；提出融合水平动态演化的阶段规律；最后从不同角度对制造企业两化融合水平整体规划提出可参考的实践建议。

第一节　制造企业两化融合水平的静态评估

根据工信部发布的《评估规范》，本节利用模糊综合评价法探讨制造企业两化融合的评测模型与评测方法，并对国内典型的大型制造企业进行实例剖析，以期为企业进行两化融合自我检测与自我评估提供一套方法体系。通过对案例企业表现出来的国内制造企业普遍存在的典型问题提出具体建设策略与规划建议，为企业把握两化融合建设重点和建设方向指明思路。

一、两化融合水平评估规范

2011 年，工信部结合前期实施的 17 个两化融合评估试点，联合科研机构和行业协会，发布了《评估规范》，它成为政府、行业、工业企业和信息技术服务商深入推进两化融合的重要工具，是科学引导、务实推进两化融合的重要举措[①]。根据《评估规范》的指导思想，其从四个方面并以

---

　　① 中华人民共和国工业和信息化部．工业企业"信息化和工业化融合"评估规范（试行）[EB/OL]．http：//www.cspiii.com/xzzx/? pi＝5.

不同层次为切入点评价制造企业两化融合水平。《评估规范》对于工业企业普遍适用，指标体系涉及信息化基础投入、单项应用效果、应用效益及信息化建设等多方面因素。由于信息技术单项应用与信息化效益方面指标的制定更贴合制造企业的整个生产流程，涵括了客户管理、设计研发、生产制造、供应商管理、库存管理、资源计划、产品的顾客满意度、生产成本及安全生产等评估计量点，全方位地评估了制造企业所特有的企业运行流程，本研究以此《评估规范》作为制造企业两化融合的评测依据（见表5-1）。

表5-1　工业企业两化融合评估规范

一级指标	二级指标	三级指标
信息化基础	信息化投入	企业信息化投入占企业销售收入（产值）的比例
		企业信息安全投入占信息化投入的比例
	体系保障	规划与预算
		管理制度
		专职从事信息化的工作人员占员工总数比例
		企业信息化人员专科以上比例
	基础设施	企业自主网站建设情况
		企业内部网络应用情况
		企业每百人计算机拥有量
		与信息技术直接相关的生产装备普及程度
信息化应用	设计研发	企业设计研发计算机辅助设计（CAD）
		企业计算机辅助制造（CAM）
		企业计算机辅助工艺设计（CAPP）
		企业设计研发产品数据管理（PDM）
	生产制造	企业制造执行管理系统（MES）
		企业供应商关系管理（SRM）
		企业供应链管理（SCM）
	办公管理	企业财务信息化应用
		企业办公自动化（OA）应用

（续上表）

一级指标	二级指标	三级指标
信息化应用	市场流通	企业客户关系管理（CRM）
		企业进销存、仓储管理信息化应用
		企业电子商务应用情况
	协同集成	企业产品生命周期管理（PLM）应用
		企业资源计划（ERP）应用
		企业主业务流程信息化覆盖率
		信息化应用协同集成情况
	优化发展	决策支持
		节能环保
信息化效益	企业竞争力提升	客户满意度
		产品一次性合格率
		资金周转率提高
	经济效益	生产成本降低
		企业利润提高
	社会效益	安全生产
		企业纳税
建设与服务	产品与技术服务	企业信息化工程增长情况

资料来源：工信部公告〔2011〕39号文件。

二、两化融合影响因素权重确定

《评估规范》是围绕企业战略目标实现信息技术与研发、生产、经营与管理等全过程全方位融合而制定的系统性、整体性、框架性的指南，集中体现了企业在基础设施建设、业务流程、业务环节、生产制造、综合集成、协同创新等方面的信息技术应用的综合性评估。因此，一方面，指标体系中很多因素具有很大程度上的主观性和模糊性，数据难以采集获取，各因素对制造企业两化融合水平的重要性或者影响力的度量在实际问题中很难量化，而在很大程度上取决于专家的主观经验。另一方面，由于体系中因素众多，其权重被比较和判断时难以直接量化，由专家为权重直接赋值又超出人的认知范围，因此需要一种方法将人的经验认知的内在权重挖掘出来。层次分析法（Analytic Hierarchy Process，AHP）在处理这类问题方面具有独特的优势。AHP 是美国运筹学家沙旦（T. L. Saaty）等人在 20世纪 70 年代提出的定性与定量相结合的系统分析方法，其确定权重的基本思想是基于专家的两两对比判断，通过检验得出因素的权重①。

AHP 的思路类似于人进行判断的思维过程，通过对每个层次的因素的重要性进行判别，综合为目标的重要性。基本步骤为：

（1）构建层次结构模型；

（2）专家评判获取判断矩阵；

（3）判断矩阵一致性检验；

（4）逐层计算权重；

（5）组合一致性检验。

（一）层次结构模型构建

构建层次结构模型是层次分析的基础，在深入分析实际问题的前提下，有关因素被按照不同属性自上而下分解为不同层次，同一层次的诸因素从属于上一层次因素或对其有影响，同时又支配下层因素或受下层因素作用，因而，模型的构建是进行评价的关键步骤。鉴于指标体系特征符合层次结构，本章讨论的制造企业两化融合水平层次结构模型是基于给定的指标体系而建立的。

假设制造企业两化融合水平为 L；一级指标信息化基础、信息化应用、信息化效益、建设与服务分别为 A_1、A_2、A_3、A_4；信息化基础的影响因素有信息化投入、体系保障、基础设施，分别为 B_1、B_2、B_3；信息化应用的影响因素有设计研发、生产制造、办公管理、市场流通、协同集成、优化发展，分别为 B_4、B_5、B_6、B_7、B_8、B_9；信息化效益的影响因素有企业竞争力提升、经济效益、社会效益，分别为 B_{10}、B_{11}、B_{12}；建设与服务的影响因素产品与技术服务为 B_{13}；用 C_i（$i = 1，\cdots，36$）表示对应于二级指标的各三级指标。由此，可以搭建层次结构模型，如图 5 - 1 所示。

（1）目标层：评价对象；

（2）一级指标：与评价对象直接相关的宏观层面因素；

（3）二级指标：与宏观层面连接的中观层面因素；

---

① 姜启源，谢金星，叶俊. 数学模型 [M]. 3 版. 北京：高等教育出版社，2003：224 - 244.

（4）三级指标：与中观层面直接相关的微观层面因素，是数据采集点的集中体现。

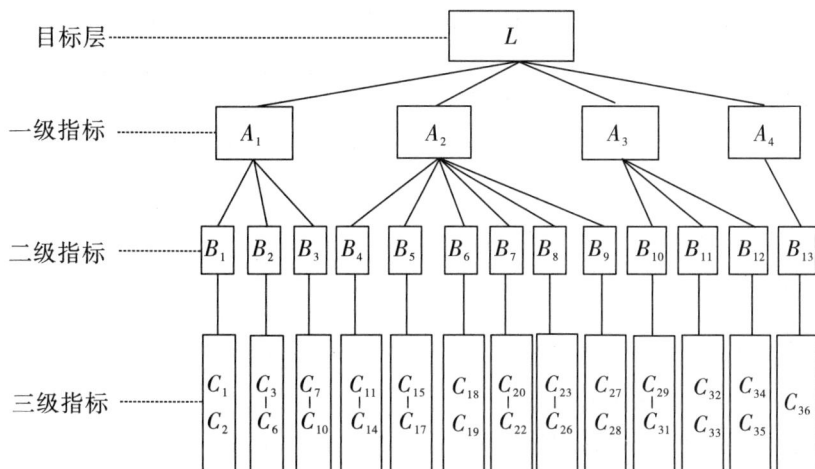

图 5-1 制造企业两化融合层次结构模型

（二）判断矩阵及权重向量

当需要共同分配权重的判断因素较多时，直接赋权的难度大，误差也大，比如 A_2 的因素有 B_4、B_5、B_6、B_7、B_8、B_9 共 6 个。运用层次分析法的目的就是通过两两判别，从判别矩阵里面间接提取主观权重。而当判断因素较少时，可以直接赋权，就不需要使用层次分析法，所以指标体系中两个因素的权重就直接给定，比如 B_1 的因素只有 C_1、C_2 两个。

根据心理学的认知，人的成对比较判断能力大致在 7±2 范围内[1]，人的头脑中一般会有清晰的 5 种明显等级区分。因此本研究依据惯例采用 1-9 尺度对因素进行对比，当比较两个不同因素 U_i 与 U_j 对上层因素的影响或重要性时，用 1-9 的数值及其互反数 1，1/2，…，1/9 表示（见表 5-2）。

---

① 姜启源，谢金星，叶俊. 数学模型 ［M］. 3 版. 北京：高等教育出版社，2003：224-244.

表5-2 "1-9"对比尺度表

尺度	含义
1	U_i 与 U_j 同等重要
3	U_i 比 U_j 稍微重要
5	U_i 比 U_j 重要
7	U_i 比 U_j 明显重要
9	U_i 比 U_j 绝对重要
2, 4, 6, 8	U_i 与 U_j 的重要性在上述两个相邻等级之间
1, 1/2, …, 1/9	U_i 与 U_j 的重要性为上述等级的互反数

利用1-9尺度法,邀请三名信息化研究专家给出判断矩阵。在赋值过程中,对专家判断不统一的比值进行再讨论,最终取平均值并赋值为最接近的尺度值。也就是说,当专家赋值不统一时,分别为 S_1、S_2、S_3,如果数值相差较大就需要重新讨论。如果数值差别不大,取平均值 $\bar{S} = 1/3(S_1 + S_2 + S_3)$。为了对应于1-9尺度,令判断值 S 为与 $\bar{S}$ 最接近的集合 $\{1, 2, 3, …, 9, 1/2, 1/3, …1/9\}$ 中的元素。如 $\bar{S} = 7/3$,则 $S = 2$。若有两个最接近的元素,则需要重新判断。如 $\bar{S} = 5/12$,$\bar{S}$ 与 1/2 和 1/3 的距离相等,需要重新讨论。

1. 一级指标权重确定

邀请专家判别一级指标的信息化基础 A_1、信息化应用 A_2、信息化效益 A_3、建设与服务 A_4 这四个因素对两化融合水平 L 的影响力和重要程度,得到的判断矩阵记为 J。

L	A_1	A_2	A_3	A_4
A_1	1	2	3	5
A_2	1/2	1	1	3
A_3	1/3	1	1	3
A_4	1/4	1/3	1/4	1

采用求和法得出一级指标对于两化融合水平的相对权重向量 w。

$$J = \begin{pmatrix} 1 & 2 & 3 & 5 \\ 1/2 & 1 & 1 & 3 \\ 1/3 & 1 & 1 & 3 \\ 1/4 & 1/3 & 1/4 & 1 \end{pmatrix} \xrightarrow{\text{列向量归一化}} \begin{pmatrix} 0.480 & 0.462 & 0.571 & 0.417 \\ 0.240 & 0.231 & 0.190 & 0.250 \\ 0.160 & 0.231 & 0.190 & 0.250 \\ 0.120 & 0.077 & 0.048 & 0.083 \end{pmatrix} \xrightarrow{\text{列求和}}$$

$$\begin{pmatrix} 1.930 \\ 0.911 \\ 0.831 \\ 0.328 \end{pmatrix} \xrightarrow{\text{归一化}} \begin{pmatrix} 0.482 \\ 0.228 \\ 0.208 \\ 0.082 \end{pmatrix} = w$$

检验判断矩阵的一致性，有如下结果：

$$Jw = \begin{pmatrix} 1 & 2 & 3 & 5 \\ 1/2 & 1 & 1 & 3 \\ 1/3 & 1 & 1 & 3 \\ 1/4 & 1/3 & 1/4 & 1 \end{pmatrix} \begin{pmatrix} 0.482 \\ 0.228 \\ 0.208 \\ 0.082 \end{pmatrix} = \begin{pmatrix} 1.971 \\ 0.923 \\ 0.842 \\ 0.330 \end{pmatrix}$$

$$\lambda_{\max} \approx \frac{1}{4} \sum_{i=1}^{4} \frac{(Jw)_i}{(w)_i} = \frac{1}{4} \left[\frac{1.971}{0.482} + \frac{0.923}{0.228} + \frac{0.842}{0.208} + \frac{0.330}{0.082} \right] = 4.055$$

可以得到一致性指标：

$$CI = \frac{4.055 - 4}{3} = 0.018$$

为了确定判断矩阵不一致的容许范围，引入随机一致性指标 RI 进行对比。Saaty 对于不同的矩阵阶数 n，用大量的判断矩阵样本算出的随机一致性指标值如表 5 - 3 所示：

表 5 - 3　平均随机一致性指标

阶数	1	2	3	4	5	6
随机一致性指标 RI	0	0	0.52	0.89	1.12	1.26

判断矩阵的阶数 $n = 4$，查表 5 - 3 得到 $RI = 0.89$，故一致性比率 $CR = \dfrac{0.018}{0.89} = 0.021 < 0.1$，从而判断矩阵一致性通过检验，由判断矩阵进行推

导，所得权重向量可以作为制造企业一级指标对两化融合水平的影响度比较。

通过分析四个因素的权重向量 $n =$ （0.482，0.228，0.208，0.082），可以得出结论：

（1）信息化基础仍然是专家评价两化融合水平最重要的方面和最基本的依据，这也是中国国情下两化融合建设的特色。同时能够深刻认识到基础投入是两化融合建设的根本，只有当基础投入的水平上升，才能加强和提高信息化应用与信息化效益，进而提升两化融合综合水平。

（2）信息化基础的具体因素包含了人力、财力、制度及设施等方面的投入，制造企业应全面重视这几个方面的平衡投入，加大力度建设基础，为两化融合建设做好铺垫。将信息技术与制造技术有机融合，变革制造生产方式，创新发展模式，将信息化作为企业可持续发展的新的内生要素。

（3）一级指标的建设与服务因素所占权重极少。我们将此结论反馈给专家，并结合前期企业调研进行了原因分析。得到结论：建设与服务所对应的企业信息化工程增长情况实质上有重要作用，然而企业往往在项目数量上并不一定落后，最终的实现成果却总令人大失所望，因此项目的实施效果和跟进其他方面的投入及应用的全面性就显得更为重要，也更能体现两化融合建设的水平。由此结论，可得出启示：无谓的信息化建设不单单浪费资源、人力、物力和时间，同时会对各层各部门人员对两化融合建设的认可度与热衷度产生负面影响。所以信息化建设项目前期的内外部需求调研、技术学习及项目规划与建设后的项目调试、修正及完善都更加值得企业关注，以加强两化融合建设的实施效果和加快前行速度。

2. 二级指标权重确定

（1）信息化基础因素的权重。

通过专家评判信息化投入 B_1、体系保障 B_2、基础设施 B_3 对信息化基础 A_1 的影响力和重要程度，给出判断矩阵，依照前面的方法求出权重向量并进行检验。

A_1	B_1	B_2	B_3	w	Jw	$\lambda_{max} = 3.018$
B_1	1	2	3	0.548	1.662	$CI = 0.009$
B_2	1/2	1	1	0.241	0.726	$RI = 0.52$
B_3	1/3	1	1	0.211	0.634	$CR = 0.018$

通过分析各权重，可以看出资金投入主要在信息化基础建设方面，资金投入比率充分体现了管理者对两化融合建设的重视程度，并直接影响最终结果。中国制造业的转型升级亟须充分发挥信息技术、智能制造、制造自动化的关键作用，方能跟进发达国家先进制造业的步伐，因此两化融合建设中，足够的财力投入和管理者的足够重视是建设的根本。

（2）信息化应用因素的权重。

通过专家评判设计研发 B_4、生产制造 B_5、办公管理 B_6、市场流通 B_7、协同集成 B_8、优化发展 B_9 对一级指标信息化应用 A_2 的影响力和重要程度，给出判断矩阵，依照前面的方法求出权重向量并通过了检验。

A_2	B_4	B_5	B_6	B_7	B_8	B_9	w	Jw
B_4	1	1/4	1/3	1/2	2	2	0.105	0.644
B_5	3	1	2	2	4	4	0.331	2.056
B_6	3	1/3	1	2	3	3	0.228	1.466
B_7	3	1/4	1	1	3	3	0.194	1.244
B_8	1/2	1/4	1/2	1/4	1	1	0.072	0.439
B_9	1/2	1/4	1/3	1/3	1	1	0.069	0.417

$\lambda_{max} = 6.215$
$CI = 0.043$
$RI = 1.26$
$CR = 0.034$

通过分析权重，专家认为，对于制造企业来说，生产制造在信息化应用中的作用较突出，中国制造企业两化融合发展大多还属于初中级阶段，日常应用软件普及程度尚可，两化融合水平的提升重点在于制造过程与制造技术的信息化。这也迎合了"中国制造 2025"的主题，是中国制造企业需要关注的重点。

（3）信息化效益因素的权重。

通过专家评判企业竞争力提升 B_{10}、经济效益 B_{11}、社会效益 B_{12} 对信息化效益 A_3 的影响力和重要程度，给出判断矩阵并通过检验得出权重。

A_3	B_{10}	B_{11}	B_{12}	w	Jw
B_{10}	1	1/2	3	0.298	0.914
B_{11}	2	1	6	0.596	1.827
B_{12}	1/3	1/5	1	0.106	0.324

$\lambda_{max} = 3.065$
$CI = 0.033$
$RI = 0.52$
$CR = 0.063$

从权重分配数据可知，经济效益的比重高于竞争力提升与社会效益的比重，通过专家调研分析，近年国内制造业发展缓慢，对国内经济影响较大，人员就业形势也受到打击，因此直接经济效益的作用在短期内比其他方面更加重要，评测企业两化融合水平时也就更侧重于以经济效益为主、竞争力提升和社会效益平衡发展的策略。

（4）建设与服务因素的权重。

由于建设与服务只有一个因素即产品与技术服务 B_{13}，所以其权重为1。

3. 三级指标权重及组合权重

C_i（$i=1$，$\cdots$，36）表示各三级指标。由于三级指标相较于二级指标的权重的微小差别对于目标层的两化融合水平的影响力度并不显著，鉴于保留客观性与计算简便性的权衡，本书将三级指标的权重直接认定为权重的平均值。基于各级对上一级的权重，计算二级和三级的组合权重（见表5－4）。

表5－4　案例制造企业两化融合各因素权重与组合权重

一级指标	一级指标对目标的权重	二级指标	二级指标对一级指标的权重	二级指标对目标的组合权重	三级指标	三级指标对二级指标的权重	三级指标组合权重
A_1	0.482	B_1	0.548	0.265	C_1	0.500	0.132
					C_2	0.500	0.132
		B_2	0.241	0.116	C_3	0.250	0.029
					C_4	0.250	0.029
					C_5	0.250	0.029
					C_6	0.250	0.029
		B_3	0.211	0.102	C_7	0.250	0.025
					C_8	0.250	0.025
					C_9	0.250	0.025
					C_{10}	0.250	0.025

（续上表）

一级指标	一级指标对目标的权重	二级指标	二级指标对一级指标的权重	二级指标对目标的组合权重	三级指标	三级指标对二级指标的权重	三级指标组合权重
A_2	0.228	B_4	0.105	0.024	C_{11}	0.250	0.006
					C_{12}	0.250	0.006
					C_{13}	0.250	0.006
					C_{14}	0.250	0.006
		B_5	0.331	0.076	C_{15}	0.333	0.025
					C_{16}	0.333	0.025
					C_{17}	0.333	0.025
		B_6	0.228	0.052	C_{18}	0.500	0.026
					C_{19}	0.500	0.026
		B_7	0.194	0.044	C_{20}	0.333	0.015
					C_{21}	0.333	0.015
					C_{22}	0.333	0.015
		B_8	0.072	0.016	C_{23}	0.250	0.004
					C_{24}	0.250	0.004
					C_{25}	0.250	0.004
					C_{26}	0.250	0.004
		B_9	0.069	0.016	C_{27}	0.500	0.008
					C_{28}	0.500	0.008
A_3	0.208	B_{10}	0.298	0.062	C_{29}	0.333	0.021
					C_{30}	0.333	0.021
					C_{31}	0.333	0.021
		B_{11}	0.596	0.124	C_{32}	0.500	0.062
					C_{33}	0.5	0.062
		B_{12}	0.106	0.022	C_{34}	0.5	0.011
					C_{35}	0.5	0.011
A_4	0.082	B_{13}	1	0.082	C_{36}	1	0.082

即使各层对于上一层的判断矩阵一致性通过检验，也不能确保本层对目标层的组合权重可以作为本层指标对两化融合水平的影响力依据，需要进行组合一致性检验。

若第 p 层的一致性指标为 $CI_1^{(p)}$，$CI_2^{(p)}$，$\cdots$，$CI_n^{(p)}$（n 是第 $p-1$ 层因素的数目），随机一致性指标为 $RI_1^{(p)}$，$RI_2^{(p)}$，$\cdots$，$RI_n^{(p)}$，可以定义：

$$CI^{(p)} = (CI_1^{(p)},\ CI_2^{(p)},\ \cdots,\ CI_n^{(p)})\ w^{p-1} \tag{5-1}$$

$$RI^{(p)} = (RI_1^{(p)},\ RI_2^{(p)},\ \cdots,\ RI_n^{(p)})\ w^{p-1} \tag{5-2}$$

于是有第三层的二级指标组合权重一致性检验结果为：

$$CI^{(3)} = (CI_1^{(3)},\ CI_2^{(3)},\ \cdots,\ CI_n^{(3)})\ w^{(2)}$$

$$= (0.009,\ 0.043,\ 0.033,\ 0) \begin{pmatrix} 0.482 \\ 0.228 \\ 0.208 \\ 0.082 \end{pmatrix} = 0.021$$

$$RI^{(3)} = (RI_1^{(3)},\ RI_2^{(3)},\ \cdots,\ RI_n^{(3)})\ w^{(2)}$$

$$= (0.52,\ 1.26,\ 0.52,\ 0) \begin{pmatrix} 0.482 \\ 0.228 \\ 0.208 \\ 0.082 \end{pmatrix} = 0.646$$

$$CR^{(3)} = \frac{CI^{(3)}}{RI^{(3)}} = \frac{0.021}{0.646} = 0.033 < 0.1$$

由于三级指标是取定的，所有 $CI_i^{(4)}$（$i=1,\ \cdots,\ 36$）$=0$，可直接得出 $CR^{(4)}=0$。因此，第四层指标一定高度一致，三级指标的组合权重可以作为三级指标对两化融合水平的重要性的对比依据。

三、两化融合水平的模糊综合评价

两化融合水平评估是一个涉及多角度、多方面、多标准的综合性问题，指标的采集项很多是定性语言表达的模糊概念。模糊综合评价方法是运用模糊数学将定性语言进行定量化处理，总体评价研究对象的方法。

依据《评估规范》的附录 B，两化融合水平的演化可以对应四个阶段：起步建设阶段、单项覆盖阶段、集成提升阶段、创新突破阶段。基础建设、单项应用、综合集成、协同创新四个方面的水平与能力级别也都分为四个阶段：初级、中级、较高级、高级。依据同样的思路，我们将制造企业两化融合也分为四个等级，对应于《评估规范》两化融合水平演化的四个阶段，建立评价的等级标准集 V：

$$V = \{V_1,\ V_2,\ V_3,\ V_4\} = \{初级，中级，较高级，高级\}$$

通过专家评判得到三级指标的隶属度矩阵记为 $R = (R_{ij})$（$i=1，\cdots，36；j=1，\cdots，4$），三级指标的组合权重记为 w_{C_i}（$i=1，\cdots，36$），各因素隶属度记为 E_{V_j}（$j=1，\cdots，4$），则隶属度向量可计算为：

$$E = (E_{V_j})_{1\times4} = (w_{C_i})^{\mathrm{T}}R \tag{5-3}$$

鉴于定量化描述可以更清晰、更直观地界定企业的两化融合水平所处状态，采取赋分值的方式计算综合值，进一步令：

$$V = \{V_1,\ V_2,\ V_3,\ V_4\} = \{30,\ 60,\ 80,\ 100\}$$

由下式计算各三级指标因素的组合分值 F_{C_i}（$i=1，\cdots，36$）与两化融合综合分值 f：

$$F = (F_{C_i})_{36\times1} = RV^T \tag{5-4}$$

$$f = (w_{C_i})^T F \tag{5-5}$$

四、实例分析

通过对广东省某大型制造企业进行调研，了解到该企业由于产品性质和制造模式的发展历程，两化融合建设比较滞后，主要的信息系统建设状况也不乐观。且该企业从 2011 年开始全面使用 ERP，2012 年使用 OA 系统，2014 年应用 PDM 和 MES，但 MES 的使用至今仍不够顺畅，没有应用 CRM 和 SCM，也没有很好地实现全生命周期管理流程，信息技术方面的员工满意度较低。

请 IT 部门人员和其他部门相关负责人（共 10 人）填写三级指标采集点数据，并评判所属等级。得到三级指标的隶属度矩阵 $R = (R_{ij})$（$i=1，\cdots，36；j=1，\cdots，4$），如表 5-5 所示。

由式（5-3）计算隶属度向量为：

$$E = (E_{V_j})_{1\times4} = (w_{C_i})^{\mathrm{T}}R = (0.476,\ 0.351,\ 0.154,\ 0.019)$$

依据模糊综合评价的最大隶属度原则，专家更多地认为案例企业两化融合水平处于初级阶段，正向中级行进。

再由式（5-4）计算各三级指标因素的组合分值 F_{C_i}（$i=1,\cdots,36$），计算结果如表5-5所示。由式（5-5）求出案例企业两化融合水平综合分值 $f=49.5$，处于初中级水平之间。

表5-5　广东省某企业两化融合的模糊综合评价结果

三级指标	三级指标组合权重	评价指标因素的隶属度				因素组合分值
		初级 (30)	中级 (60)	较高级 (80)	高级 (100)	
企业信息化投入占企业销售收入（产值）的比例	0.132	0.8	0.2	0	0	36
企业信息安全投入占信息化投入的比例	0.132	0.9	0.1	0	0	33
规划与预算	0.029	0	0.1	0.4	0.5	88
管理制度	0.029	0.1	0.6	0.3	0	63
专职从事信息化的工作人员占员工总数比例	0.029	0.8	0.2	0	0	36
企业信息化人员专科以上比例	0.029	0.7	0.3	0	0	39
企业自主网站建设情况	0.025	0	0.2	0.7	0.1	78
企业内部网络应用情况	0.025	0.1	0.2	0.7	0	71
企业每百人计算机拥有量	0.025	0.3	0.5	0.2	0	55
与信息技术直接相关的生产装备普及程度	0.025	0.3	0.6	0.1	0	53
企业设计研发计算机辅助设计（CAD）	0.006	0.1	0.3	0.6	0	69
企业计算机辅助制造（CAM）	0.006	0.2	0.6	0.2	0	58
企业计算机辅助工艺设计（CAPP）	0.006	0.8	0.2	0	0	36
企业设计研发产品数据管理（PDM）	0.006	0.1	0.7	0.2	0	61
企业制造执行管理系统（MES）	0.025	0.4	0.6	0	0	48
企业供应商关系管理（SRM）	0.025	0.5	0.5	0	0	45
企业供应链管理（SCM）	0.025	0.6	0.4	0	0	42

（续上表）

三级指标	三级指标组合权重	评价指标因素的隶属度				因素组合分值
		初级（30）	中级（60）	较高级（80）	高级（100）	
企业财务信息化应用	0.026	0	0.3	0.7	0	74
企业办公自动化（OA）应用	0.026	0.2	0.8	0	0	54
企业客户关系管理（CRM）	0.015	0.6	0.4	0	0	42
企业进销存、仓储管理信息化应用	0.015	0	0.3	0.6	0.1	76
企业电子商务应用情况	0.015	0.4	0.4	0.2	0	52
企业产品生命周期管理（PLM）应用	0.004	0.2	0.5	0.3	0	60
企业资源计划（ERP）应用	0.004	0	0.5	0.5	0	70
企业主业务流程信息化覆盖率	0.004	0.3	0.6	0.1	0	53
信息化应用协同集成情况	0.004	0.4	0.4	0.2	0	52
决策支持	0.008	0.4	0.4	0.3	0	57
节能环保	0.008	0.7	0.3	0	0	39
客户满意度	0.021	0.5	0.5	0	0	45
产品一次性合格率	0.021	0.4	0.6	0	0	48
资金周转率提高	0.021	0.2	0.1	0.7	0	68
生产成本降低	0.062	0.4	0.4	0.2	0	52
企业利润提高	0.062	0.3	0.5	0.2	0	55
安全生产	0.011	0.4	0.6	0	0	48
企业纳税	0.011	0.7	0.3	0	0	39
企业信息化工程增长情况	0.082	0.4	0.5	0.1	0	50

综合两方面的评价结果，可知该企业的两化融合建设还有很多需要完善与改进的地方。观察表5-5中隶属度和因素分值，不难发现该企业存在以下七个问题：

（1）整体发展不平衡，集成能力不足。企业在孤立信息系统的应用上以中级为主，如 CAD、CAM、PDM、ERP，但与制造和供应商管理有关的信息技术应用都以初级为主，如 MES、CRM、SCM。这表现出了企业信息化建设的片面性，也说明企业在产供销集成、制造与管理控制集成、综合竞争力提升方面都具有较大发展空间，制造技术与信息技术的融合还任重道远，需要企业平衡发展、不断创新来驱动先进制造技术的提升。

（2）"信息孤岛"问题突出。企业在个别信息技术的单项应用如规划预算（以信息化单独规划发展为代表）、网站建设、财务系统以及仓储管理等环节相对完善，分值较高，甚至相比有些方面如信息化投入、人力配置等环节高出很多。显然，企业的"信息孤岛"现象相对严重，系统集成水平较低，缺乏顶层的系统设计理念；信息化投入极低，对两化融合建设不够重视。企业应充分认识两化融合的重要性，加大信息化建设投入比重，使信息系统尽快协同集成，发挥最大效率。

（3）高权重低分值现象亟须受到重视。虽然个别因素隶属于较高级阶段，但总体水平较低。从表5-5中可以看到，权重较高的信息化投入等因素都隶属于初级水平，因此，企业应重点关注高权重低分值因素，完善信息化工程建设并同时提高建设质量，利用信息技术降低生产成本、提升企业经济效益，使信息技术为企业的发展发挥实质性作用，而不是仅仅提高工作效率。

（4）精细化管理水平有待提升。从表5-5中可以看出，信息技术在减少管理所占用资源量、降低生产成本、提升产品质量、提升顾客满意度、安全生产等方面都没有充分发挥作用，企业整体执行能力还需加强。

（5）人力配置不合理，信息技术人才匮乏。根据表5-5的数据和调研结果可知，虽然企业有独立的IT部门并单独核算，但IT人员很少，知识结构也不合理，主要负责企业系统的日常维护。企业所有信息系统实施都是外包，信息部门负责人地位较低，不能直接向企业高层汇报。企业信息技术方面的人力资源远远不足，某个重要的大型制造基地只有3个IT技术人员，其主要职责是维护硬件和排除网络故障。这在两化融合项目的提出、实施、检测、修正及维护的整个过程中都会造成严重的后果，将极大地影响两化融合建设力度和建设效果。因此，人力的充足配备是两化融合建设的必要条件。

（6）绿色制造少有成效。数据表明，案例企业在节能环保、产品合格率、降低成本、安全生产等绿色制造相关方面都处于低级水平，而绿色发展作为"中国制造2025"基本方针之一，也是企业提升竞争力并可持续发展的根本，需要企业同时进行短期和长期规划。

（7）顾客满意度低。产品合格率与客户满意度都处于低级水平，表明信息技术的应用并没有有效提升顾客的产品体验感受。"中国制造2025"

中提出了企业应追求卓越品质，提升企业品牌价值，完善质量管理体制，努力实现制造业质量大幅提升①。另外，面对消费结构的灵活性和国内外市场的竞争压力，中国制造企业越来越迫切地需要向服务型制造转型。因此，主动发现、尽力满足并积极引导顾客的动态需求，以消费者为中心，从按库存生产向按订单生产进行转变，提升顾客对产品和企业的认可度，极大限度地实现顾客方面与制造企业价值的双赢，是企业必须努力的重要方面。

第二节　制造企业两化融合水平的自组织演化模型

制造企业两化融合的发展伴随着融合水平的动态演化，水平的提升是两化融合的根本目的，也是系统走向有序的最直接体现。复杂系统的研究方法是在唯物辩证法指导下的系统科学方法，基于自组织视角，本章研究系统融合水平的自身演化规律与临界分叉，并依此划分阶段，为企业认识两化融合水平的阶段性特征提供理论参考。

一、两化融合水平自组织演化模型构建

在当前技术不变的正常情况下，两化融合水平在一个演化周期内的状态应是逐步提升的。初始时刻信息技术与制造技术的差异较大，融合空间比较大，这种非平衡的高势差使得融合速度逐步加快。但是随着融合的深入，势差越来越小，融合难度也相应增大，必然导致两化融合水平提升速度的降低，最理想的状态就是信息技术与制造技术深度融合、协同创新发展。但也不排除失败的两化融合建设导致的暂时性融合水平下降或陷入困境的特殊情况。

基于这样的前提，可以设 $x(t)$ 表示企业在 t 时刻的融合水平，于是应有 $x(t) \geqslant 0$，且 $x(0) = x_0 \geqslant 0$。由于融合水平的发展是制造企业自组织进行的，并且只与当前水平相关，具有马尔科夫性，因此，$\dot{x}$ 与 $\ddot{x}$ 都是只与当前时刻状态 $x(t)$ 有关的函数，建立模型：

① 中华人民共和国中央人民政府．国务院关于印发《中国制造 2025》的通知［EB/OL］．http：//www. gov. cn/gongbao/content/2015/content_2873744. htm.

$$\dot{x} = r\,(x)\ x + \varphi\,(x,\ t) \tag{5-6}$$

其中，$r\,(x)$ 表示融合水平自身增长率，$\varphi\,(x,\ t)$ 表示系统随机涨落是和当前的系统结构、功能等状态相关的。融合水平增大直至理想状态，设 $x = x_m$ 为当前技术环境下的融合饱和状态，此时 $r\,(x_m)\ = 0$。

随着融合水平的增大，易于融合的点逐渐减少，融合难度越来越大，融合水平自身增长的阻滞作用使得自身增长率越来越小。于是基于最简单的假设即融合水平自身增长率 $r\,(x)$ 对融合水平 x 线性递减，得到：

$$r\,(x)\ = r - sx\ (s > 0) \tag{5-7}$$

其中，r 表示融合水平固有成长率，与 x 无关，其本质含义是表示没有阻滞作用时融合水平 x 的增长率，理论上可以认为 r 是当 $x = 0$ 时刻的融合水平的自身固有增长率。r 是外界环境的外力内在化和内在动力综合体现的控制参量。随着 x 的提高，总体增长率线性递减。

这样就把融合水平 x 的自身增长率 $r(x)$ 分为两部分，固有成长率 r 表示不考虑融合水平自身阻滞作用的内外动力催动下的增长率，sx 表示融合水平的阻滞作用。为了确定 s，考虑饱和状态 x_m 下的 $r(x_m)\ = 0$，代入可得 $s = \dfrac{r}{x_m}$，不考虑微涨落的作用，得出制造企业两化融合水平演化过程符合逻辑斯蒂方程：

$$\begin{cases} \dot{x}\ = rx\Big(1 - \dfrac{x}{x_m}\Big) \\ x(0)\ = x_0 \end{cases} \tag{5-8}$$

二、两化融合水平自组织演化模型分析

为了突出结论对比性，我们选择在 $[0,\ 1]$ 区间内讨论融合水平的演化。这对于理论探讨丝毫没有影响，实际问题的融合水平评测结果只需从 $[0,\ 100]$ 线性压缩至 $[0,\ 1]$ 即可。

求解方程（5-8）的平衡点，得到两个平衡点 $x = 0$，$x = x_m$。为了分析平衡点的稳定性，我们先取 $r = x_m = 1$ 进行观察，得到 x 与 t 的对比图（见图 5-2）和方程的相图（见图 5-3）。由于融合水平的非负性，图 5-2 中我们感兴趣的是 $x \in [0,\ 1]$ 的部分，结合图 5-3 可以看出在这种情况下，$x = 0$ 不稳定，$x = x_m$ 稳定。

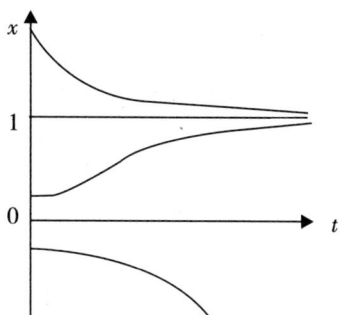

图 5 - 2　$r = x_m = 1$ 时初始值演化对比图

图 5 - 3　$r = x_m = 1$ 时逻辑斯蒂演化方程相图

进一步分析控制参量连续取值时平衡点的稳定性。由于

$$\ddot{x} = r - \frac{2rx}{x_m}$$

式（5 - 8）在两个平衡点的线性化方程分别为：

$$\dot{x} = \left(r - \frac{2rx}{x_m} \right) \bigg|_{x=0} \cdot x , \quad \dot{x} = \left(r - \frac{2rx}{x_m} \right) \bigg|_{x=x_m} \cdot x$$

于是，在平衡点 $x = 0$ 附近线性展开，得到方程：

$$\dot{x} = rx$$

特征值 $\lambda = r$，所以有结论：$r > 0$ 时，$x = 0$ 不稳定；而 $r < 0$ 时，$x = 0$ 稳定。

在平衡点 $x = x_m$ 附近线性展开，得到方程：

$$\dot{x} = -rx$$

特征值 $\lambda = -r$，所以有结论：$r < 0$ 时，$x = x_m$ 不稳定；而 $x > 0$ 时，$x = x_m$ 稳定。

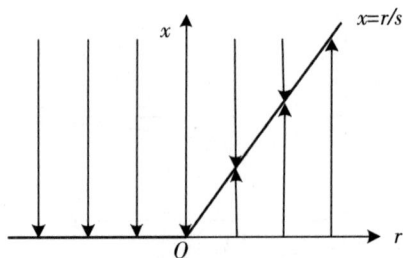

图5-4　两化融合水平的跨临界分叉

由上可得，两个平衡点在 $r=0$ 处发生突变，出现了如图5-4所示的跨临界分叉。也就是说，当控制参量 r 跨过临界点0时，两个平衡点的稳定性相互转换，两化融合水平开始突然趋于不同的吸引点。结合 r 的实践意义，可以得到结论：当融合水平的自身增长率为负增长时，系统趋于原点平衡态，也就是趋于熵最大状态；当融合水平的自身增长率为正增长时，系统趋于饱和状态，也就是趋于当前技术环境下融合最佳状态；当融合水平自身增长率从负数变为正数时，在临界点0处发生突变出现分叉，融合水平突然摆脱原点平衡点的吸引，趋于饱和状态，反之，若融合水平自身增长率从正数变为负数，也将不受饱和状态吸引，趋于最无序状态。

以上结论对于两化融合实践的理论启示是很显然的。融合水平增长率始终非负才能保证两化融合远离原点平衡态，获得融合水平的不断提升。一旦融合水平不增反降，就容易陷入恶性循环，这也是个别企业信息技术应用失败的主要原因，及时调整控制参量可以有效改变结局。

三、实例分析

通过对前述广东省某制造企业进行调研，测算企业的两化融合水平，得到2007—2016年的综合评价数据，如表5-6所示。由于调研数据有部分缺失，采用移动平均法进行补充。2008年由于企业ERP信息系统应用初期出现了故障问题，信息化水平急速下降，企业利用四个月时间重新选型上线新系统。基于研究目的，我们剔除了2008年的数据进行分析。观察企业数据可以看到企业两化融合的迅速发展，并且在起初几年由于水平较低，增势迅猛，之后增长减速。

表 5 - 6　案例企业两化融合水平

年份	2007	2008	2009	2010	2011	2012	2013	2014	2015	2016
融合水平	4.7	—	7.6	11.5	16.3	22.3	29.2	36.5	43.4	49.5
增长率	0.64	—	0.5	0.42	0.37	0.31	0.25	0.19	0.14	—

数据来源：依据企业 2007—2016 年财务报表、IT 部门资料整理。

将融合水平 x 和增长率 $r(x)$ 的数据进行线性拟合，式（5 - 7）具有以下形式：

$$r(x) = 0.596 - 0.011x$$

得到 $r = 0.596$，$s = 0.011$，$x_m = 54.19$。融合水平的自组织演化模型为：

$$\begin{cases} \dot{x} = 0.596x\left(1 - \dfrac{x}{54.19}\right) \\ x(0) = 4.7 \end{cases}$$

可以求出方程显式解：

$$x(t) = \frac{54.18}{1 + 10.64e^{-0.956t}}$$

对比模型的模拟数据和实际数据，如图 5 - 5 所示：

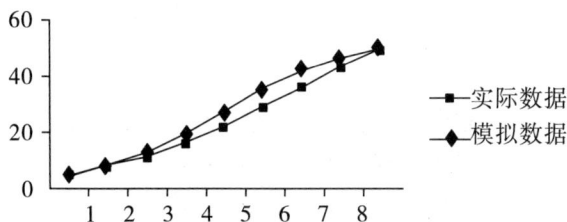

图 5 - 5　融合水平自组织演化模型拟合

可以看出，模拟数据和实际数据基本切合，中间几年有些许差别，理论模型分析的融合水平高于实际水平。对此可作出的解释是，由于企业在 2008 年重整信息系统，其负面影响导致后续两化融合水平提升有所滞后，出现暂时的融合水平落后的情况也在情理之中。而数据的整体发展趋势比较一致，证明自组织演化模型可以用来描述企业两化融合水平的演化过程。依据自身增长率 $r = 0.596$，可观察到融合水平增势已经趋于平缓。而当前融合水平值也接近饱和状态，$x_m = 54.19$，表明企业两化融合发展已经趋于饱和，需要新的增长模式突破局面。

为了帮助企业更加准确地把握自身当前发展状况并科学预测演化趋势，后面章节将进一步探讨案例企业的两化融合水平的发展阶段性和阶段特征。

在两化融合水平演化模型中，x_m 为当前技术水平下的理想状态，因而 $(1 - \dfrac{x}{x_m})$ 可以表征两化融合水平的剩余资源及发展空间。首先，当 $x \ll x_m$ 时，剩余发展空间较大，融合水平以指数速度提升，两化融合继续深化的潜力巨大；继而，当融合水平 $x \to x_m$ 时，融合逐渐接近理想状态，$\dot{x} \to 0$ 表示融合水平达到极限，现有制造技术和信息技术利用完全或是跳跃到了新的、更高层次的两化融合周期。

令 $\ddot{x} = 0$，可以求出方程拐点。由

$$\ddot{x} = \frac{\mathrm{d}(\dot{x})}{\mathrm{d}t} = r^2 x \left(1 - \frac{x}{x_m}\right)\left(1 - \frac{2rx}{x_m}\right) = 0$$

得到两化融合水平曲线的拐点为（6.75，45.45），融合水平发展速度在拐点时刻前递增，拐点时刻后速度递减，直至后期速度不再改变，如图 5-6 所示。

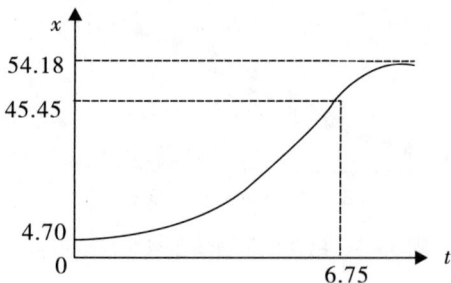

图 5-6　两化融合水平演化趋势

为了更综合地获取两化融合水平的演化阶段性特征，进一步分析 $\dddot{x}$，

$$\dddot{x} = r^3 x \left(1 - \frac{x}{x_m} \right) \left(1 - \frac{(4r+2)x}{x_m} + \frac{6rx^2}{x_m{}^2} \right) = 0$$

求得发展速度 $\dot{x}$ 的拐点为（2.55，16.26）和（8.75，51.24），基于两化融合发展速度和两化融合水平的关系，将两化融合发展进程划分为四个阶段：起步期、成长期、成熟期、更新期，如图 5-7 所示。

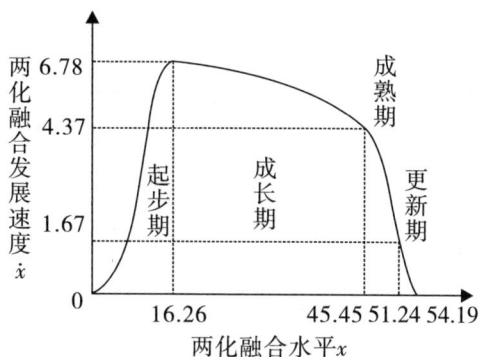

图 5-7　两化融合水平发展速度演化路径

（1）起步期。本时期的两化融合水平处于区间（0，16.26），发展速度快速提升，加速度也在不断提高，制造企业信息技术的建设虽然不足，但自身需求和自身利益的驱动使得信息技术与制造技术的融合高速发展，信息技术实施初期所带来的各方面的基础建设在迅速完善。这一阶段可以被认为是某关键信息系统初始上线期或是其他信息技术、智能技术应用初期。

（2）成长期。这个时期的两化融合水平处于区间（16.26，45.45），融合水平发展速度还在持续加快，但是随着融合范围不断扩大和融合程度不断深化，加速度有所减缓，尽管如此，这个时期的两化融合发展活跃，处于高速发展阶段，融合水平在 $x = 45.45$ 时达到最快发展速度。这一时期可以被认为是信息技术与制造技术相融合的磨合前期。

（3）成熟期。这个时期的两化融合水平处于区间（45.45，51.24），两化融合水平越来越接近饱和阶段，发展速度和加速度相比之前都有所减缓，现有企业两化融合程度也达到了较高水平。因此，企业应在这个时期尽量保持融合水平，居安思危，密切关注业务变化提出的新的需求和新的信息化技术发展应用状况，为下一个更新期做好准备，以新的信息化建设项目带动越级到更高的两化融合阶段。这一时期可以被认为是信息技术与制造技术相融合的磨合后期。

（4）更新期。这个时期的两化融合水平处于区间（51.24，54.19），两化融合水平虽然还在继续发展，但已接近饱和水平，基于现有企业技术已发展到了深度融合阶段，融合发展的空间已经利用殆尽，企业需要及时发展更新制造技术和信息技术，两化融合才会出现新的有序状态。这一时期可以被认为是信息技术与制造技术相融合的磨合完成期。

结合评价结论，案例企业的当前融合水平是49.5，处于当前技术下的成熟期，将要进入更新期。发展速度已经开始减缓，技术磨合期基本结束，技术提升空间越来越小，应当及时更新技术，开启新的融合周期。

阶段的划分是基于案例数据，由于不同个体的参数也有所不同，阶段划分的分界点将随之变化，但正常的两化融合实践依然可以划分为前述的四个阶段。

第三节　制造企业两化融合水平
自组织演化的实践启示

本章主要围绕制造企业两化融合水平展开讨论。对于企业具体的两化融合实践，有如下总结和建议：

（1）典型制造企业的问题具有普遍性。在对制造企业的调研中发现，案例企业的问题普遍存在于国内制造企业。因此，企业应着重做到以下几点：①关注"信息孤岛"问题，加强系统集成建设，并关注高权重因素建设，提升两化融合水平；②关注发展的平衡性，协同创新；③关注人才引进和人才培养，加强两化融合建设的智力支持力；④追求经济效益的同时关注社会效益，响应"绿色制造"号召，走可持续发展道路；⑤关注产品的服务效果，制造向服务延伸，提升企业认可度和竞争力。

（2）根据《评估规范》和评价方法进行自我评估和诊断，把握企业整体状况。评估方法采样已经具体到点，企业可以依此查漏补缺，有针对性地调整短期和长期规划，制订具体翔实的治理方案，并依据企业的融合水平作出战略规划。

（3）动态把握企业融合水平所处阶段，及时调整建设策略。融合水平的动态发展并非一成不变，企业结合自身发展状况评估企业两化融合所处阶段，预估融合的发展态势，可以自组织地提前过渡到更高层次的新周期，提高企业的两化融合质量。比如，如果追求高速度的技术发展，可以在因阻滞作用延缓发展速度的成熟期或是任意时期及时更新先进技术，使得发展阶段跃迁式地行进，在不同周期的不同阶段快速发展。

（4）重视融合水平增长率的临界分叉特点，保持增长率的非负性。根据模型，可知融合水平增长率是外力内在化和内力驱动下的综合表现，其数值大小显然可以直接影响融合水平的发展速度。因此，提高融合水平增长率是提高融合水平发展效率的最简单且最直接的路径。可从两个方面入手，一是增强外力内化的效果，充分接收外界环境的有利因素依然是重点，接下来就是加强企业的消化吸收能力；二是积极调动内部动力，充分发挥企业的"活性"，全员参与，全方位提高两化融合发展速度。

第六章　制造企业两化融合技术效率的自组织演化

两化融合水平的动态演化伴随着内部技术的相互融合和协同演化，同时也影响着企业绩效。本章重点关注制造技术和信息技术融合对企业绩效的动态作用。首先，引入两化融合技术效率的相关概念，搭建制造企业两化融合技术效率自组织演化的分析框架。其次，构建制造企业两化融合技术效率模型，认定系统序参量，进一步地，根据技术融合的趋同特性，深入探讨序参量役使下的两化融合系统技术效率的趋同演化机理。

第一节　制造企业两化融合技术效率的内涵

一、两化融合技术效率概念的衍生过程

我们在第三章分析了技术效率自组织演化的构思来源，本章的讨论是基于工业化促进信息化、工业化与信息化的相持以及信息化带动工业化三个阶段的划分而进行的。制造企业是以制造为核心的组织，因此，可以将这三个阶段落实于微观企业并理解为：制造技术促进信息技术阶段、制造技术与信息技术相持阶段、信息技术带动制造技术阶段。当然，管理、文化、制度等因素也在相当大的程度上影响着制造企业两化融合的水平，为了突出制造企业的特点，将其他技术视为制造相关技术，其影响力也将映射于制造技术的技术效率及制造技术与信息技术的融合程度。

因其边界性难以划分，所以对制造技术与信息技术的测量很难实现。借鉴谢康等人的观点：两化融合实质上是技术效率问题[①]。本章依此思路，

[①] 谢康，肖静华，周先波，等. 中国工业化与信息化融合质量：理论与实证［J］. 经济研究，2012（1）：4－16，30.

对制造企业两化融合技术效率的模型及序参量展开讨论。

二、两化融合技术效率概念界定

最早提出技术效率的是 Farrell 和 Afriat。技术效率概念的产生与生产前沿概念紧密相连。生产前沿指的是既定技术水平下，所有技术投入比例对应的最大产出集合形成的边界面，也称前沿面的技术为技术有效，非前沿面的可行技术为技术无效。技术效率被定义为等量要素投入下决策单元（Decision Making Units，DMU）的实际产出与最大产出之间的比率，其数值即是同等要素下的实际产出和前沿面上技术有效的最优产出之比。技术效率定量描述了企业在等量要素投入条件下，实际产出与最优产出的差距，越靠近生产前沿面，技术效率越高。

制造技术与信息技术的技术效率并不外显，而是内化于企业，其所对应的产出也无法明确区分和界定。因此，必须找到合理的角度确定二者的技术效率内涵。结合前述对技术效率的理解，制造企业的技术效率是其投入产出的有效性，也就是说，制造企业的技术效率为全要素生产下的产出有效性。而制造企业外显的技术效率可以被认为主要是制造技术效率与信息技术效率的综合体现。根据木桶原理可知，两种有差异的技术效率综合在一起所表现出的技术效率应该是两者中的低者。所以，在制造技术带动信息技术阶段，信息技术往往是企业最不熟悉的短板技术，因而企业技术效率可以被认为是信息技术的技术效率的体现；而在信息技术促进制造技术阶段，企业技术效率被认为等同于制造技术效率。于是，我们给出定义：制造企业技术效率等同于内部制造技术效率与信息技术效率两者之中的较低者。

企业的生产要素包含了人力、资本、土地、制造技术、信息技术等多方面投入，产出也是多维度的。为了更加直观地讨论，我们使用一维产出，只是在维度上的降低，并不影响结论。用 E 表示生产要素集，$Q(E)$ 表示生产要素集 E 对应的产出，$Q^*(E)$ 表示生产要素集 E 对应前沿面上的最大产出。于是，制造企业的技术效率为 Q/Q^*。

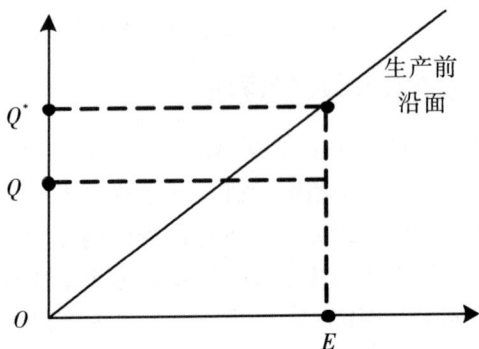

图 6 - 1　制造企业技术效率测定路线

如图 6 - 1 所示，假定制造企业的规模报酬不变，投入要素简化为一维时，由原点出发的射线表示规模报酬不变下的一个生产前沿面，由所有要素比例的最大产出构成，容易通过计算得出企业的技术效率。

记制造企业的信息技术效率和制造技术效率分别为 N_1，N_2。由此，在制造技术带动信息技术阶段，信息技术效率被认定为制造企业技术效率。可得出此阶段的定义：信息技术效率为制造企业全要素生产下的企业技术效率，$N_1 = Q / Q^*$，有 $N_1 \leqslant 1$。记初始要素集为 E_0，其实际产出为 $Q_0 (E_0)$，要素集 E_0 对应前沿面上最大产出为 $Q_0^* (E_0)$。于是，初始信息技术效率为 $N_1^0 = Q_0 / Q_0^*$。

制造企业制造技术与信息技术相互融合，都被作为生产要素统计到企业技术效率的测量中，要素的提取与度量存在重叠的情况。即使没有融合的制造技术要素也是分布于企业各个部门与各个环节的，难以提炼。因此，初始制造技术效率 N_2^0 的给定有以下考虑：

（1）为了保持和信息技术效率的同一尺度，制造技术效率概念的引入需要从信息技术与制造技术的关系入手；

（2）在此阶段，制造技术效率高于信息技术效率，信息技术的技术选择依赖于现有制造技术并以当前制造技术为基准进行各方面调整及建设，可以认为当前制造技术的存在是符合企业需求和业务要求的，是经过优化的合理技术结构；

（3）在制造技术的带动下，信息技术以制造技术为导向逐步向制造靠拢渗透，跟进制造技术，逐步融合，以充分发挥制造技术和制造技术完全匹配达到技术有效为当前目的，即在制造技术的带动下，追求融合技术效率为 1 的目标。

因此，基于继续讨论的需要，我们先给出定义：多种技术相互融合后，如果各种技术都得到了充分利用，称这种状态为完全匹配。如果各种技术自身也是结构优化的，完全匹配就等价于技术有效。

在信息技术效率已定义的基础上，可从两个角度考虑：

第一，考虑尺度的统一性，制造技术的技术效率可以用与其能够完全匹配的信息技术效率来度量。由于当前存在的制造技术被认为是最合理且最符合企业制造需求的，因此，制造技术和与之完全匹配的信息技术效率将组合为有效技术，也就是技术效率为 1。

第二，鉴于微观个体企业范畴内部的讨论，在制造技术带动信息技术阶段，初始制造技术效率为信息技术效率提升的基准，在不扩展至企业外部的前提下，我们认定制造技术带动信息技术阶段的初始制造技术效率为基准值 $N_2^0 = 1$。

综合这两点，有如下定义：初始时刻制造企业的制造技术效率与信息技术效率二者中较高的技术效率等于 1。当两化融合建设阶段转换为信息技术带动制造技术阶段时，定义也随之转换。

通过定义，我们可以发现，制造技术效率和信息技术效率的概念的引入本质上是信息技术和制造技术相互作用的另一种表现方式。制造技术带动信息技术阶段，实质上是制造技术对信息技术提出技术需求，加深信息技术匹配程度以提升企业技术效率，并以技术有效为目标。在信息技术促进制造技术阶段，信息技术效率成为基准，促进制造技术效率的提高，其实质是以信息技术的力量提高企业技术效率的过程。如此定义便于有关两化融合的后续讨论。

三、两化融合技术效率意义分析

关于技术效率的研究成果颇多，依据分析路线的不同，研究方法可分为参数方法和非参数方法两种。参数方法被广泛应用于技术效率的估算中，其主要思想是以随机前沿分析（Stochastic Frontier Analysis，SFA）为代表。随机前沿分析的方法将无法被各生产要素解释的产出部分视为技术效率的源泉，方法应用比较精准并易于分析，但是，这个方法在应用时需要已知或至少可以估计生产函数，而获取生产函数的难度极大。非参数方法的代表是数据包络分析（Data Envelopment Analysis，DEA）。其基本思想是基于样本构建生产可行集合，对可行集合的边界进行相对的有效性分析，产出之比即是技术效率。这种方法得出的结论虽然是相对样本的结论，具有一定局限性，但有效避免了生产函数的获取困难及函数形式误差问题，因此也备受学者们的青睐。

由于制造企业两化融合的技术效率是动态变化的，为了在动态环境下对比技术效率，我们必须引入生产率进行讨论。生产率被认为是计算技术效率的基础，静态下的技术效率可以由实际生产率与最优生产率之比直接获得，但不同时期的生产率进行对比时，就面临着前沿面的推移问题。生产率的非参数方法讨论大多基于 Fare 等人在 1985 年提出的DEA-Malmquist指数方法[1]，已有成果普遍认可的是生产率变化可以被分解为技术效率变化和技术进步，比如白俊红等人的《中国地区研发创新的技术效率与技术进步》[2] 一文和吴延兵的《用 DEA 方法评测知识生产中的技术效率与技术进步》[3] 一文中都沿用了这个观点。

借鉴 Fare 等人于 1994 年在 *Production Frontier*（《生产前沿面》）[4] 一书中给出的分析方法，假设时刻 t 与时刻 $t+1$ 是我们考察的两个时刻，如果以 t 时刻为计算基准，记 M_0^t 为决策单元在 t 时刻的 Malmquist 生产率指数，$(x^t,\ y^t)$ 表示时刻 t 的企业投入产出向量，D_0^t 表示以时刻 t 的技术为基准时实际产出与最大产出的距离函数。本书的距离函数就是两种产出的比值，于是以时刻 t 和时刻 $t+1$ 的技术分别为参考前沿的生产率指数为：

$$M_0^t = D_0^t\ (x^{t+1},\ y^{t+1})\ /D_0^t\ (x^t,\ y^t) \qquad (6-1)$$

$$M_0^{t+1} = D_0^{t+1}\ (x^{t+1},\ y^{t+1})\ /D_0^{t+1}\ (x^t,\ y^t) \qquad (6-2)$$

生产率指数即是技术效率变化比率，依据 Fare 提出的方法，用两个指数的几何平均数作为生产率变化的测度：

① FARE R, GROSSKOPF S, LOVELL C. The measurement of efficiency of production [M]. Boston：Kluwer-Nijhoff Publishers，1985：11 – 170.

② 白俊红，江可申，李婧. 中国地区研发创新的技术效率与技术进步 [J]. 科研管理，2010，31（6）：7 – 18.

③ 吴延兵. 用 DEA 方法评测知识生产中的技术效率与技术进步 [J]. 数量经济技术经济研究，2008（7）：67 – 79.

④ FARE R, GROSSKOPF S, LOVELL C. Production frontier [M]. Cambridge：Cambridge University Press，1994：130 – 196.

$$M_0^{t+1}(x^{t+1},\ y^{t+1},\ x^t,\ y^t)=(M_0^t,\ M_0^{t+1})^{\frac{1}{2}}$$

$$=\left(\frac{D_0^t(x^{t+1},\ y^{t+1})}{D_0^t(x^t,\ y^t)}\cdot\frac{D_0^{t+1}(x^{t+1},\ y^{t+1})}{D_0^{t+1}(x^t,\ y^t)}\right)^{\frac{1}{2}} \qquad (6-3)$$

假定规模报酬不变时，生产率指数可以分解为两个因子的乘积：

$$M_0^{t+1}(x^{t+1},\ y^{t+1},\ x^t,\ y^t)$$

$$=\frac{D_0^{t+1}(x^{t+1},\ y^{t+1})}{D_0^t(x^t,\ y^t)}\cdot\left(\frac{D_0^t(x^{t+1},\ y^{t+1})}{D_0^{t+1}(x^{t+1},\ y^{t+1})}\cdot\frac{D_0^t(x^t,\ y^t)}{D_0^{t+1}(x^t,\ y^t)}\right)^{\frac{1}{2}} \qquad (6-4)$$

第一项因子是两个时刻对应两个前沿的技术效率比值，是纯技术效率变化指数；第二项因子是相对于两个前沿的技术变动指数。

为了更清晰地认识这种分解方法，结合本章研究主题和研究内容，当投入和产出都用一维变量表示时，假设规模报酬不变，其分解模式如图6-2所示。

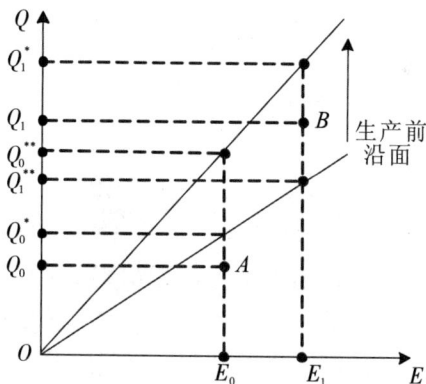

图6-2　生产率指数分解示意图

制造企业的投入产出在时刻 t 的投入为 E_0，对应实际产出为 Q_0，至时刻 $t+1$ 时投入为 E_1，实际产出为 Q_1。两个时刻的产出率从 OA 移动到 OB，由于技术进步引起生产前沿面从下至上移动。以时刻 t 和时刻 $t+1$ 技术为参考前沿的生产率指数分别为：

$$M_0^t=\frac{Q_1/Q_1^{**}}{Q_0/Q_0^{*}}$$

$$M_0^{t+1} = \frac{Q_1/Q_1^*}{Q_0/Q_0^{**}}$$

生产率指数分解为：

$$M_0^{t+1}(OB,OA) = \frac{Q_1/Q_1^*}{Q_0/Q_0^*} \cdot \left(\frac{Q_1/Q_1^{**}}{Q_1/Q_1^*} \cdot \frac{Q_0/Q_0^*}{Q_0/Q_0^{**}} \right)^{\frac{1}{2}}$$

$$= \frac{Q_1/Q_1^*}{Q_0/Q_0^*} \cdot \left(\frac{Q_1^*}{Q_1^{**}} \cdot \frac{Q_0^{**}}{Q_0^*} \right)^{\frac{1}{2}}$$

$$(6-5)$$

可以看出，式（6-5）第一项是单纯的技术效率变化率，表示各技术在各自时刻的技术效率的比值。第二项是每个技术在不同前沿面的技术效率，是由于前沿面变动引起的技术进步比率。因此，一方面生产率的变化由纯技术效率的改变引发，另一方面由技术进步引起。

综上所述，在固定规模效应下，对比制造企业不同时期技术效率时，不能用单一前沿面衡量，而是要综合考虑技术效率变化和技术进步。

第二节 制造企业两化融合技术效率的 自组织演化模型

一、两化融合技术效率自组织演化模型构建

制造技术效率与信息技术效率从不同角度衡量了企业在等量生产要素的投入下企业实际产出与最大产出之间的比率，更形象地反映了当前既定的外界技术环境下企业的制造技术水平与信息技术水平。一般而言，随着融合的扩张与深入，信息技术与制造技术会相互促进，并伴随着技术效率的改变。

制造企业两化融合建设受外界影响但并没有外部指令特定的企业内部结构，而是通过企业内部行为实施两化融合，制造企业两化融合系统是自组织的。在一个讨论周期内，对于技术来说，当不考虑外界引进技术或是引起技术变更时，基于两化融合系统自组织特性，独立分析企业内部信息化与工业化是合理的。信息技术与制造技术之间相互作用可以用如下模型表示：

$$\begin{cases} \dot{N}_1 = f_1 \ (N_1, \ N_2) \\ \dot{N}_2 = f_2 \ (N_1, \ N_2) \end{cases}$$

其中，$f_i \ (N_1, \ N_2)$ 为制造技术与信息技术的耦合作用函数，$f_1 \ (N_1, \ N_2)$，$f_2 \ (N_1, \ N_2)$ 分别代表信息技术效率的发展速度与制造技术效率的发展速度。于是，$\dfrac{\partial f_1 \ (N_1, \ N_2)}{\partial N_2}$表示制造技术效率对信息技术效率发展速度的影响，$\dfrac{\partial f_2 \ (N_1, \ N_2)}{\partial N_1}$表示信息技术效率对制造技术效率发展速度的影响。

二、两化融合技术效率自组织演化模型分析

如前所述，当我们计算技术效率增量时，需要通过生产率得到。当忽视规模效应时，生产率的改变由外界技术进步和纯技术效率变化实现。那么，企业内部技术是如何变化的呢？对于这个问题的讨论和后续研究内容直接相关。

我们在第一章探讨了制造企业两化融合的内涵，指出微观制造企业的两化融合一方面表现为信息技术与制造技术相匹配，另一方面表现为信息技术与制造技术的相互促进，信息技术的渗透使制造技术得以提升，制造技术的发展促进信息技术的改良与进步。因此，结合本章内容，我们也可以从两个角度分析制造企业的两化融合，一个是融合，一个是融合过程中的技术进步。依据第一章对制造企业两化融合技术的动态促进模式进行分析，可知企业内部技术变化受到内部作用和外部作用的共同影响。为了厘清企业技术进步的区别，我们根据来源作出区分：将企业内部作用所带来的技术水平提升称为融合技术进步，也就是制造技术和信息技术融合引起的技术提升；将企业外部环境引起的内部技术改变称为引入技术进步，也就是由外界技术引进促使的内部技术提升（见图 6-3）。

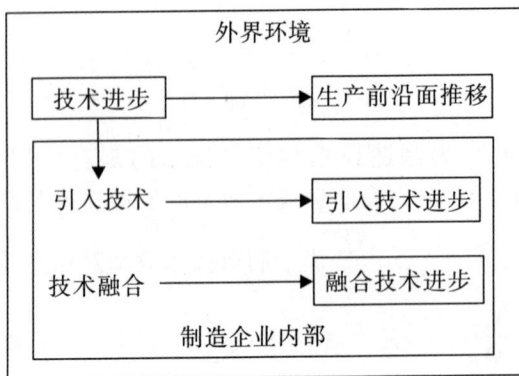

图 6-3 制造企业两化融合技术进步的内涵解析

基于本研究两化融合的主题，我们主要关注的是融合技术进步。后面我们也会提及不同技术进步的不同讨论方式。

我们先来讨论制造技术促进信息技术阶段。

一方面，实践中不论是信息技术还是制造技术的更新都需要资金和研发时间的投入，制造企业的信息化实施也是一个循序渐进的过程，信息技术的应用发展主要受制于制造技术需求，基本是点对点实施信息化。首先，在这个阶段的新信息技术顺利应用之初，会需要一定的时间来做到技术磨合与系统完善，磨合过程中信息技术逐步适应制造技术，信息技术效率的发展速度迅速提高。其次，随着信息技术的逐渐消化吸收，信息技术效率会在一段时间内持续稳定发展。最后，随着技术利用空间趋于饱和，制造技术与信息技术的技术效率差距不断减小，制造技术对信息技术的促进作用随着差距的减小也将慢慢减弱。因此，基于前述给出的技术效率定义，初始制造技术效率为1，信息技术效率 N_1 在制造技术效率的引领下会不断提高，但是这个引领作用会逐渐减弱直至停止。于是，可以提出这个阶段的假设：制造技术效率对信息技术效率发展速度的促进作用为先增后减。也就是说，正常运行状况下，有 $\dot{N}_1 \geq 0$。如果不考虑企业引入技术进步的情况，信息技术效率 N_1 只受到制造技术效率的作用作出改变，并且促进作用先增后减。

另一方面，根据定义，信息技术效率 N_1 作为木桶的短板，是制造企业综合技术效率的体现，可以得出信息技术效率 N_1 就是综合技术效率。

综合这两个方面的分析，制造企业综合技术效率的变化轨迹符合逻辑斯蒂方程（见图6-4）。

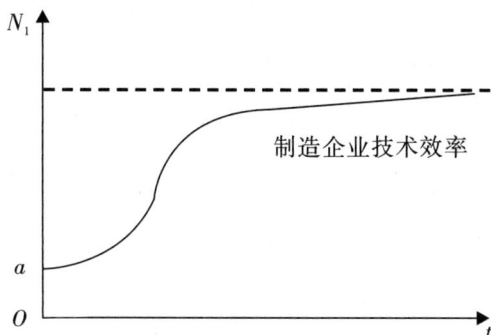

图6-4 制造企业综合技术效率演化轨迹

同样地，在信息技术带动制造技术阶段，企业的综合技术效率等同于制造技术效率。综合技术效率在信息技术效率的引领下，其变化轨迹也符合逻辑斯蒂方程。而在制造技术与信息技术相持阶段，信息技术效率 N_1 和制造技术效率 N_2 相当，相互融合发展，企业的综合技术效率基本稳定。

在第五章我们用同样的原理讨论过融合水平的演化过程。这里的分析和第五章对融合水平的阶段划分是相符的，都是从技术开始磨合到磨合完成，带来企业宏观层面的变化，伴随着融合水平和企业综合技术效率的改变。殊途同归，这也恰恰表明了企业综合技术效率和融合水平是从不同角度对融合程度的测量，同时也阐释了融合水平和技术效率之间的总分关系。

需要说明的是：

（1）并不排除不合理的两化融合建设在初期就埋下恶劣隐患，可能没有出现所说的增长模式迅速恶化的情形，这里只讨论顺利实施模式。

（2）本书在所有章节的讨论中总是单独考虑"引入技术进步"，事实上是因为我们考虑的一个演化周期是从融合视角出发的，这也恰恰是本研究的选题目的。也就是说，我们重点关注两化融合带来的"融合技术进步"，而引入技术进步可以被作为划分周期的重要标志。这样的思路在第四章、第五章都有涉及。

（3）鉴于"融合"是本书的研究主题，划分讨论周期的标志主要有：较大幅度的引入技术进步、较大幅度的投入规模变化、业务变更引起的系统更新等。

三、两化融合技术效率模型的序参量分析

作为协同学理论的核心原理，役使原理重点阐述了序参量在形成系统结构时的决定性作用，因而序参量的确定是研究自组织问题不可避免的课题。确定系统序参量可以帮助制造企业明确当前关键因素，把握建设重点，掌握建设方向，对制造企业两化融合实践有切实可行的指导价值。

在不同的发展阶段，由于信息技术与制造技术的互动作用动态变化，序参量也会有所不同。鉴于经济系统与自然系统的区别，针对理论模型，本章采取序参量定性分析范式。因为制造技术促进信息技术阶段的重点建设内容是信息技术，并且也是瓶颈所在，信息技术效率直接决定企业的技术效率，决定两化融合系统的运行质量，所以，可以认为信息技术效率是制造技术促进信息技术阶段的序参量。同样的分析适用于信息技术促进制造技术阶段，制造技术效率成为新的序参量。

当制造技术效率对信息技术效率的提升作用消耗殆尽时，进入相持阶段。此时二者依然相互促进，相互制约，却难分主次，也就不存在序参量。当某一技术突破僵局，获取技术进步或出现巨大发展障碍时，巨涨落形成，两化融合进入下一个阶段，形成新的发展局势。

序参量役使系统演化，那么企业两化融合建设在三个阶段是如何演化的呢？本章接下来的内容即是对此问题作进一步探讨，以期为企业的两化融合规划提出有价值的指导意见。

第三节　序参量役使下的技术趋同演化模型

企业的制造技术与信息技术并不是独立存在的，但又保有各自的独立性，融合并不是简单的技术叠加，而是相互渗透、相互作用。似乎任何词语都难以表达两种技术融合的无法分割及其独立的一面，谢康等人在2012年发表的《中国工业化与信息化融合质量：理论与实证》[①] 一文中指出工业化与信息化融合是工业化过程与信息化过程相互影响、相互作用的叠加演化过程，本质上是一种趋同或收敛现象。本章即是从技术趋同的视角研

---

① 谢康，肖静华，周先波，等．中国工业化与信息化融合质量：理论与实证 [J]．经济研究，2012（1）：4－16，30．

究制造技术与信息技术相互作用的三个阶段的自组织演化。

一、趋同理论研究综述

趋同的概念源于自然科学的数学学科，其起源含义是收敛。20 世纪 80 年代，自 Abramowitz[①] 和 Baumol[②] 将趋同引入经济学领域后，趋同就一直备受关注。研究趋同理论的最初目的是验证新古典经济增长提出的一个假设，也就是经济增长速度和初始水平关系的假设。经济增长理论认为"趋同"就是国家间或者地区间的收入差距越来越小，并且经济体的经济增长率和所处经济状态与稳定状态的距离正相关，这也是新古典经济增长模型的基本假设。

最早研究趋同的方法是截面回归法，也由此衍生出 β 趋同的概念，称为条件趋同。后来不少学者对此方法提出质疑，弗里德曼（Friedman）[③] 指出新古典经济增长模型所采用的经济增长率对初始经济水平的截面回归有可能陷入了一个误区，因为两个因素的负相关性可能导致方差的增大。Quah[④] 研究发现，对于相互独立的经济体，其经济增长数据的截面回归竟也可能显示趋同，这个结论说明了回归结果是与实际无关的。因而，截面回归方法的内生性问题在研究趋同现象时表现出了明显缺陷。面板数据回归模型能够有效控制经济体的初始经济水平差异，并同时控制其他相关参量，利用面板数据回归方法来研究趋同问题被广泛认可。但是由于条件收敛的 β 趋同研究大都基于参数同质性假设，这一假设会导致应用的不合理。周业安和章泉[⑤] 通过分量回归方法研究城市趋同方式，结论表明城市的差异伴随着经济增长率的差异，他们还发现了参数异质性的存在，条件收敛并不能作为普遍适用的结论。随着空间计量经济学的发展，有关趋同

---

① ABRAMOWITZ M. Catching up, forging ahead and falling behind [J]. Journal of economic history, 1986 (46): 385 – 406.

② BAUMOL W. Productivity growth convergence and welfare: what the long-run data show [J]. American economic review, 1986, 76 (5): 1072 – 1085.

③ FRIEDMAN M. Do old fallacies ever die? [J]. Journal of economic literature, 1992, 30 (4): 2129 – 2132.

④ QUAH D. Empirics for economic growth and convergence [J]. European economic review, 1995, 40 (6): 1353 – 1375.

⑤ 周业安，章泉. 参数异质性、经济趋同与中国区域经济发展 [J]. 经济研究，2008 (1): 60 – 75.

问题的研究也获得了发展。运用空间计量分析方法，吴玉鸣①给出了区域经济增长的分析框架，刘满凤和谢晗进②研究了省域经济集聚与污染集聚所呈现的趋同现象。与趋同现象相反的研究发现了"趋异"现象，张鸿武③研究发现贫穷愈加贫穷，富裕愈加富裕。研究趋同的学者使用了多样化的定义和研究方法使趋同理论在许多领域发展起来，主要用以解释跨经济体间的空间外溢效应。

经济增长理论的趋同研究成果颇多，谢康④将趋同概念用于解释管理科学问题，扩展了趋同理论的应用领域，并初步建立了管理问题的趋同模型。他后续针对两化融合的趋同研究也进行了深入讨论，并指出两化融合实质上是趋同现象，是技术效率的表现。谢康的观点是：实现技术有效的工业企业即是实现两化融合，否则是非融合的。基于此想法，他将两化融合进程视为工业化向信息化融合与信息化向工业化融合两个因素的趋同，建立了两化融合机制的技术效率模型，并在此基础上采取随机前沿分析方法就中国31个省区市的面板数据讨论中国工业化与信息化融合的质量。研究发现：信息化带动工业化路径与二者融合的相关性高于工业化促进信息化路径，两化融合对中国经济增长方式、产业结构调整、人均 GRP、消耗电力和能耗等方面都有影响。

谢康的趋同模型试图在本质上统一企业、产业、区域经济三个层面的两化融合，并对此作出了基础性贡献。然而工业化向信息化融合与信息化向工业化融合的因素难以具体抽象出来，只能做到从区域技术效率来判别融合系数，但这种方法应用于微观企业两化融合显然有些牵强。

本章以此研究思路为基础，探讨制造企业两化融合的内部趋同现象。依据前面定义的制造技术效率和信息技术效率，进一步在理论与方法上发展趋同演化研究体系，并讨论不确定参数下的两化融合建设路径和融合质量。

---

① 吴玉鸣. 中国省域经济增长趋同的空间计量经济分析 [J]. 数量经济技术经济研究，2006，23（12）：101 – 108.

② 刘满凤，谢晗进. 中国省域经济集聚性与污染集聚性趋同研究 [J]. 经济地理，2014，34（4）：25 – 32.

③ 张鸿武. 趋同与中国地区经济差距实证研究 [M]. 北京：经济科学出版社，2013：1 – 35.

④ 谢康. 系统不确定性、趋同与优化——论非系统中的管理科学问题 [J]. 中山大学学报（社会科学版），2005，45（2）：90 – 96.

二、技术趋同分析框架

（一）趋同理论基础

按照谢康等人在《信息化与工业化融合、技术效率与趋同》① 一文中所给出的趋同理论，可从不同角度将趋同作以下分类：

（1）依据趋同的要素属性，分为同质趋同和异质趋同。属性相同的要素趋同为同质趋同，否则为异质趋同。

（2）依据要素的趋同范围，分为条件趋同和无条件趋同。要素的趋同被条件限制于既定范围内的称为条件趋同，无条件约束的称为无条件趋同。

（3）依据趋同速度的不同，分为对称趋同和非对称趋同。要素趋同速度相同的为对称趋同，速度相异的为非对称趋同。

（4）依据趋同方向，分为相向趋同与一致趋同。这一点可以类比于经济增长理论中的"趋同"与"趋异"。

（5）存在博弈的趋同，依据趋同的博弈特征分为一重趋同与多重趋同。

趋同的例子在实际生活中处处可见，人与人之间的习性和语言趋同属于同质趋同，追赶衣着和造型潮流是一致趋同，而避免"撞衫"则属于相向趋同。谢康等人给出的"人车模型"② 中的驾驶员与汽车的磨合所形成的趋同是异质趋同，这里所说的异质趋同是指趋同的要素属性的异质性，前面提到的参数异质性是指要素属性相同，但要素的初始水平不同导致的参数不同，属于不同的概念。

人车模型的趋同模式很直观地描述出了异质趋同的含义。如图 6-5 所示，图中 A 点在纵轴的投影表示驾驶员的驾驶技能可以完全发挥的汽车性能程度，B 点在横轴的投影表示完全发挥汽车性能的相匹配的驾驶员的驾驶技能水平，P 点表示体现出来的综合性能。新驾驶员与豪车的趋同状况为：趋同结果的综合水平高于驾驶员的实际驾驶技术水平，但又低于豪车的配备性能水平，即是说，异质趋同使得汽车性能无法在新驾驶员的驾驭

---

① 谢康，李礼，谭艾婷. 信息化与工业化融合、技术效率与趋同［J］. 管理评论，2009（10）：3-12.

② 谢康，李礼，谭艾婷. 信息化与工业化融合、技术效率与趋同［J］. 管理评论，2009（10）：3-12.

下完全发挥，却在一定程度上提升了新驾驶员驾驶水平的外在体现。

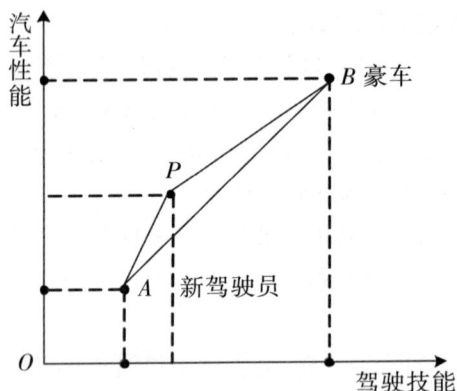

图 6-5　人车模型①

　　可以看出，"人车模型"最终的综合性能并不一定是驾驶员的真实驾驶水平或者确实通过驾驶经验提高了驾驶员的驾驶水平，但并非降低了豪车的性能，而是两种属性的融合所表现出来的综合性能。实质是，异质趋同并不改变趋同要素的属性，而是综合性能的体现。

　　谢康指出趋同的本质是优化，进而又提出了系统优化和非系统优化的趋同。系统优化指内在的优化选择过程，非系统优化指外部优化选择。也就是说，系统优化是要素内部自我优化，非系统优化是跨要素的整体优化。可以认为，异质趋同过程是系统优化与非系统优化同时起作用的过程。比如企业的各部门都做到了系统优化，部门内部效率极高，但是缺少部门间的趋同，没有有效实现非系统优化，那么整体的综合趋同结果就会不尽如人意。

　　（二）基于"人车模型"的思考

　　人车模型很形象地描述了异质趋同的本质，那么，该如何研究这类趋同呢？对于此问题的讨论与本研究的后续研究内容直接相关。谢康的人车模型直观上认为，人车磨合后的综合性能点应在连线的上方。我们可以从学术研究的视角继续探讨这个问题。

―――――――――――

　　① 谢康，李礼，谭艾婷. 信息化与工业化融合、技术效率与趋同 ［J］. 管理评论，2009（10）：3－12.

人车的趋同可以认为是人的驾驶技能和车的性能的异质趋同。假设可以度量驾驶员的驾驶技能并能通过反复试验测试获知与驾驶员完全匹配的汽车，而汽车的性能却很难测量，那么两种不同属性的事物趋同并且其中一种事物的属性无法度量，显然是难以展开研究的。但是，如果我们把"完全匹配"引入进来，事情就会变得简便很多。也就是说，既然汽车性能无法度量，那么，为了研究尺度的统一，可以认为车的性能在数值上就等于与其"完全匹配"的驾驶员的技能值。这样的讨论不仅不影响结果，也使得趋同在同种属性上得到了更合理的解释（见图6-6）。

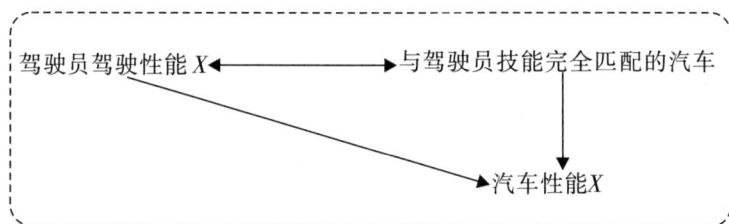

图6-6　引入完全匹配的趋同属性分析

因此，在同一属性视角下，可以重新分析人车模型。图6-5中的点A和点B应位于直线$y=x$上，点A在纵轴的投影表示与驾驶员驾驶技能"完全匹配"的汽车性能，点B在横轴的投影表示与汽车性能"完全匹配"的驾驶员驾驶技能，点P表示融合后的综合性能。

但值得关注的问题是，经过磨合以后，也就是融合后的人和车在技能上并非我们定义的"完全匹配"，而存在着汽车性能的剩余。为了区分融合前后的结果，我们根据本章分析的技术效率引入定义：多种既定技术已经相互融合，如果由于短板技术的原因导致最终存在至少一种技术不能得到充分利用，那么称这种状态为匹配。显然，匹配是在当前不均衡技术条件下融合的结局，是存在技术浪费的综合技术状态。从匹配到完全匹配也是技术浪费最小化的过程。

定义"匹配"和"完全匹配"所带来的优点是很明显的。第一，在同一尺度下，将二维趋同问题简化为一维趋同，这个结论我们在后面的内容中将会给出数学证明，并且可以将此结论推广运用至更高维的异质趋同问题；第二，趋同的本质就是收敛，并追求低性能向高性能靠拢、高性能向低性能释放能量的过程，如此一来，同一属性才能使研究得以开展；第三，既定技术下的趋同（两化的融合、人车的磨合）的理想结果都是匹配①，对于人车模型来说，理想结果就是驾驶员表现出来的驾驶技能最终将和汽车表现出来的汽车性能匹配，两化融合就是制造技术效率将和信息技术效率匹配。

当然，这种处理方式也适用于所有性能都可以测量的情况。比如人车模型中即使已知车的性能测量方法，人的驾驶技能和车的性能依然需要对应到同一个量纲上来，这时我们必须考虑映射，这个映射事实上就是"完全匹配"的对应。要么选择从驾驶员技能映射到车的性能，要么选择从车的性能映射到驾驶员的技能。事实上，这样的映射和完全匹配在数学处理上是完全一致的。

讨论到这里，我们可以得出一个结论即引入"完全匹配"和"匹配"后，异质趋同的讨论在属性上可以统一起来了。必须加以说明的是匹配、完全匹配和技术有效的联系与区别："匹配"是当前多种不均衡技术现状下技术趋同的极限状态，是存在技术浪费的状态；"完全匹配"是均衡技术下趋同的极限状态，或是伴随着技术动态均衡发展的趋同极限，完全匹配是技术有效的必要条件；"技术有效"是最高级别的理想状态，在完全匹配的前提下，如果技术内部做到了结构优化，就是技术有效的。本研究提出的完全匹配是趋同过程中的动态变化的状态，匹配状态的逐步升级也一定伴随着技术内部结构配置的优化，因此，动态的"完全匹配"等价于"技术有效"。在后面的趋同分析中，我们认为"完全匹配"就是"技术有效"。这和前面给出的制造技术效率的定义是完全契合的。

（三）两化融合技术趋同的本质

结合前述分析，信息技术与制造技术在两化融合过程中相互渗透，提升综合技术效率，期许目标与方向一致，因此，信息技术与制造技术属于一致趋同。我们将信息技术与制造技术作为两种技术分析，鉴于信息技术与制造技术作用方式的差异性，信息技术与制造技术的趋同属于二维异质趋同。从技术表征上理解，也可以认为趋同就是制造技术和信息技术的磨合。

---

① 这里的理想结果就是既定的技术被尽可能地充分利用，也就是匹配。注意，匹配和完全匹配是有区别的，因为技术被极大地充分利用，不代表没有技术剩余和浪费，是一种基于当前条件下的优化状态。比如，即使信息技术非常高端，制造技术尽最大可能也无法跟上信息技术的话，那么理想状态就是做到匹配，但是信息技术在匹配后还是有发挥空间。

　　谢康分析了同质趋同在相同趋同参数下的对称趋同演化过程。鉴于信息技术与制造技术的二维异质趋同特性，我们首先需要在理论方法上研究不同趋同参数下二维异质趋同的演化过程。我们还是考虑制造技术带动信息技术的阶段。

　　根据定义，制造技术的初始技术效率是其完全匹配的信息技术的效率。因此，在制造技术的带动下，信息技术向目标信息技术趋同，而制造技术虽然和理想信息技术完全匹配，但基于目前信息技术的现状也只能主动向当前技术趋同或被动"被损耗"，制造技术的技术效率也因此降低。令 $N_1^{(0)} = a$，$N_2^{(0)} = b$ 表示初始观测时刻 t_0 的信息技术效率与制造技术效率，满足 $a < b$，制造技术效率高于信息技术效率，制造技术能量高于信息技术能量。依据前述分析，在趋同周期的初始时刻，$b = 1$。

　　两化融合过程中的效率趋同并不是一蹴而就的，而是参照技术差距逐步调整的，调整的速度受到多方面的影响，也就形成了所谓的多轮趋同。根据高能量向低能量释放能量的动力自然规律，经济社会系统的发展总是追求效率的提升，因此，低技术效率要素趋近于高技术效率要素，并且随着要素的贴近，要素趋同步伐也将逐步放慢。

　　由上，从技术效率的一维角度讨论，如图 6 - 7 所示：

图 6 - 7　技术效率一维趋同

　　我们关于技术效率的定义使得信息技术与制造技术在统一的技术效率坐标下可以对等起来，如图 6 - 8 所示，点 B 在横轴上的投影表示与当前初始制造技术完全匹配的信息技术，根据技术效率定义和完全匹配定义，可得完全匹配的信息技术效率与制造技术效率相等。点 A 在纵轴的投影是与当前初始信息技术相匹配的制造技术的技术效率。点 A 与点 B 表示当前信息技术与当前制造技术所需要的完全匹配的技术组合，点 A 与点 B 都在直线 $y = x$ 上。两化融合的融合过程就是信息技术与制造技术以各自趋同参数彼此靠近，信息技术在制造技术应用方面有所提升，制造技术在信息技术应用方面有所改进。即信息技术在纵轴上受制造技术的吸引由 a 向 b 靠拢，制造技术在横轴上受信息技术的吸引由 b 向 a 靠拢，综合表现出来的性能最后趋于点 C，所呈现的实际技术效率坐标为 (c_1, c_2)。

制造技术

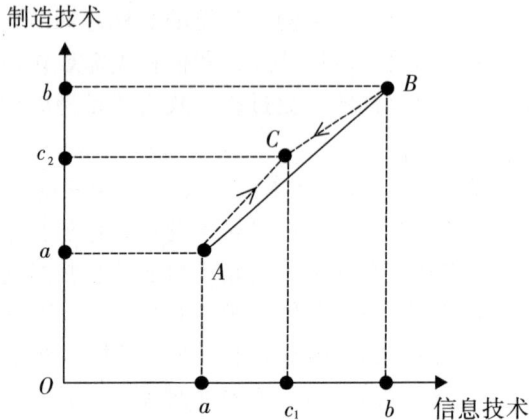

图6-8 技术效率二维异质趋同模式

谢康在一维趋同的讨论中指出要素趋同的等价表述是要素最终趋于同一点，那么二维趋同一定可以趋同到同一点（$c_1 = c_2$）吗？能否将一维二维趋同完全统一起来？不同的趋同参数会如何影响趋同呢？接下来我们将在模型构建与模型分析中讨论这些问题。

三、技术趋同模型

我们利用模型继续讨论制造技术促进信息技术阶段的趋同，接下来没有特别说明的地方都默认为对此阶段进行分析，有关结论可以适用于信息技术带动工业技术阶段。

（一）模型假设

除去制造技术要素与信息技术要素，制造企业内部的人力、管理等因素所带来的影响也不容忽视。我们在分析时并不刻意逃避，为了便于讨论，将其他要素对两化融合的影响和作用映射于趋同参数中。当然，必要的模型假设不可或缺。

首先，我们讨论理想状态下的技术趋同环境。虽然外界的技术进步无时无刻不在进行，但企业内部技术却不能做到时时更新，我们可以找到一个企业没有引入技术进步的或长或短的时期。因此，给出假设：企业技术效率讨论的一个趋同周期内不存在引入技术进步。

这里所说的一个趋同周期是指从开始趋同到收敛，本质上是既定技术的磨合周期。上述假设的给定保证了在一个趋同周期的讨论范畴内，技术效率的改变并不是由引入技术进步引起，而是融合的结果。即是说，一个趋同周期内信息技术效率的变动是其向制造技术效率趋同的内因所致，而不是前沿面的推移所导致，也并非受要素投入而变化影响。当然，跨周期讨论趋同时，企业引入技术进步又将成为一个必要前提。

其次，在考虑技术趋同时，要素的追加投入将由于规模效应而使得趋同的绩效分析更加复杂，基于建模的基本假设，我们采取和技术进步同样的分析方法，即总能存在一个或长或短的时期，要素趋同只是要素的配置发生变化而不存在要素规模上的扩大，于是有假设：企业技术效率讨论的一个趋同周期内不存在要素规模变化或不存在显著变化。

要素规模不变的假设保证了一个趋同周期的始末状态的可对比性。当然，更普适的情形将作为后续研究的重要方面。

结合上述两个假设，一个周期的开始应是以要素规模的显著变化和引入技术进步为标志进行划分的，这也为我们分析融合问题提供了划分周期的方法。

如前所述，两个要素的趋同并非一蹴而就，一个趋同周期内可以发生多次趋同构成。因此，要素趋同的步伐就值得关注了。谢康等人在《信息化与工业化融合、技术效率与趋同》[①] 一文中引入趋同系数表示要素影响力的大小，认为影响力大的要素趋同速度低，并以此系数作为衡量要素趋同的步伐。对于此观点，我们将作进一步深入分析并给出规范解释，在要素趋同过程中，类比于消除冗余的成本差异，当要素之间差距越大时，低能量要素的提升越容易，提升力度将会越大；反之，当要素的距离逐渐拉近，提升难度加大，提升力度也会随之减弱。我们可以基于最简单的假设，即要素的趋同速度与该要素和其他要素的差异程度成正比关系：

$$\Delta N_i^k = r_i^k d\ (N_i^{k-1}) \qquad\qquad (6-6)$$

于是，趋同参数可以表述为：

$$r_i^k = \frac{\Delta N_i^k}{d\ (N_i^{k-1})}$$

其中，ΔN_i^k 表示要素 N_i 在 k 时刻的改变量，$d\ (N_i^{k-1})$ 表示 $k-1$ 时刻要素

① 谢康，李礼，谭艾婷. 信息化与工业化融合、技术效率与趋同 [J]. 管理评论，2009（10）：3-12.

N_i 与其他要素间的距离，r_i^k 即是所说的趋同系数。我们就此再进一步讨论，显然，r_i^k 数值上等于增量与距离的比值，实际问题中 r_i^k 应是不能完全确定的变量。我们暂且选择取其均值并将其视为常数，即要素 N_i 在 k 时刻改变量 ΔN_i^k 与 $k-1$ 时刻要素间距离 $d（N_i）$ 成正比，对任意的趋同时刻 k，应有：

$$r_i = \frac{\Delta N_i^k}{d（N_i^{k-1}）} \qquad (6-7)$$

假设要素的趋同速度与该要素和其他要素的差异程度成正比。根据式（6-7）可以得出重要的结论。r_i 的数值含义是单位要素间距离的要素改变量，一方面，其和要素自身技术基础与技术环境有关；另一方面，其极大地依赖于人力投入、管理力度倾斜等主观因素。因此，通过调控趋同系数有望有效控制趋同的结局。

这里，r_1，r_2 分别为信息技术与制造技术两个要素的趋同参数，两化融合系统技术趋同过程受其他因素的影响都包含在趋同参数中。两化融合是一个信息技术与制造技术相互渗透的渐进过程，融合有一定的连续性和循序渐进性，因此，可以认为趋同参数 $0 < r_1$，$r_2 \ll 1$。

（二）模型构建

信息技术和制造技术趋同可以用技术效率的动态变化构建模型。将式（6-7）展开，假设经过 k 轮趋同，此时信息技术效率与制造技术效率应满足趋同模型：

$$N_1^{(k)} = N_1^{(k-1)} + r_1 （N_2^{(k-1)} - N_1^{(k-1)}） \qquad (6-8)$$

$$N_2^{(k)} = N_2^{(k-1)} + r_2 （N_1^{(k-1)} - N_2^{(k-1)}） \qquad (6-9)$$

这里要素的距离被视为技术效率之差。可以发现，利用技术效率构建的趋同模型从形式上已经等同于一维趋同模型，这样大大简化了后续的推导计算。

暂且避开烦琐的证明，我们来分析最终的趋同状态。假设经过 m 轮趋同，技术效率状态收敛到 $N_1^{(m)}$，$N_2^{(m)}$。如果 $N_1^{(m)} < N_2^{(m)}$，差距的存在会导致下一轮趋同，并按照式（6-8）、（6-9）进行演化。如果 $N_1^{(m)} > N_2^{(m)}$，同样地，趋同的优化能力将会带动信息技术与制造技术遵循反方向的式（6-8）、（6-9）趋同。由此分析可以得出，最终趋同的理想状态将是匹配状态，即 $N_1^{(m)} = N_2^{(m)}$。当然，这样的结论和我们给出的信息技术效率的定义相关，趋于同一个技术效率水平的结论显然使得这里的二维异质趋同从形式和数学推导上都等同于一维趋同。显然，这也是验证模型有效性的重要方面。

于是可以将要素趋同和要素收敛于同一点等价起来，这和 Durlauf[①] 提出的同质趋同定义是契合的。由此趋同收敛点 $c = c_1 = c_2$，称之为融合技术效率 c，就是前面我们提到的企业综合技术效率。

接下来我们来证明这个结论，也同时验证模型有效性。首先，式（6-8）、（6-9）可进一步整理为：

$$N_1^{(k)} = (1 - r_1) N_1^{(k-1)} + r_1 N_2^{(k-1)} \qquad (6-10)$$

$$N_2^{(k)} = r_2 N_1^{(k-1)} + (1 - r_2) N_2^{(k-1)} \qquad (6-11)$$

简写为：

$$\begin{pmatrix} N_1^{(k)} \\ N_2^{(k)} \end{pmatrix} = \begin{pmatrix} 1 - r_1 & r_1 \\ r_2 & 1 - r_2 \end{pmatrix} \begin{pmatrix} N_1^{(k-1)} \\ N_2^{(k-1)} \end{pmatrix} \qquad (6-12)$$

令技术效率状态向量 $N = \begin{pmatrix} N_1 \\ N_2 \end{pmatrix}$，状态转移矩阵 $A = \begin{pmatrix} 1 - r_1 & r_1 \\ r_2 & 1 - r_2 \end{pmatrix}$，则 $N^{(0)} = \begin{pmatrix} a \\ b \end{pmatrix}$，上式可以进一步表示为定常差分方程：

$$N^{(k)} = AN^{(k-1)} \qquad (6-13)$$

于是类推得：

$$N^{(k)} = AN^{(k-1)} = A^2 N^{(k-2)} = \cdots = A^k N^{(0)} \qquad (6-14)$$

首先求解矩阵 A 的特征根，令 $|\lambda I - A| = 0$，当 $r_1 + r_2 \neq 1$ 时，求得矩阵 A 有两个特征根，$\lambda_1 = 1$，$\lambda_2 = 1 - r_1 - r_2$。对应的特征向量为：

$$P_1 = \begin{pmatrix} 1 \\ 1 \end{pmatrix}, \ P_2 = \begin{pmatrix} r_1 \\ -r_2 \end{pmatrix}$$

记矩阵 $P = (P_1, P_2)$，可以求得：

① DURLAUF S N, JOHNSON P A. Multiple regimes and cross-country growth behavior [J]. Journal of applied econometrics, 1995 (10): 365 - 384.

$$P^{-1} = \frac{1}{r_1 + r_2} \begin{pmatrix} r_2 & r_1 \\ 1 & -1 \end{pmatrix}$$

矩阵 A 的若当分解为：

$$A = PJP^{-1} \qquad (6-15)$$

其中，若当块矩阵 $J = \begin{pmatrix} 1 & 0 \\ 0 & 1-r_1-r_2 \end{pmatrix}$，结合式（6-14）与式（6-15），可以得到：

$$N^{(k)} = PJ^k P^{-1} N^{(0)} = \frac{1}{r_1 + r_2} \begin{pmatrix} r_2 a + r_1 b + (a-b) r_1 (1-r_1-r_2)^k \\ r_2 a + r_1 b - (a-b) r_2 (1-r_1-r_2)^k \end{pmatrix} (6-16)$$

显然，基于 $0 < r_1$，$r_2 \ll 1$ 的假设，

$$\lim_{k \to \infty} N^{(k)} = \begin{pmatrix} \dfrac{r_2 a + r_1 b}{r_1 + r_2} \\ \dfrac{r_2 a + r_1 b}{r_1 + r_2} \end{pmatrix} \qquad (6-17)$$

N_1 与 N_2 经过多轮趋同后，极限状态趋于同一个值，即是说，信息技术要素与制造技术要素在技术效率上是趋同的。图 6-8 中的融合点 C 应该处于点 A 和点 B 的连线上，图 6-8 的趋同方式等同于图 6-7 的趋同方式。这一结论并不特殊，可以很容易地运用推广到高维异质趋同问题。

（三）模型分析

需要说明的是，低效率技术向高效率技术趋同比较容易直观感受，而高效率向低效率的趋同似乎有违和感。我们可以从两个角度体会：第一，由于信息技术效率代表的综合技术效率较低，制造技术效率无法充分发挥或者制造技术效率在向其倾斜时客观上的技术效率有所损耗；第二，基于管理者角度的协调平衡发展目的，主观上通过制造技术向信息技术靠拢，以提升融合技术效率的整体性能，优化思路。因此，r_1，r_2 的值很大程度上受决策者的思路影响。

不考虑外界的技术进步和内部的引入技术进步，依照前面给出的技术效率的定义，结合 $a < b \leqslant 1$，计算匹配时的融合技术效率对应的理想产出 $Q_{理}$ 为：

$$Q_{理} = \left(\frac{r_2 a + r_1 b}{r_1 + r_2} \right) \cdot Q^* < Q^* \qquad (6-18)$$

或是：

$$Q_{理} = \left(\frac{r_1 \dfrac{b}{a} + r_2}{r_1 + r_2} \right) \cdot Q_0 > Q_0 \qquad (6-19)$$

依据式（6-18）和式（6-19），可以得到以下结论：

结论1：融合技术效率介于初始状态下的制造技术效率和信息技术效率之间。

两化融合的技术趋同后，信息技术效率升高，而制造技术效率有所损耗，没有完全匹配。融合技术效率进一步整理为：

$$c = \frac{r_2 a + r_1 b}{r_1 + r_2} = \frac{r_2 a + r_1 a - r_1 a + r_1 b}{r_1 + r_2} = a + \frac{b-a}{1 + \dfrac{r_2}{r_1}} \qquad (6-20)$$

结论2：融合技术效率值取决于比值 $\dfrac{r_1}{r_2}$，$\dfrac{r_1}{r_2}$ 越小，融合技术效率越低。

趋同参数的数值表示了单位要素距离下的要素改变量。因此，在两化融合工业化促进信息化阶段，制造技术作为序参量的影响力比重越大于信息技术影响力，融合技术效率越高，越接近于初始制造技术效率 b。调控要素影响力比值和趋同力度成为提升融合技术效率的关键。

进一步地，式（6-20）可以变化为：

$$\frac{r_1}{r_2} = \frac{c-a}{b-c} \qquad (6-21)$$

r_1 与 r_2 的比例关系如图6-9所示：

图6-9 融合技术效率位置与趋同参数关系

于是得到结论2的并行结论：

结论3：比值 $\dfrac{r_1}{r_2}$ 的数值表现为融合技术效率对初始制造技术效率和初始信息技术效率的分割。

更进一步地，根据技术效率定义，有：

$$\frac{r_1}{r_2} = \frac{\dfrac{\Delta N_1^k}{d\ (N_1^{k-1})}}{\dfrac{\Delta N_2^k}{d\ (N_2^{k-1})}} = \frac{\Delta N_1^k}{\Delta N_2^k}$$

结论4：加大力度倾斜发展低效率技术，提升每轮趋同的低技术效率改变量，将影响最终趋同的融合技术效率。

值得关注的结论是，系统的趋同极限状态下制造技术与信息技术匹配，考虑由差分方程（6－13）给出的离散时间系统，由于将收敛点作为 $N^{(k-1)}$ 代入方程（6－15）进入迭代，可以求得 $N^{(k)} = N^{(k-1)}$。因此，收敛点即是平衡点。

进一步地，我们可以证明系统只有收敛点这一个非零平衡点，也就是说，趋同只会走向这一个状态。将式（6－13）整理为：

$$N^{(k)} - N^{(k-1)} = AN^{(k-1)} - N^{(k-1)} = (A - I)\ N^{(k-1)}$$

系统的平衡点满足 $N^{(k)} = N^{(k-1)}$，即 $(A - I)\ N^{(k-1)} = 0$，因此非零平衡点存在的充分条件是矩阵 $(A - I)$ 奇异。而：

$$|A - I| = \begin{vmatrix} 1 - r_1 - 1 & r_1 \\ r_2 & 1 - r_2 - 1 \end{vmatrix} = 0$$

因此系统存在非零平衡点，并且矩阵秩为1，非零平衡点只有一个。所以当系统技术效率进入极限状态时，两化融合进入第二阶段的制造技术与信息技术的相持阶段。此刻，要素技术效率的彼此促进能力已消耗殆尽，只是在微小的调整中相互作用。就如人车模型中豪车与新驾驶员经完全磨合后所综合体现的技能已经提升至极致，随着时间的推移，综合技能可能还会缓慢提升，可这却是由驾驶员的经验所致，也可以认为是由驾驶员的引入技术进步促成的综合技能提升。但最终无法超越豪车的性能，除非豪车配置升级，即豪车方面做到技术进步。

相持阶段的系统将会协调发展，而前述趋同模型的模式已经无法突破局面。只有当信息技术或制造技术在融合中从外界环境吸取更多的能量提高自身的技术效率，新的融合模式才开始。演化由此进入了第三阶段，比如制造技术革新包括新制造技术引入、业务流程优化调整、制造模式升级等，信息技术革新包括先进信息技术引入、智能技术升级等方面。第三阶段的融合与第一阶段类同。当然，不排除实际问题的多样性与随机性，这里仅探讨理论模式。

四、考虑不确定趋同参数的趋同模型

对于理想状态下的结论，显然不能完全令人满意。两化融合建设在现实中总是不能如此顺畅地融合到最佳状态。究其原因，前述理想状态下模型假设趋同参数是确定的，但在实际中，制造企业两化融合除了受到确定性因素影响外，还受多方面不确定性因素的影响。在第四章关于熵的讨论中，我们知道两化融合的管理质量、领导者理念、企业结构、技术契合度等都存在不确定性，加上内外部环境的干扰与随机因素，这些不确定性必然导致实际融合与理想结论的正向或负向偏离。由此就会产生额外收益或机会成本，我们称之为协调收益或偏离成本，用以体现融合有效性。

（一）均匀分布不确定性下的趋同模型

趋同演化的递进性是融合的优化选择，所以技术效率的状态转移方式并不受不确定性的影响，不确定性通过改变趋同参数体现其作用。为了便于讨论，我们可以认为不确定性均匀分布于离散时间对应的趋同参数中，且由此提出以下两个假设：

（1）制造技术与信息技术趋同的不确定性因素通过两化融合的趋同参数影响系统演化；

（2）不确定性与时间无关。

基于前述分析，模型（6-8）、（6-9）进一步成为：

$$N_1^{(k)} = (1 - r_1 - \Delta r_1) N_1^{(k-1)} + (r_1 + \Delta r_1) N_2^{(k-1)} \qquad (6-22)$$

$$N_2^{(k)} = (r_2 + \Delta r_2) N_1^{(k-1)} + (1 - r_2 - \Delta r_2) N_2^{(k-1)} \qquad (6-23)$$

记 $\bar{r}_1 = r_1 - \Delta r_1$，$\bar{r}_2 = r_2 - \Delta r_2$，因为在一维趋同中，趋同参数之和等于1事实上表示一步趋同到收敛点，显然与实际情况不符。因此我们不讨论趋同参数之和大于1的情形。另外，加入不确定性后低效率技术可能会因为融合策略不确定问题出现技术效率降低的极端情况，其趋同参数可能小于0，这种情况也将被考虑在内。于是，在制造技术促进信息技术阶段，有 $\bar{r}_2 > 0, \bar{r}_1 + \bar{r}_2 \leqslant 1$。相应地，在信息化带动工业化阶段，有 $\bar{r}_1 > 0$，$\bar{r}_1 + \bar{r}_2 \leqslant 1$。

模型的状态转移矩阵 $A = \begin{pmatrix} 1 - \bar{r}_1 & \bar{r}_1 \\ \bar{r}_2 & 1 - \bar{r}_2 \end{pmatrix}$，求得矩阵 A 的特征根，$\lambda_1 = 1$，$\lambda_2 = 1 - \bar{r}_1 - \bar{r}_2$。

$$N^{(k)} = \frac{1}{\bar{r}_1 + \bar{r}_2} \begin{pmatrix} \bar{r}_2 a + \bar{r}_1 b + (a - b)\bar{r}_1 (1 - \bar{r}_1 - \bar{r}_2)^k \\ \bar{r}_2 a + \bar{r}_1 b - (a - b)\bar{r}_2 (1 - \bar{r}_1 - \bar{r}_2)^k \end{pmatrix} \quad (6 - 24)$$

①当 $\bar{r}_1 + \bar{r}_2 = 1$ 时，系统经一步趋同至 $\begin{pmatrix} \bar{r}_2 a + \bar{r}_1 b \\ \bar{r}_2 a + \bar{r}_1 b \end{pmatrix}$。

②当 $|1 - \bar{r}_1 - \bar{r}_2| < 1$ 时，即 $0 < \bar{r}_1 + \bar{r}_2 < 1$，求得：

$$\lim_{k \to \infty} N^k = \begin{pmatrix} \dfrac{\bar{r}_2 a + \bar{r}_1 b}{\bar{r}_1 + \bar{r}_2} \\ \dfrac{\bar{r}_2 a + \bar{r}_1 b}{\bar{r}_1 + \bar{r}_2} \end{pmatrix}$$

若 $\bar{r}_1 \geqslant 0$，有：

$$a = \frac{\bar{r}_2 a + \bar{r}_1 a}{\bar{r}_1 + \bar{r}_2} \leqslant \frac{\bar{r}_2 a + \bar{r}_1 b}{\bar{r}_1 + \bar{r}_2} \leqslant \frac{\bar{r}_2 b + \bar{r}_1 b}{\bar{r}_1 + \bar{r}_2} = b$$

融合技术效率位于初始信息技术效率与初始制造技术效率之间。

若 $\bar{r}_1 < 0$，有：

$$\frac{\bar{r}_2 a + \bar{r}_1 b}{\bar{r}_1 + \bar{r}_2} < \frac{\bar{r}_2 a + \bar{r}_1 a}{\bar{r}_1 + \bar{r}_2} = a$$

不确定性下的融合技术效率低于初始信息技术效率，企业综合技术效率不进反退，同等要素投入下的产出下降，表明两化融合建设失败。前文中曾举例广东省某电梯制造企业，由于前期实施的信息系统与业务流程出现了"两张皮"的现象，导致在电梯制造峰值期停产三个月，这就是融合的倒退现象。并且不确定性带来的 $\left| \dfrac{\bar{r}_2}{\bar{r}_1} \right|$ 越低，融合技术效率越低。

③当 $|1 - \bar{r}_1 - \bar{r}_2| > 1$ 时，即 $\bar{r}_1 + \bar{r}_2 < 0$，模型没有收敛解，制造技术与信息技术不趋同。这种情况可能导致信息技术效率大幅度负向趋同，系统失稳，当技术退步严重时，系统可能面临崩溃；也可能是制造技术单方面技术发展过快，使得融合的意义不再显著。

（二）时变趋同参数的趋同模型

本章所讨论的趋同模型平衡态并非原点。设 $N^{(k)} = AN^{(k-1)}$ 的收敛点为 N^*，根据前述分析有 $N^* = (C, C)^T$。对式（6-13）进行线性变换，令 $\widetilde{N}^{(k)} = N^{(k)} - c$，考虑式（6-8）、（6-9），得到：

$$\widetilde{N}_1^{(k)} + c = \widetilde{N}_1^{(k-1)} + c + r_1 \left(\widetilde{N}_2^{(k-1)} + c - \widetilde{N}_1^{(k-1)} - c \right)$$

$$\widetilde{N}_2^{(k)} + c = \widetilde{N}_2^{(k-1)} + c + r_2\left(\widetilde{N}_1^{(k-1)} + c - \widetilde{N}_2^{(k-1)} - c\right)$$

整理可得形同式（6-8）、（6-9）的模型：

$$\widetilde{N}^{(k)} = A\,\widetilde{N}^{(k-1)} \tag{6-25}$$

因此，可以证明趋同模型（6-13）的收敛点稳定性和模型（6-25）的原点稳定性是等价的。

当不确定性不是均匀分布于每一个趋同环节时，趋同参数就是时变的。此时，趋同模型成为：

$$\widetilde{N}^{(k)} = A(k-1)\,\widetilde{N}^{(k-1)} \tag{6-26}$$

依据李雅普诺夫稳定性理论，有判定原点平衡态的稳定性的判据：

引理 1：离散时变线性系统 $x(k+1) = G(k)\,x(k)$，$k=0$，1，2，…，一致渐进稳定的充要条件是对于任何一致有界、一致对称正定的 $n \times n$ 矩阵 $Q(k)$，下述李雅普诺夫差分方程：

$$G^{\mathrm{T}}(k)P(k+1)G(k) - P(k) + Q(k) = 0$$

关于 $P(k)$ 存在唯一的一致有界、一致对称正定解。

由于 $G(k)$ 测定困难，由引理判别趋同模型的稳定性存在一定难度。鉴于趋同参数的含义，对其时变性的讨论可以转为参数存在不确定性的讨论，认为趋同参数是某一确定值上附加不确定性的体现。

假设矩阵 A 的不确定性 ΔA 是模有界的干扰，$|\Delta A| < \alpha$，$\alpha > 0$。因此，式（6-26）的稳定性等价于：

$$\widetilde{N}^{(k)} = (A + \Delta A)\,\widetilde{N}^{(k-1)}$$

其中，ΔA 为随机变量。进一步的仿真分析在下一节讨论。

（三）不确定性下的融合质量

综合以上，不确定性将极大地影响融合效果，减少人为负向影响尤为关键。那么，不确定性对两化融合的影响到底有多大呢？针对趋同收敛的情形，我们作如下讨论。

理想状态下趋同的匹配状态对应的制造企业技术效率为 $\dfrac{r_2 a + r_1 b}{r_1 + r_2}$，不确定性干扰加入后对应的实际产出记为 $Q_{\text{融}}$，产出之差可以认为是不确定性带来的产出偏离有：

$$\widetilde{Q} = \left| Q_{融} - Q_{理} \right|$$

当 $Q_{融} < Q_{理}$ 时，$\widetilde{Q}$ 为偏离成本；当 $Q_{理} < Q_{融}$ 时，$\widetilde{Q}$ 为协调收益。结合第四章阐述的两化融合系统内外部的不确定性可知，内部不确定性大部分由人为因素引起并可以人力调控，外部不确定性在经由内部因素反馈至系统的过程中也可以被人力因素修正调整。所以，系统发展有足够的空间发挥人力资源的作用。事实上，实际问题测算 $\widetilde{Q}$ 只需计算 $Q_{理}$ 和实际产出比较差值即可。

偏差代表融合偏离理想技术效率的程度，记：

$$q = \frac{Q_{融} - Q_{理}}{Q_{理}}$$

其中，q 为融合质量系数，表示两化融合的融合质量。如果 $q < 0$，表明不确定性带来的偏离成本，并且 q 越小，融合质量越差；如果 $q \geq 0$，表示不确定性带来的协调收益，并且 q 越大，融合质量越好。

第四节　仿真分析及理论解释

一、趋同参数对技术趋同的影响

假设已知某制造企业技术效率为 0.6，分析企业两化融合的一个趋同周期里趋同参数对融合技术效率的影响。

（1）趋同参数同比例下的技术效率演化。

特定比例取为 $r_1/r_2 = 5/3$。$r_1 = 0.1$，$r_2 = 0.06$，通过分析 $a = 0.6, b = 1$ 可知融合技术效率为：

$$c = a + \frac{b - a}{1 + \dfrac{r_2}{r_1}} = 0.85$$

再取 $r_1 = 0.05$，$r_2 = 0.03$，同样地，有融合技术效率 $c = 0.85$。

利用 Matlab 绘制技术效率在趋同模型下的演化曲线，得到图 6 - 10：

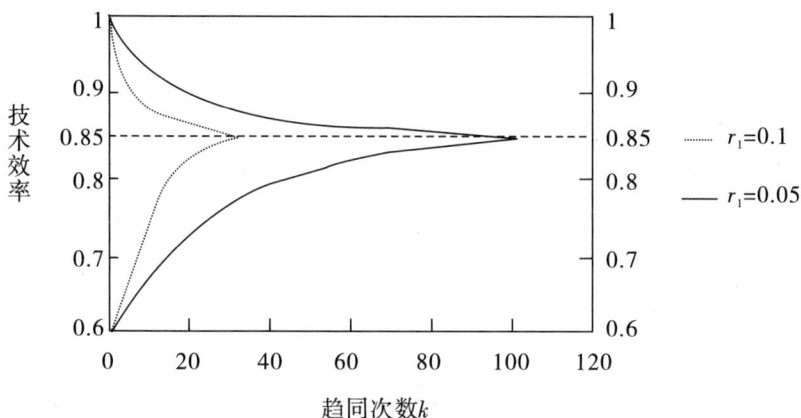

图 6 - 10 趋同参数同比例下的技术效率演化轨迹

可以看出，在一个趋同周期内，同比例下融合技术效率相等，趋同收敛于同一点，这也验证了前文所述结论。并且通过观察，可以看出当低效率技术的趋同参数越大时，趋同次数越少，也将越容易达到匹配状态。

（2）趋同参数不同比例下的技术效率演化。

我们还是取 $r_1/r_2 = 5/3$，$r_1 = 0.1$，$r_2 = 0.06$ 时的趋同结论和演化轨迹与 $r_1/r_2 = 1$，$r_1 = 0.05$，$r_2 = 0.05$ 的情况相对比。

由理论分析，当 $r_1/r_2 = 1$，$r_1 = 0.05$，$r_2 = 0.05$ 时，可计算出融合技术效率为 0.8。绘制这两种状况的演化轨迹，得到图 6 - 11：

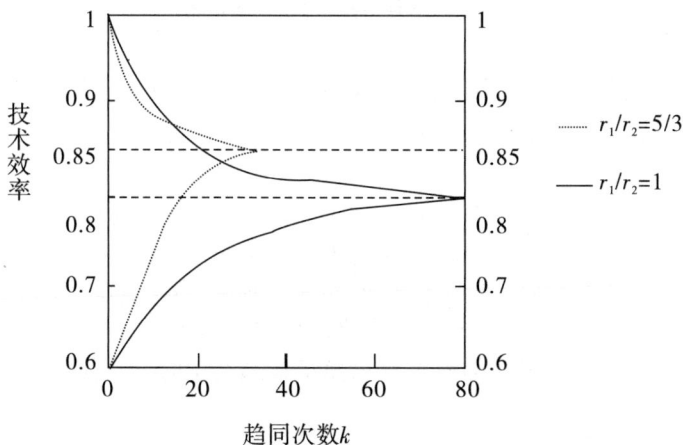

图 6 - 11 趋同参数不同比例下的技术效率演化轨迹

如图 6 – 11，同等条件下，趋同参数比例决定了融合技术效率的数值，比例越大，融合技术效率数值越大。

二、不确定性对技术趋同的影响

针对 $r_1 = 0.1$，$r_2 = 0.06$，$a = 0.6$，$b = 1$，假设趋同参数围绕既定数值变化，服从正态分布，用 Matlab 进行仿真分析，取趋同步数为 30，则有：

（1）$r_1 \sim N$（0.1，0.3），$r_2 \sim N$（0.1，0.3）。如图 6 – 12 所示：

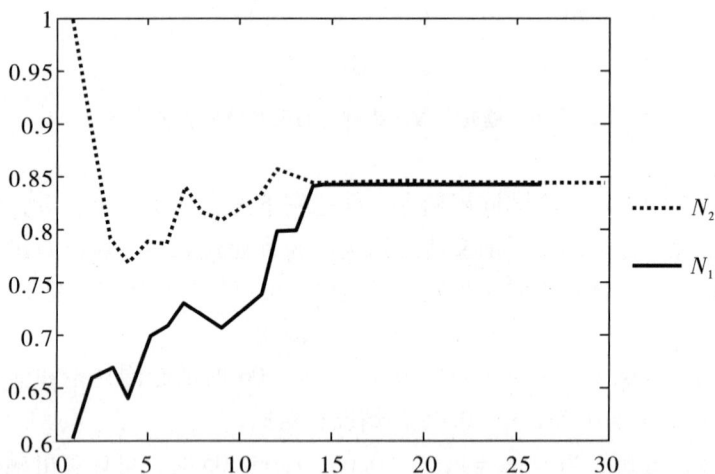

图 6 – 12 $r_1 \sim N$（0.1，0.3）与 $r_2 \sim N$（0.1，0.3）时
不确定性对融合技术效率的影响

经过多次仿真对比，信息技术和制造技术的融合技术效率总能在不同的趋同次数稳定趋于 0.85。

（2）$r_1 \sim N$（0.1，0.7），$r_2 \sim N$（0.1，0.7）。

当标准差变为 0.7 时，多次仿真的结果差别很大，技术效率很难收敛。出现前述不确定分析的两种状况，如图 6 – 13 所示。因此，把握不确定性的正向作用，将负面影响最小化对两化融合建设至关重要。

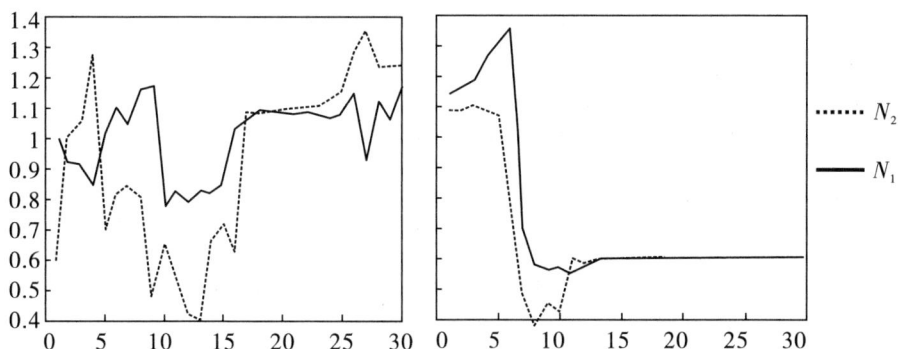

图 6 – 13　　$r_1 \sim N$（0.1，0.7）与 $r_2 \sim N$（0.1，0.7）时
不确定性对融合技术效率的影响

三、研究结论的理论意义

本章基于技术效率自组织演化理论模型，分析确定序参量，并利用趋同理论探讨序参量引领下的三个阶段的技术效率演化模式。主要的理论贡献有：

（1）序参量与技术效率的相通性。文中的序参量认定依据是由于各阶段的发展受制于序参量，因此选取各阶段较低效率的技术效率为序参量；而由木桶原理定义较低的技术效率等于企业技术效率，其含义同样是较低效率体现了整体性能，同时遏制了企业技术效率的发展。从定义和含义上都将序参量和技术效率的概念连通了起来。

（2）将融合与趋同联系起来。首次将微观企业内部的融合和趋同联系起来，这样的思路可以拓展到其他的融合问题中去。比如"互联网＋"就是互联网技术与其他产业业务和技术的有机结合，其本质应是互联网与其他产业的融合，也就是趋同。这也构成了进一步的研究方向与研究重点。

（3）企业内部技术的技术效率概念引入。技术效率的有关研究分为两类，一类是对于宏观对象生产率的研究，比如国家、产业、行业，一类是对于企业或单元整体绩效的讨论。把技术效率引入企业内部进行微观分析是一次理论和应用上的大胆尝试，也是对融合问题的一种新的处理方法。

（4）趋同理论及方法的改进与探讨。趋同概念起源于经济增长理论，相关研究也都聚焦于经济领域，谢康后将趋同论引入了管理科学领域。本研究在前人的研究基础上，作出了如下尝试：

①进一步深入关于趋同模型及二维异质趋同的讨论；

②"匹配"和"完全匹配"的引入使得异质趋同可以在统一尺度下讨论；

③修正趋同参数的含义及其起因；

④对于技术效率的分析，将一维趋同与二维趋同对等起来，这个结论可以运用推广至高维异质趋同问题；

⑤不确定性是趋同过程中必然存在的，并极大影响趋同结果，本研究对趋同过程中的不确定性进行了初步探讨分析；

⑥通过技术效率趋同研究讨论了融合质量。虽然关于趋同理论和方法的研究还有很多工作要做，但本研究结论对趋同理论和方法论的研究以及融合问题的研究都可能具有重要意义。

（5）匹配与趋同的有机联系。匹配问题在实际生活中很常见，融合问题可以认为是其中一类。我们从匹配的角度分析两化融合，所得结论和方法同样适用于其他匹配问题。基于本章给定概念，将匹配、融合与趋同有机结合起来，如图 6-14 所示。

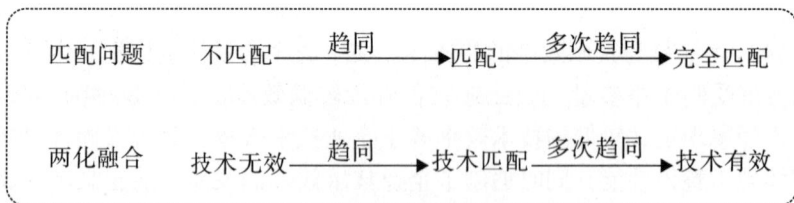

图 6-14　匹配问题的趋同演化路径

第五节　制造企业两化融合技术效率自组织演化的实践启示

本章基于两化融合的三个阶段，讨论了不同阶段的序参量及其役使下的系统趋同演化。对于制造企业两化融合建设的实践提出如下建议：

（1）把握序参量的支配作用。不同阶段有不同序参量，企业在评估自身融合水平及技术状况的情况下，确定序参量有助于确立当前的发展重点。在制造技术促进信息技术阶段应重点关注信息技术的瓶颈问题，而在信息技术带动制造技术阶段应重点提升制造技术相关方面的建设。

（2）重视技术效率与两化融合的关系。技术效率的动态变化和两化融合的进行是如影相随的，技术效率演化也是融合的宏观表征之一。我们将企业的经济效益同两化融合有机联系起来，企业可以从全要素生产率的变化确定内部技术的配置状况，从宏观技术效率入手寻根问源，跟进两化融合建设。

（3）关注技术进步的引领作用，实现跨周期趋同和技术效率的阶跃式发展。我们讨论的趋同周期内不含有引入技术进步，因为引入技术进步导致的前沿面推移使得趋同具有了二重性。文中的趋同分析启示我们，企业内部的技术进步是划分周期的主要依据，如果企业能维持和外界技术环境的共进，在成本允许的条件下及时更新技术，便可以提前结束本周期趋同，进入下一周期趋同，技术效率将得到有效的跳跃式提升。

（4）调控趋同参数提高融合技术效率。研究表明，两个技术效率趋同参数的比值决定两化融合的融合技术效率，而趋同参数作为制造技术和信息技术趋同的力度表征，在相当程度上受管理决策的主观影响。因此，通过调控趋同参数提高融合技术效率，从而达到提高系统融合质量的目的是可行有效的。基于研究所给结论，$\frac{r_1}{r_2}$越小，融合技术效率越低，相对来说，关注低效率技术的快速提升是提高企业的综合技术效率产出率的有效途径。

（5）重视不确定性的影响，尽量提高协调收益、消除偏离成本。现实中的两化融合建设并不总能顺畅，但也可能取得出乎意料的成效。因此，应正确认识不确定性，并通过管理决策、系统分析、经验判断等方法来适度调控不确定性，正确引领不确定性向良性方向发展，并优化不确定性的影响。

第七章　制造企业两化融合核心要素的自组织演化

前面探讨了两化融合的演化机制，分别对两化融合水平的分阶段规划、两化融合制造技术与信息技术建设重点的确定及相关策略进行了分析。针对两化融合《评估规范》所列的具体建设项目，制造企业究竟应该如何根据自身特点实施两化深度融合呢？融合发展的支配因素是什么？未来的融合建设演化趋势是什么？关于这些问题的定量讨论值得进一步深入思考。本章采用协同学理论，首先构建了主成分演化模型并提出了基于主成分的确定序参量新方法，然后通过实际案例对两化融合要素的序参量进行了深入切实的剖析。

第一节　自组织的协同学研究方法简述

协同学的发展至今已四十多年，虽曾受到诸多批评和质疑，也逐渐地被广泛认可。在批判声中，其数学推理逻辑越来越严谨，伺服原理作为协同学的核心原理也在很多学科中得到了合理的表述。哈肯指出协同学的产生旨在寻求统一性，旨在将不同学科在横向上连接起来。协同学对问题的思索可以认为是出于哲学家与自然科学家对自然界的崇高信仰。

世界充斥了各种各样的存在模式，其各自具有各自的"结构"。这些个体结构根据个体的外在表现来划分，有"固定"结构，有"活"结构。固定结构个体的产生与发展线索清晰，易于分解、易于综合；而活结构需要外界的能量和物质不断地供给才能存在，因而其个体的起源问题久久地困扰着人类。它们都从哪里来？它们为何并是如何形成现在的模样的？

宗教关于"神学"的解说不被信服。发展起来的"活力论"虽然指出了有机生命现象是复杂的，却无法给出事物起源的复杂性的来龙去脉，并且无机界同样存有的"活结构"更加扑朔迷离。系统论的观点显然更加适用于解释此类现象，对这些问题的思考逐渐开启了协同学的初始思路。根据哈肯的理解，世界的统一性更重要地体现在其宏观结构的形成都遵从了某种规律①，这个规律的探索形成了协同学理论。

首先，系统的子系统或内部要素出于某种目的自组织地进行着协同。但很多关于系统的研究显示，这个过程就像有一只"无形的手"在操纵着这千千万万的子系统或要素。而且，这只"手"又是在系统内部众多的子系统或要素的协同作用下产生的。这只"手"产生之后又开始支配子系统或要素。当然，这只"无形的手"就是协同学所谓的"序参量"，这个过程就是序参量的役使过程。另外，宏观系统的微观变量数目往往十分庞大，但在新结构的产生或新旧结构交替的时刻，起到关键作用的变量却只有几个，高维问题就这样变成了低维问题。

由此，协同学理论的实际意义就显现出来了，具体的思路就是找出支配系统呈现新结构的关键变量并将系统维度大大降低。前面的理论部分也曾介绍，协同学的基本研究方法分为微观方法和宏观方法。微观方法解决问题的用处更加广泛，但其内容的晦涩却也一样在所难免，其步骤和对应的难点是②：

（1）问题的"数学化"。也就是建立系统各类关系的数学表达方式，描述成方程的形式。这一步的实施对于一些易于描述的问题或者数学模型已经约定俗成的系统如控制系统、物理系统、化学系统会相对容易很多，但对于人类认知有限的系统如社会系统、管理系统、生物系统等复杂系统来说，这一步将是最困难和最关键的一步。

（2）基于方程，确定平衡态，并在平衡态附近进行线性稳定性分析。这一步的基本原理的实施并不困难，但是高维问题导致的高维障碍却往往使得研究停留在这一步无法继续。

（3）确定序参量。利用稳定变量和不稳定变量的辨别方法判断序参量，由于各类问题的复杂性，协同学理论给出的稳定变量与不稳定变量的判别方法往往很难实现。

（4）绝热近似，消去快变量。不稳定的慢变量变化导致系统结构被重组，同时基本可以忽略快变量的变化，因此，令快变量的变化率为0。

---

① HAKEN H. Advanced synergetics［M］. Berlin：Springer-Verlag, 1983：151－398.

② HAKEN H. Information and self-organization：a macroscopic approach to complex systems［M］. Berlin：Springer-Verlag, 1998：6－77.

（5）对序参量方程的分析，描述系统的演化。由绝热近似，重新整合系统状态方程，获得序参量方程。

事实上，基于对协同学的理解，所谓的微观方法，也不特指从微观角度出发研究系统，而是相对的微观，是"从下至上"的研究方法。哈肯在《信息与自组织：复杂系统的宏观方法》中用了很多笔墨描述层次的划分及其相对性，并且在《高等协同学》的微观分析方法中也使用到很多从中观层次出发预测宏观模式演化的分析，表明了系统层次划分的相对性和灵活性。而宏观方法即是从宏观层次出发研究宏观上的空间模式，比如液体的沸腾，物体结构的骤变等。我们的研究主要使用了微观方法，为了聚焦研究主题，就不过多地讨论宏观方法了。

第二节　自组织演化模型构建与 序参量确定新方法

上一章中关于自组织演化模型和序参量的思考是基于理论模型和定性分析，比较适用于数据难以获取和模型难以量化的问题，方法简便易行。但模型的构建及序参量的确定有其局限性和主观性，本章以协同学理论的模型分析和序参量选定方法为基础，结合对序参量的理解构建了基于主成分的自组织演化模型，并通过合理的假设和数学推导提出了基于主成分模型的序参量确定新方法。

一、哈肯模型与序参量研究方法分析

（一）基于哈肯模型的思考

哈肯模型是哈肯在协同学中用以阐释理论的经典模型，也是学者最感兴趣的自组织演化模型，其形式为二元微分方程组：

$$\dot{q}_1 = \lambda_1 q_1 - q_1 q_2 \qquad (7-1)$$

$$\dot{q}_2 = -\lambda_2 q_2 + q_1^2 \qquad (7-2)$$

事实上，哈肯模型可以解释很多领域的类似模式的系统演化。比如，化学反应问题，可以假设有 A 和 B 两种化学物质，两种物质在液体中的分子浓度按照下述方式进行：物质 A 的分子浓度以速率 $\lambda_1 q_1$ 进行自催化，分子浓度相应增大，要求 $\lambda_1 > 0$；而物质 B 与物质 A 发生化学反应，导致物质 A

的分子浓度以速率 q_1q_2 减少；物质 B 以速率 λ_2q_2 自然减少，但同时又由物质 A 的双分子合成。

　　哈肯对于此模型的序参量及其序参量方程的讨论是完整的。假定 λ_1 是很小的正数或略小于 0，$\lambda_2>0$，且 $\lambda_2\gg\lambda_1$，满足绝热近似的条件，当然这个条件对于不同系统的不同模型需要重新探讨。令 $\dot{q}_2=0$，求得：

$$q_2=\frac{1}{\lambda_2}q_1^2 \qquad\qquad (7-3)$$

　　由于通过式（7-3）可以得出式（7-2）描述的子系统是式（7-1）描述的子系统的随动系统，于是将式（7-3）代入式（7-1）中，得到方程：

$$\dot{q}_1=\lambda_1q_1-\frac{1}{\lambda_2}q_1^3 \qquad\qquad (7-4)$$

　　于是，对于 $\lambda_1>0$ 和 $\lambda_1<0$，将会出现两种不同的平衡态。当 $\lambda_1<0$ 时，$q_1=0$，随之 $q_2=0$，相当于系统没有任何的活动发生；而当 $\lambda_1>0$ 时，式（7-4）可以解出：

$$q_1=\pm\ (\lambda_1\lambda_2)^{\frac{1}{2}}$$

　　由于 q_1 是否有活动发生反映了系统是否稳定于平衡态，描述系统的有序度，因此称之为"序参量"。哈肯在 Synergetics：An Introduction （《协同学导论》）[①] 中阐述了协同学的核心理论——役使原理，在失稳临界点附近，系统行为仅由少数变量决定，这些变量役使其他变量协同合作形成有序的宏观结构，起支配作用的变量称为序参量，也称为慢变量。

　　哈肯模型是国内学者青睐的模型，很多有关自组织演化的研究由此展开，基于哈肯的研究结果容易获得令人满意的结论。但是，哈肯模型能否适用于所有研究对象呢？结合对哈肯模型的理解，从建模的角度来讲，答案很明显，所有模型都有各自或大或小的适用范围和不同的使用情境，以及或宽松或严格的适用条件。因此，捷径也并不存在，我们需要进一步思考获取模型的问题了。对于管理科学领域的研究对象来说，这是很关键也是最困难的一步。事实上，哈肯在《高等协同学》中就曾指出，基于经验和实验数据会是更加科学合理的方法，这也正是本研究构建模型的思路

---

① HAKEN H. Synergetics：an introduction ［M］. Berlin：Springer-Verlag, 1977：4-65.

来源。

（二）基于序参量的思考

序参量可以描述系统的有序程度和演化方向，因此，序参量与役使方式的确定是研究系统演化规律的关键所在。既有的关于序参量的研究讨论丰富了协同学理论与方法，对协同学的应用有重要意义。梳理文献，序参量确定一般经由两种方式：

（1）直接认定序参量。如项杨雪等人在《基于高校知识三角的产学研协同创新实证研究：自组织视角》① 一文中选取高校知识生产能力、知识传播能力和知识转移能力三个变量建立模型，并认定高校知识生产能力为序参量。刘朝峰等人②提出用协调度作为表示地震灾害综合防御系统有序程度的序参量。这种确定序参量的方法基于作者对系统变量的主观认识，要求具备丰富且精准的经验认知。

（2）给出少数（一般为两个）重要变量，利用哈肯模型从中判定序参量。如武春友等人③选取各地区废弃资源和废旧材料加工业的利润与固体废弃物综合处置率作为重要变量，建立哈肯模型，并确定前者为城市再生资源系统的序参量。郭莉等人④通过哈肯模型判定环保生产率是产业生态系统演化的序参量。由于二元哈肯模型的序参量和序参量方程的确定在协同学中的论述已清晰完善，通过这种方法寻求序参量简便易行。只是序参量可选范围偏小，缺失重要信息的风险较大。另外，模型是判定序参量的基础，基于研究的严谨性，哈肯模型的通用性尚需慎重考虑。

那么，该如何确定序参量呢？利用协同学论述方法确定序参量是经过严格论证的，是毋庸置疑的。但是哈肯也指出，对于高维问题，其过程之复杂和条件之苛刻使得很多推证难以实现。在协同学理论的基础上，寻找更加普适、更加简便的方法是协同学研究者的共同责任。

我们可以进一步地思考序参量。如前所述，一方面，序参量这只"无

---

① 项杨雪，梅亮，陈劲. 基于高校知识三角的产学研协同创新实证研究：自组织视角 [J]. 管理工程学报，2014，28（3）：100 – 109.

② 刘朝峰，苏经宇，王威，等. 地震灾害综合防御界壳的协同演化测度模型 [J]. 系统工程理论与实践，2014，34（8）：2186 – 2192.

③ 武春友，刘岩，王恩旭. 基于哈肯模型的城市再生资源系统演化机制研究 [J]. 中国软科学，2009，24（11）：154 – 160.

④ 郭莉，苏敬勤，徐大伟. 基于哈肯模型的产业生态系统演化机制研究 [J]. 中国软科学，2005，20（11）：156 – 160.

形的手"操纵着系统的千千万万的子系统或要素，另一方面，这只"无形的手"同时又是由系统内部众多子系统或要素的协同作用涌现出来的。这样的"鸡生蛋，蛋生鸡"的因果过程，就是我们所说的役使。另外，复杂系统变量繁多，而序参量的数目却极少。于是需要思考：

（1）什么样的方法可以将系统维度降低，而系统的要素信息量又不被大量删减？这样序参量的确定将容易很多。

（2）即使是简单的二维模型，对于序参量的确定也是相当复杂的，能否结合模型与假设寻找一个简便的方式？

基于这些思考，我们对序参量的确定进行了大胆尝试。

（三）研究方法构思

对哈肯模型和序参量深刻理解的基础上，有以下体会：

（1）建立中观（宏观）模型。经济问题与社会问题中比较基本的可观测变量大多归属中观层面（或微观层面），需展开从中观（微观）到宏观的关系分析，进而确定宏观序参量。

（2）确立要素映射。由于观测角度的差异性和认知的有限性，变量的选取方式与获取途径也有所不同。对于要素、结构及功能等都纷乱繁杂的复杂系统，序参量表现为观测变量信息的汇总，表现为某种映射。如此被观测变量映射后的变量可能已被界定为我们熟知的指标，如生产系统的产品成本、产品质量与顾客满意度等，而对于尚未被足够认识的复杂系统，还需要我们去确立这种映射，获得序参量的候选变量。

（3）降维。为了追求信息的全面性和序参量的精确性，与研究目的相关的观测变量数目将不会过少，但变量太多带来的高维问题又会使得分析愈加困难，序参量判定由此陷入困境。因此，降维是首要任务。

（4）序参量候选变量之间线性无关。观测变量之间可能具有相关关系，信息重叠会导致从中直接获取的序参量不尽可靠，而序参量的特点决定了序参量之间是非线性关系，必定线性无关。

结合上述对于序参量的考虑，我们选择了主成分分析的手段获取序参量候选变量。原因如下：

（1）主成分是微观层面或中观层面的要素汇总至更高层级，主成分之间的关系就是中观或宏观模型，做到了微观、中观与宏观的沟通。

（2）主成分的含义表明，主成分由系统低一级要素归总而成，是低级要素向高级要素的映射。

（3）降维作用。降维作用是采用主成分分析方法的主要目的之一。

（4）主成分之间是线性无关的。这是求取主成分时去除信息重叠量的必然做法。

根据主成分与序参量的这种内在联系，本章首先通过主成分分析将数据降维并建立动态演化模型，提出确定序参量及序参量方程的新思路和新方法。然后利用上述分析方法和模型，确定示例企业两化融合发展的序参量和序参量方程，为企业两化融合的建设重点和发展趋向提供具体的数据参考。

二、主成分模型构建方法

鉴于我们讨论的制造企业两化融合系统随时间动态演化的研究目的，选取系统的 p 个观测变量 x_1，x_2，$\cdots$，x_p，数据资料为观测变量按时间顺序排列的 n 个取样。

$$X = \begin{pmatrix} x_{11} & x_{12} & \cdots & x_{1p} \\ x_{21} & x_{22} & \cdots & x_{2p} \\ \vdots & \vdots & & \vdots \\ x_{n1} & x_{n2} & \cdots & x_{np} \end{pmatrix}$$

其中，x_{ij} 为第 j 个观测变量 x_j 在第 i 个取样时间点的值。主成分分析将众多具有一定相关性的观测变量，重新组合为一组相互无关的综合变量以代替原观测变量。若选取累计贡献率达到85%的 q 个主成分（$q \leqslant p$），有：

$$\begin{cases} z_1 = a_{11}x_1 + a_{12}x_2 + \cdots + a_{1p}x_p \\ z_2 = a_{21}x_1 + a_{22}x_2 + \cdots + a_{2p}x_p \\ z_q = a_{q1}x_1 + a_{q2}x_2 + \cdots + a_{qp}x_p \end{cases} \quad (7-5)$$

满足当 $l_1 \neq l_2$ 时，zl_1 与 zl_2 线性无关，$l_1 = 1$，2，$\cdots$，q；$l_2 = 1$，2，$\cdots$，q。这里的主成分 z_i 是时间序列，称为主成分变量。

主成分变量综合了原观测变量，数量一般都大大减少，但包含了大部分原变量信息，且主成分之间相互无关。我们将主成分变量作为序参量候选变量，系统及变量需满足以下假设：

假设1：观测变量之间存在一定程度的相关性，这是应用主成分分析的前提。

假设2：系统具有马尔科夫性，即系统的未来状态仅依赖于当前状态，而相对于过去状态条件独立。

假设3：由于主成分变量之间不存在直接的相关性，主成分变量之间的依存或抑制作用通过改变因变量变化率而各自独立实现。

假设4：当所有主成分变量为0时，主成分变量之间的影响也随之消失，即此时自变量施加于因变量的作用为0。

鉴于系统的马尔科夫性假设，主成分变量之间的关系可以表示为差分方程：

$$z_i(k+1) = \tilde{f}_i(z_1(k), z_2(k), \cdots, z_q(k)) \qquad (7-6)$$
$$(i = 1, 2, \cdots, q; \ k = 1, 2, \cdots, n-1)$$

其中，$\tilde{f}$ 为非线性映射。为了方便研究，将差分方程连续化，得到非线性微分方程：

$$\dot{z}_i(t) = f_i(z_1(t), z_2(t), \cdots, z_q(t))(i = 1, 2, \cdots, q) \qquad (7-7)$$

其中，$\tilde{f}_i$ 为非线性函数。根据式7-3，主成分自变量对因变量的影响体现在因变量的变化率，于是函数 f_i 具备以下形式：

$$f_i(z_1(t), z_2(t), \cdots, z_q(t)) = \left[\gamma_i + g_i(z_1(t), z_2(t), \cdots, z_q(t))\right]z_i(t)$$
$$(7-8)$$

其中，γ_i 为 $z_i(t)$ 的自身固有变化率，为 $z_i(t)$ 的阻尼系数，且满足 $\gamma_i \neq 0$；$g_i(z_1(t), z_2(t), \cdots, z_q(t))$，为各主成分变量对 $z_i(t)$ 交互作用的表征函数，根据假设有 $g_i(0, 0, \cdots, 0) = 0$。

从式（7-8）右端分离出线性项，系统的动态演化模型为自治微分方程：

$$\dot{z}_i = f_i(z_1, z_2, \cdots, z_q) = \gamma_i z_i + g_i(z_1, z_2, \cdots, z_q)z_i \quad (i = 1, 2, \cdots, q)$$
$$(7-9)$$

令 $\dot{z}_i = 0$，显然原点 $z^* = (0, 0, \cdots, 0)$ 为平衡点。

三、序参量确定方法

为了对系统进行稳定性分析，求微分方程（7-9）在 z^* 的线性化方程，偏导矩阵为：

$$DF = \begin{pmatrix} \dfrac{\partial f_1}{\partial z_1} & \dfrac{\partial f_1}{\partial z_2} & \cdots & \dfrac{\partial f_1}{\partial z_q} \\[2mm] \dfrac{\partial f_2}{\partial z_1} & \dfrac{\partial f_2}{\partial z_2} & \cdots & \dfrac{\partial f_2}{\partial z_q} \\[2mm] \vdots & \vdots & & \vdots \\[2mm] \dfrac{\partial f_q}{\partial z_1} & \dfrac{\partial f_q}{\partial z_2} & \cdots & \dfrac{\partial f_q}{\partial z_q} \end{pmatrix}$$

其中：

$$\frac{\partial f_i}{\partial z_i} = \gamma_i + g_i (z_1, z_2, \cdots, z_q) + z_i \frac{\partial g_i(z_1, z_2, \cdots, z_q)}{\partial z_i}$$

$$\frac{\partial f_i}{\partial z_j} = z_i \frac{\partial g_i (z_i, z_2, \cdots, z_q)}{\partial z_j} \quad (j \neq i)$$

结合 $g_i(0,0,\cdots,0) = 0$，于是在平衡点 $z^* = (0,0,\cdots,0)$ 处，偏导数矩阵为：

$$DF(z^*) = \begin{pmatrix} \gamma_1 & 0 & \cdots & 0 \\ 0 & \gamma_2 & \cdots & 0 \\ \vdots & \vdots & & \vdots \\ 0 & 0 & \cdots & \gamma_q \end{pmatrix}$$

可以得到式（7-9）对应原点的线性化方程为：

$$(\dot{z}_1, \dot{z}_2, \cdots, \dot{z}_q)^{\mathrm{T}} = DF(z^*) (z_1, z_2, \cdots, z_q)^{\mathrm{T}}$$

进一步整理为：

$$\dot{z}_i = \gamma_i z_i \qquad i = 1, 2, \cdots, q \qquad (7-10)$$

容易得到微分方程（7-10）的系数矩阵 $DF(z^*)$ 的特征值 $\lambda_i = \gamma_i \neq 0$，且为实数。由于在平衡点附近，非线性作用弱化，所以系统方程（7-9）在原点的稳定性由式（7-10）决定。结合李雅普诺夫稳定性判据，系统方程（7-9）在原点的稳定性将存在以下两种情形：

情形1：若系统方程（7-10）的特征方程 $DF(z^*)$ 的所有特征值实部 $Re\ \lambda_i = \gamma_i < 0$，系统方程（7-9）在原点稳定。当控制参量的作用使得某个或某些特征值 γ_i 的实部从负值变为正值时，系统就会失稳。也就是说小阻尼系数 γ_i 对应的变量 $z_i(t)$ 为慢变量，将在失稳分支点上首先变为

无阻尼的、不稳定的序参量，支配系统的运行，而大阻尼变量极力保持系统平衡点的稳定性，为快变量。基于此种考虑，可以根据特征值的模对变量进行分组，即若有某组变量系数 $|\gamma_i|$ 接近于 0，且远远小于另一组变量特征值的模，则前一组为慢变量，后者为快变量。

情形 2：若存在 $\gamma_i > 0$，则系统在原点不稳定，对应变量 $z_i(t)$ 为不稳定变量，为慢变量，而其他变量为快变量。此时慢变量支配着系统运行，形成序参量。

根据上述方法可以将变量分成慢变量组与快变量组，依此可以确定序参量。为了便于讨论，不妨将慢变量记为 $z_u(t), u = 1, 2, \cdots, m\ (m < q)$，快变量记为 $z_s(t), s = m + 1, m + 2, \cdots q$。

根据假设，$g_i(z_1(t), z_2(t), \cdots, z_q(t))$ 为各主成分变量对因变量 $z_i(t)$ 自身变化率的独立作用的综合，不妨记 $z_j(t)$ 对 $z_i(t)$ 变化率的作用函数为 $g_{ij}(z_j(t))$，则应有：

$$g_i(z_1(t), z_2(t), \cdots, z_q(t)) = \sum_{j=1}^{q} g_{ij}(z_j(t))$$

根据伺服原理，用慢变量表示快变量，利用绝热近似，令 $\dot{z}_s(t) = 0$，$s = m + 1, m + 2, \cdots, q$，不考虑 $z_s(t) = 0$，从动态演化方程（7-9）解出：

$$z_s(t) = -g_{ss}^{-1}(\gamma_s + \sum_{j=1, j \neq s}^{q} g_{sj}(z_j(t))) \qquad (7-11)$$
$$(s = m + 1, \ m + 2, \ \cdots, \ q)$$

联立方程组得出快变量依赖于慢变量的解：

$$z_s(t) = z_s(z_1(t), z_2(t), \cdots, z_m(t)) = z_s(z_u(t)) \qquad (7-12)$$
$$(s = m + 1, \ m + 2, \ \cdots, \ q)$$

式（7-12）表达出了序参量对系统变量的支配路径，将其代入式（7-9）可得序参量方程：

$$\dot{z}_u = \gamma_u z_u + g_u(z_u, z_s(z_u)) z_u \ (u = 1, 2, \cdots, m) \qquad (7-13)$$

序参量方程描述了序参量自身的演化轨迹。综合式（7-12）与式（7-13）可以观测系统的运行状况。

本章所提出的序参量确定方法的基础是满足前述假设的主成分模型。综合前述思路，基于实际问题的数据，序参量确定可以归结为以下七个步骤：

（1）对数据进行主成分分析，提取主成分；

（2）验证问题是否符合所给假设；

（3）假设成立的前提下拟合主成分动态关系模型；

（4）根据序参量判据确定序参量；

（5）绝热近似，解出伺服方程；

（6）求解序参量方程；

（7）阐释实际问题。

第三节　制造企业两化融合实例分析

广东省某电梯制造企业 N 公司与实验室有长期的合作关系，实验室基于"N 公司 IT 规划和 IT 治理"的横向项目对企业进行了五个月的调研，约谈企业总裁到各个部门负责人，调研了企业各个部门的信息技术应用现状、存在问题以及技术需求，提取了企业历年财务报表和有关信息化的数据。依据《评估规范》的指标体系（见表 7-1）提取、查询企业历史数据，部分数据由部门负责人提供。依据第四章的评价方法，获得该企业 8 年的各项二级指标数据如表 7-2 所示。

表 7-1　两化融合发展水平评估指标体系

指标	信息化投入	体系保障	基础设施	设计研发	生产制造	办公管理	市场流通	协同集成	优化发展	竞争力提升	经济效益	社会效益	产品服务与技术
x	x_1	x_2	x_3	x_4	x_5	x_6	x_7	x_8	x_9	x_{10}	x_{11}	x_{12}	x_{13}

表 7-2　N 公司两化融合二级指标数据

年份	x_1	x_2	x_3	x_4	x_5	x_6	x_7	x_8	x_9	x_{10}	x_{11}	x_{12}	x_{13}
2006	14.4	10.8	10.8	20	15	18	14	10.8	19.8	10.8	22	5.4	19.8
2007	16.5	11.25	13.2	17	12	14.85	8.25	13.2	23.1	13.2	17	5.5	11.55
2008	25.2	15.4	19.8	12.6	5.4	12	7.2	14.4	34.2	13.6	14.4	8	12.6

（续上表）

年份	x_1	x_2	x_3	x_4	x_5	x_6	x_7	x_8	x_9	x_{10}	x_{11}	x_{12}	x_{13}
2009	19.5	10.75	17.5	15.6	7.8	13.65	8	13	31.2	12	16	9	11
2010	25.2	22.4	19.6	14.4	7.2	12	7.4	28	36.4	28	14	25.2	32
2011	27	24	21	12	7	10	7	30	36	30	14	27	18
2012	28	34	24	20.6	13	15	7.5	37.4	38	34	20	37.4	13.6
2013	31.5	36	27	22	17	18	7.6	35	45	45	22	44	15

数据来源：根据企业 2006—2013 年财务报表、IT 部门资料整理。

观察表 7-2 中的数值，可知企业两化融合建设仍处于初中期阶段，进一步明确建设方向和建设重点有助于融合的快速发展。下面我们重点研究役使两化融合演化的序参量及其对两化融合的役使作用。

一、两化融合要素的主成分分析

对表 7-2 数据进行主成分分析。首先分析指标变量相关性，结果如表 7-3 所示。

表7-3 指标变量相关系数矩阵

1.000	0.892	0.978	0.031	-0.022	-0.209	-0.697	0.868	0.976	0.876	-0.054	0.876	0.092
0.892	1.000	0.900	0.408	0.361	0.119	-0.447	0.969	0.854	0.970	0.307	0.985	0.120
0.978	0.900	1.000	0.147	0.062	-0.105	-0.695	0.859	0.984	0.876	0.041	0.891	-0.030
0.031	0.408	0.147	1.000	0.953	0.930	0.409	0.271	0.054	0.364	0.957	0.393	-0.168
-0.022	0.361	0.062	0.953	1.000	0.928	0.477	0.227	-0.028	0.362	0.958	0.352	-0.152
-0.209	0.119	-0.105	0.930	0.928	1.000	0.611	-0.053	-0.175	0.102	0.952	0.104	-0.198
-0.697	-0.447	-0.695	0.409	0.477	0.611	1.000	-0.507	-0.718	-0.454	0.576	-0.446	0.111
0.868	0.969	0.859	0.271	0.227	-0.053	-0.507	1.000	0.828	0.954	0.149	0.975	0.236
0.976	0.854	0.984	0.054	-0.028	-0.175	-0.718	0.828	1.000	0.858	-0.058	0.863	0.090
0.876	0.970	0.876	0.364	0.362	0.102	-0.454	0.954	0.858	1.000	0.262	0.988	0.208
-0.054	0.307	0.041	0.957	0.958	0.952	0.576	0.149	-0.058	0.262	1.000	0.282	-0.214
0.876	0.985	0.891	0.393	0.352	0.104	-0.446	0.975	0.863	0.988	0.282	1.000	0.183
0.092	0.120	-0.030	-0.168	-0.152	-0.198	0.111	0.236	0.090	0.208	-0.214	0.183	1.000

通过观察相关系数，可以发现部分指标间的相关系数较大，存在信息重叠，需要通过主成分分析提取主成分；个别负相关关系表明由于资源限制和投入的权衡，企业于两化融合建设中或有各项指标难以并重。

标准化表7-2中的数据后进行主成分分析。分析结果如表7-4、表7-5所示：

表7-4 主成分解释的总方差

成分	初始特征值		
	合计	方差的百分比（%）	累积百分比（%）
1	6.992	53.786	53.786
2	4.365	33.574	87.360

表7-5 指标变量成分矩阵

标准化变量	主成分	
	成分1	成分2
Zscore（VAR00001）	0.946	-0.252
Zscore（VAR00002）	0.981	0.128
Zscore（VAR00003）	0.957	-0.158
Zscore（VAR00004）	0.299	0.934
Zscore（VAR00005）	0.245	0.952
Zscore（VAR00006）	0.019	0.975
Zscore（VAR00007）	-0.572	0.681
Zscore（VAR00008）	0.956	-0.016
Zscore（VAR00009）	0.934	-0.246
Zscore（VAR00010）	0.973	0.102
Zscore（VAR00011）	0.183	0.975
Zscore（VAR00012）	0.981	0.112
Zscore（VAR00013）	0.113	-0.183

选取累计贡献率达到87.360%的前两个主成分，观察其主成分结构。第一主成分主要载荷指标为信息化投入、体系保障、基础设施、竞争力提

升、协同集成、优化发展与社会效益，这类指标着重表征企业的信息化投入与潜在效益因素，由此可以称第一主成分为间接生产力变量；第二主成分主要载荷指标为设计研发、生产制造、办公管理与经济效益，这类指标表征企业生产流程信息化与利润，称第二主成分为直接生产力变量。主成分表达式如下：

$$z_1 = 0.36x_1 + 0.37x_2 + 0.36x_3 + 0.11x_4 + 0.09x_5 + 0.01x_6 - 0.22x_7 + 0.36x_8 + 0.35x_9 + 0.37x_{10} + 0.07x_{11} + 0.37x_{12} + 0.04x_{13}$$

$$z_2 = -0.12x_1 + 0.06x_2 - 0.08x_3 + 0.45x_4 + 0.46x_5 + 0.47x_6 + 0.33x_7 - 0.01x_8 - 0.12x_9 + 0.05x_{10} + 0.47x_{11} + 0.05x_{12} - 0.09x_{13}$$

主成分值构成的时间序列如表 7 - 6 所示：

表 7 - 6   主成分时间序列

年份	2006	2007	2008	2009	2010	2011	2012	2013
z_1	33.06	37.70	49.14	43.20	70.17	73.09	88.64	100.55
z_2	33.78	25.43	15.02	20.29	16.53	15.53	28.52	32.77

从两个主成分的结构和数值变化可以看出，在数据选取阶段，间接生产力整体有所提升，而直接生产力起伏不定，相对变化较小，说明企业越来越侧重信息技术与制造技术融合的长远发展建设。由于两个主成分是提取序参量的候选变量，为了区分前述因素，我们将主成分变量称为核心要素，也表明了主成分变量在系统演化中的核心地位。

二、两化融合核心要素自组织演化模型构建

假设主成分变量之间的依存或抑制作用与变量值成正比，根据前文分析，拟合得到差分方程：

$$z_1(k+1) = 1.22z_1(k) + 0.01z_1(k)z_2(k) - 0.03z_1^2(k)$$

变量交互项 z_1z_2 表示 z_2 对于 z_1 自身变化率的作用与 z_2 成正比，z_1^2 表示随着 z_1 自身变化而带来的影响。同样的，可得方程：

$$z_2(k+1) = 0.92z_2(k) + 0.01z_1(k)z_2(k) - 0.02z_2^2(k)$$

连续化后微分方程如下：

$$\begin{cases} \dot{z_1} = 0.22z_1 + 0.01z_1z_2 - 0.03z_1^2 & (7-14) \\ \dot{z_2} = -0.08z_2 + 0.01z_1z_2 - 0.02z_2^2 & (7-15) \end{cases}$$

线性项系数解释了变量的自身增长率 $\dfrac{\dot{z_i}}{z_i}$，间接生产力为正数时存在自增长趋势，为负数时有自衰减趋势，而直接生产力与之相反；交互项 z_1z_2 都为正系数说明间接生产力和直接生产力有相互促进的作用；平方项的负系数表明间接生产力与直接生产力随着演进都有自身阻滞的作用。

三、两化融合核心要素自组织演化模型分析

对上述模型进行分析，得到以下相关结论。

求解系统平衡点，令 $\dot{z_1}=0$，$\dot{z_2}=0$，容易得到上述自治方程组有平衡点（0，0）。根据前文分析，利用偏导矩阵特征值 $\gamma_1=0.22$，$\gamma_2=-0.08$，可以判定（0，0）是不稳定鞍点。观察主成分值，系统当前已远离平衡态。变量 z_1 即间接生产力变量为系统慢变量，在系统失稳状态下已经发展为序参量，役使系统演化。

式（7-15）绝热近似，令 $\dot{z_2}=0$，得到间接生产力变量和直接生产力变量的关系表达式：

$$z_2\,(0.01z_1 - 0.02z_2 - 0.08)\,=0 \qquad (7-16)$$

由于生产力变量都远离平衡态，结合求取序参量的研究目的，只考虑 $z_2 \neq 0$ 的情形由式（7-16）求出快变量由慢变量表出的伺服方程为：

$$z_2 = -4.94 + 0.5z_1 \qquad (7-17)$$

式（7-17）表明了直接生产力作为快变量被慢变量间接生产力支配的方式和路径，将式（7-17）代入式（7-14），得到符合逻辑斯蒂演变过程的序参量方程：

$$\dot{z_1} = 0.2z_1 - 0.03z_1^2 \qquad (7-18)$$

序参量方程描述了序参量的自身演化规律，为了深入研究企业两化融合的序参量发展轨迹的内在动力和发展方向，引入函数 $V(z_1)$ 使其满足：

$$-\frac{\partial V}{\partial z_1} = \frac{\mathrm{d}z_1}{\mathrm{d}t} \qquad (7-19)$$

求解式（7-19）得到序参量方程的势函数：

$$V\ (z_1)\ =\ -0.1z_1^2 + 0.01z_1^3 \qquad\qquad (7-20)$$

势函数的物理意义是单位质量的势能，可以表述系统的动力学性质。用 Matlab 软件仿真势函数，如图 7-1 所示，描述序参量 z_1 的虚拟粒子的运动。势函数描述了序参量的能量，观察虚拟粒子的位置可以获得序参量的变化走向，涨落使得序参量向右运动，巨涨落导致序参量脱离吸引点急速发展，系统形成耗散结构。势函数的轨迹表明企业自身具有两种内在动力，一种是企业惯性和惰性吸引企业回归平衡态，回到沉寂状态；一种是不稳定因素驱动企业远离平衡，持续作用致使企业两化融合形成耗散结构，并在耗散结构下运行发展。显然，在当前序参量作用下，企业两化融合系统已然摆脱惯性吸引，随不稳定因素积极演化。

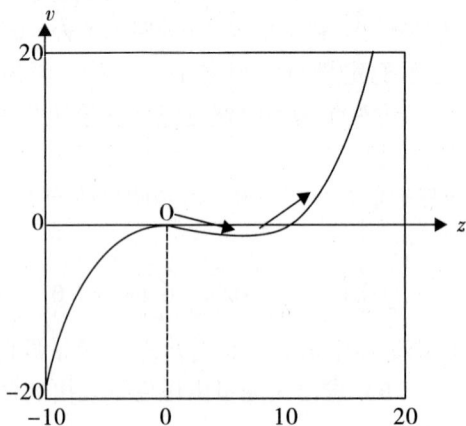

图 7-1　序参量方程的势函数

依据序参量方程（7-18）的特点，序参量的变化率有自身的自增长动力项并存阻滞增长作用项，因而序参量呈现自增长趋势且增长速度先增后减，如图 7-2 所示，序参量将趋于一个稳定的非零值。

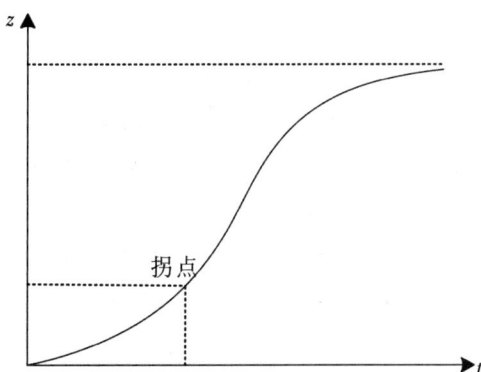

图 7 - 2 序参量演化路径

两化融合系统在序参量的引领下得到发展，系统的演化与序参量的演化息息相关。具体的演化趋势可以由序参量方程和伺服方程综合得出。当序参量趋于稳定时，系统也将趋于稳定，并且已经远离平衡态，系统形成耗散结构。企业两化融合和制造技术、信息技术直接相关，技术更新换代和需求变更的阶跃性决定了其必然的阶段性，当系统技术出现革新、业务流程变更时，都将引发两化融合平衡态在分叉处变为不稳定态，出现新的序参量和新的分叉。系统结构产生质变，系统发生非平衡相变，分叉两侧处于不同的"相"中，如此系列的分叉便形成"级联分叉"现象，两化融合系统随分叉在不同路径上演进（见图 7 - 3）。

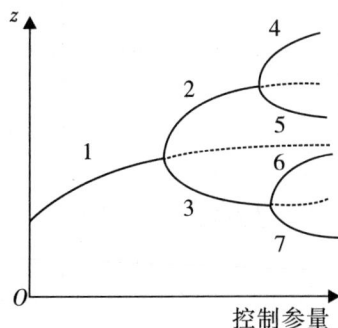

图 7 - 3 制造企业两化融合的逐次次级分叉演化

第四节　制造企业两化融合核心要素
自组织演化的实践启示

通过分析案例企业近几年的两化融合现状，构建自组织演化模型，确定了序参量及序参量演化轨迹。对企业目前的两化融合建设，提出如下建议：

（1）根据序参量构成权重对两化融合建设进行科学规划。鉴于序参量对系统演化的支配控制作用，企业当前阶段可以重点关注间接生产力的提升，引导两化融合工作的快速发展。为避免盲目建设和盲目的资金投入，依据间接生产力 z_1 的表达式中七个主要变量的系数（分别为 0.36，0.37，0.36，0.36，0.35，0.37，0.37）可知，各指标在序参量中所占权重基本持平，企业可以平衡这七个方面的协同发展，实行更合理的资源分配和把握建设重点，引导序参量水平的提升，带来系统有序程度的快速提高，促进企业转型升级。

（2）深入理解序参量，为企业信息技术规划奠定基础。间接生产力主要构成因素为信息化投入、体系保障、基础设施、协同集成、优化发展、竞争力提升与社会效益，间接生产力作为序参量与该企业发展状况基本吻合。案例企业经过几十年的信息化建设与发展，设计、制造及办公等环节的信息化水平虽然还不是很高，但是已有信息系统的单项应用被企业内部广泛接受并熟练掌握，部门信息化效果相对稳定，进一步提升的需求并不强烈，因此直接生产力应不被视为企业近几年两化融合建设的重点。鉴于序参量的慢弛豫作用，今后企业两化融合建设亟须聚焦于基础设施的升级换代、信息技术治理体系的完善、单项业务应用向多业务应用的综合集成、单一企业应用向产业链上下游的协同应用、综合竞争力的提升等方面。在供应链联系日趋紧密、信息平台兼容性亟须加强的局势下，这种发展规划将充分发挥信息化在制造业转型升级中的牵引作用。

（3）把握机遇，形成稳定有序的耗散结构。从分析结论看，企业的两化融合系统已远离平衡态，间接生产力已然成为支配系统发展的序参量。当系统发展到一定程度时，外界环境和内部因素的交互作用将使得系统失稳，序参量役使企业两化融合演化到耗散结构或是进入极不稳定的混沌状态。因此，重视序参量作用，引导两化融合持续地良性发展是企业当前的重要任务。

（4）直接生产力及时跟进，保持两化融合协同发展。序参量在系统失稳状态下急速增长，并持续作用，系统形成新结构。也就是说，在当前控制参量下，序参量迅速成长引领系统演化。但随着演化的推进，序参量的自身阻滞作用将会逐渐显现，当前模式下的系统渐渐陷入发展困境，届时需要产生新的序参量以打破平衡。这与实际问题比较吻合，现今该企业在直接生产力稳定发展的前提下着力于间接生产力，但是随着间接生产力的快速提升，直接生产力的滞后必将成为两化融合发展的瓶颈所在。因此，在当前企业重点建设间接生产力的同时，应于两化融合水平提升滞缓时及时主动地转换建设重点，令直接生产力跟上间接生产力的步伐，保持协同发展。

（5）认识并理解逐次次级分叉的实践作用，与时俱进，灵活应变。分叉现象和逐次次级分叉现象在实际问题中具有重要意义，因为分叉改变系统解状态的拓扑性质，系统在分叉点前后有质的变化。也恰恰基于分叉引起的对称性破缺，分叉可以被认为是系统具备强适应能力和呈现复杂状态的基本机制，是保证社会系统、经济系统得以从定量数学角度描述的基础。企业两化融合分叉点意味着企业立于新结构形成的选择路口，代表下一阶段的开启，也决定了企业两化融合今后的整体发展路线。因此，每一个关键分叉点都十分重要，务实灵活、未雨绸缪的两化融合政策将有助于企业把握机遇，在变革面前处乱不惊，从容应对。

第八章 研究结论及展望

一、研究结论

本书基于复杂性科学思维的自组织理论研究方法，综合利用系统分析与数学模型并辅以案例分析的研究手段，构建了制造企业两化融合系统的自组织演化研究框架。在探讨了制造企业两化融合系统自组织演化的前提条件后，从三个不同层面针对企业两化融合的管理实践讨论了制造企业两化融合的演化机理。主要的研究结论有：

（1）对制造企业两化融合系统的熵流动力机制和耗散结构演化机制进行了深入剖析，揭示了系统进化的自组织形成条件。对制造企业两化融合实践提出以下要求：

①勇于变革，打破平衡；

②积极主动开放系统，引入外熵；

③主动吸收负熵，提升有序度；

④提高决策质量，降低信息不完全和信息不对称带来的正熵；

⑤内在动力驱动创新发展。

（2）在制造企业两化融合总体水平的研究方面，提出了融合水平的评估方法。

①分析融合水平的自组织动态演化，并依此划分了融合水平的四个发展阶段：起步期、成长期、成熟期、更新期；

②动态演化模型的跨临界分叉的分析表明，保持控制参量 $r \geq 0$ 才能获得融合水平的持续提升，及时调整控制参量可以有效改变融合水平下降的结局；

③基于案例分析的评估研究结论表明制造企业存在普遍性问题："信息孤岛"问题、高权重低分值问题、发展不平衡问题、信息建设人才稀缺问题、制造企业服务意识欠缺问题。

为了掌握企业两化融合发展状况并进行中长期两化融合规划，企业应在自我诊断、自我评估融合水平的基础上，结合融合水平的阶段性发展规律，查缺补漏，及时调整建设策略。

（3）在制造企业两化融合技术效率的自组织演化研究中，界定了技术效率在制造企业两化融合建设中的表现形式，基于制造技术和信息技术相互作用的三个阶段，讨论了技术效率的趋同演化，并提出了不确定性下的融合质量测量。研究表明：

①不同阶段应着重关注作为序参量的技术发展，也就是低效率技术发展是关键；

②制造技术和信息技术的技术效率趋同参数比值决定了企业技术效率，从而决定了企业生产率。基于文中结论，$\dfrac{r_1}{r_2}$ 越小，融合技术效率越低，融合质量越差；

③序参量技术的趋同参数越大越容易达到匹配状态。因此，相对关注低效率技术的快速提升，正确引领不确定性是提升企业技术效率并相应提升生产率的有效途径。

（4）在制造企业两化融合核心要素的自组织演化研究中，通过分析主成分与序参量的紧密联系，构建了基于主成分的动态演化模型，并以此模型得到了序参量的分析确定方法。就此方法探讨了典型制造企业两化融合的建设状况与演化规律，得到结论：

①为了掌控企业两化融合的演化方向，应积极把握序参量的支配作用；

②基于序参量的数学表达式，序参量构成要素的权重可以作为两化融合建设科学规划的重要科学依据，有利于促使企业两化融合快速形成稳定有序的耗散结构。

二、可能的创新点

本书基于制造企业两化融合的复杂系统特性，引入自组织理论的研究方法。将研究方法的层次性与研究对象的管理实践问题结合起来，对制造企业两化融合进行了深入剖析。主要创新之处体现在：

（1）基于复杂系统视角构建了自组织理论下的制造企业两化融合的新的分析框架。企业两化融合运行方式的复杂性使得两化融合的主体及其活动的集合构成典型的复杂系统，其内部结构及功能表现为系统的综合能力，决定了两化融合需要更全面、更系统的把控。企业两化融合的既有研究多集中于融合水平评价和政策分析，主要基于还原论的观点，少有成果深入分析两化融合内部关联及其机理。本研究面对两化融合系统的复杂性和自组织特性，做了以下工作：

①首先，利用耗散结构理论阐释了两化融合自组织演化的基础动力机制；

②从相互关联的三个递进层面重点研究制造企业两化融合的自组织演化本质，通过系统机理分析，建立了融合水平自组织演化模型、技术效率自组织演化模型以及核心要素自组织演化模型。

所得结论为企业的两化融合实践提供了理论参考，也构成了企业两化融合的全新研究体系。

（2）以制造技术和信息技术的动态融合为切入点研究制造企业两化融合。关于企业两化融合的已有研究，大多以既定信息技术和企业业务在战略、计划等层面的一致性为切入点，技术的动态性却少有考虑，而现实企业的技术总是不断变化的。本书通过界定制造技术的范畴，重点关注制造技术和信息技术的自组织动态演化及其相互融合的规律。

①深入分析技术融合的内在机理，从技术融合带来的融合水平、技术效率和核心要素的演变进行讨论；

②首次将企业的内部技术融合和技术趋同联系起来，通过尝试引入企业内部的技术效率定义和匹配定义，探讨技术趋同的演化本质，并提出了新的异质趋同研究方法，将趋同过程同匹配发展对等起来。这是趋同理论和应用上的大胆尝试，也是关于融合问题的一种新的研究视角。

（3）通过构建主成分演化模型，提出了基于模型的序参量确定新方法。一方面，关于自组织演化模型的既有研究大多套用已有成熟模型，但基于研究的严谨性，模型的适用性值得斟酌。另一方面，既有文献关于社会系统、经济系统、管理系统的序参量的确定方法多数是基于经验判断的定性分析，而哈肯给出的序参量定量取定方法在解决高维问题时所表现出的繁杂性又让人望而却步。综合以上考虑，我们深入探讨了序参量与主成分的内在联系，基于主成分相互关系给出合理假设，并依据降维的主成分模型构建了简单便利的序参量确定新方法。这一方法丰富了协同学的方法论体系，对于复杂系统的模型构建和序参量给出都提供了一个新的研究思路。

三、研究主题和研究方法的不足

对于制造企业两化融合的研究虽然取得上述结论，并作出了有意义的创新，然而由于研究对象的复杂性和已有研究方法的不成熟，尽管付出了很多努力，关于研究主题的讨论和研究方法的摸索仍存在许多不足。

（1）案例分析的支撑不充分。由于受到时间、精力、条件的各种限制，虽然基于实验室合作企业做了不少前期调研工作，但对研究结论的数据分析还不够充分，研究成果的普适性和应用性还需要进一步加强。融合水平的演化规律若能有大量数据支撑，模型将可以在数据的验证下得到进一步修正完善，其阶段性规划成果将会对企业两化融合实践有重要指导意义；基于数据的趋同模型也将在数据分析中提高其应用性，或能得出对匹配问题更有实践意义的普适性结论。

（2）方法的研究和改进有待进一步深化。由于研究过程中需要根据问题对研究方法进行可行有效的改进与修正，基于研究条件约束，对于协同学方法的研究虽有初步成效，但是模型和方法以文中假设为前提，具有相应的局限性。对进一步的演化模型和研究方法的完善也还需继续深入思考，将研究结论和应用更深层次地结合尚需努力。

四、研究展望

从复杂系统角度探讨制造企业两化融合是全新的尝试，针对本书的研究成果和研究思路，结合经济形势的变化，更为展开进一步研究，在此作下列研究展望：

（1）基于"模型＋案例分析"的两化融合系统的进一步研究。鉴于两化融合的管理实践意义，本书的理论应用性尚有提升空间，结合企业数据完善模型、验证模型，并改进和完善研究方法，这不仅可以在理论上丰富协同学研究体系，也将增大科学研究的应用价值，具有深入研究的必要。

（2）关于规模效应与技术进步的制造企业两化融合趋同演化研究。在研究方法上，对两化融合技术趋同的分析是基于趋同周期的划分，先在一个周期内讨论，然后再将不同的周期进行综合。虽然具有重要的理论意义及相当大范围的适用性，但对于技术持续地深化发展和要素规模大量追加的实际问题不能适用，并且文中对于趋同参数的科研讨论也在继续深入，这些将是后续研究要做的一部分工作。

（3）序参量确定方法的进一步探讨。即使主成分已具有显著降维作用，但要彻底摆脱维度问题还需要作进一步论证。基于哈肯的协同学理论，满足一定假设的特定模型下的序参量研究及其相关结论可以推动协同学的应用，或能给普适性方法论的研究以启示。这也将是本书后续研究的重要内容。

（4）结合新形势下两化融合的时代特点作进一步探索。鉴于当今中国经济发展新常态与《中国制造2025》的宏伟蓝图，贴合智能制造对于信息技术的综合应用与协同集成的迫切需求，并依据信息技术与制造技术日新月异的发展变化及其相互作用的演变，定量探讨制造企业两化融合建设的动态举措也将是后续研究的重点。

参考文献

［1］中华人民共和国中央人民政府．国务院关于印发《中国制造2025》的通知［EB/OL］．http：//www. gov. cn/gongbao/content/2015/content_2873744. htm.

［2］VIVEK W. Why is China's turn to worry about manufacturing［N/OL］．https：//www. washingtonpost. com/national/on-innovations/why-its-chinas-turn-to-worry-about-manufacturing/2012/01/10/gIQAoRVJpPs tory. html.

［3］中华人民共和国工业和信息化部．工业企业"信息化和工业化融合"评估规范（试行）［EB/OL］．http：//www. cspiii. com/xzzx/？pi＝5.

［4］汪应洛．系统工程［M］．北京：机械工业出版社，2003.

［5］段广仁．线性系统理论［M］．哈尔滨：哈尔滨工业大学出版社，1996.

［6］吴彤．自组织方法论研究［M］．北京：清华大学出版社，2001.

［7］沈小峰，吴彤，曾国屏．自组织的哲学——一种新的自然观和科学观［M］．北京：中共中央党校出版社，1993.

［8］HAKEN H. Information and self-organization：a macroscopic approach to complex systems［M］．Berlin：Springer-Verlag，1998.

［9］苗东升．系统科学精要［M］．北京：中国人民大学出版社，1998.

［10］HAKEN H. Advanced synergetics［M］．Berlin：Springer-Verlag，1983.

［11］李士勇．非线性科学及应用［M］．哈尔滨：哈尔滨工业大学出版社，2011.

［12］湛垦华，沈小峰，等．普利高津与耗散结构理论［M］．西安：陕西科学技术出版社，1998.

［13］尼科里斯，普利高津．探索复杂性［M］．罗久里，陈奎宁，译．成都：四川教育出版社，2010.

［14］里夫金，霍华德．熵：一种新的世界观［M］．吕明，袁舟，译．上海：上海译文出版社，1987.

［15］薛定谔. 生命是什么？——活细胞的物理观［M］. 张小天, 译. 北京：商务印书馆, 2014.

［16］阿罗. 信息经济学［M］. 何宝玉, 姜忠孝, 译. 北京：北京经济学院出版社, 1989.

［17］西蒙. 管理行为［M］. 杨砾, 韩春立, 徐立, 译. 北京：北京经济学院出版社, 1998.

［18］奈特. 风险、不确定性与利润［M］. 安佳, 译. 北京：商务印书馆, 2006.

［19］乌杰. 系统哲学之数学原理［M］. 北京：人民出版社, 2012.

［20］姜启源, 谢金星, 叶俊. 数学模型［M］. 北京：高等教育出版社, 2003.

［21］张鸿武. 趋同与中国地区经济差距实证研究［M］. 北京：经济科学出版社, 2013.

［22］HAKAN H. Synergetics：an introduction［M］. Berlin：Springer-Verlag, 1977.

［23］钱学森. 智慧的钥匙：钱学森论系统科学［M］. 上海：上海交通大学出版社, 2005.

［24］钱学森. 论系统工程［M］. 上海：上海交通大学出版社, 2007.

［25］维纳. 我是一个数学家［M］. 周昌忠, 译. 上海：上海科学技术出版社, 1987.